welsh

Julie Brake

and

Christine Jones

TEACH YOURSELF BOOKS

For UK order queries: please contact Bookpoint Ltd, 78 Milton Park, Abingdon, Oxon OX14 4TD. Telephone: (44) 01235 400414, Fax: (44) 01235 400454. Lines are open from 9.00–6.00, Monday to Saturday, with a 24 hour message answering service. Email address: orders@bookpoint.co.uk

For U.S.A. & Canada order queries: please contact NTC/Contemporary Publishing, 4255 West Touhy Avenue, Lincolnwood, Illinois 60646–1975, U.S.A. Telephone: (847) 679 5500, Fax: (847) 679 2494.

Long renowned as the authoritative source for self-guided learning – with more than 30 million copies sold worldwide – the *Teach Yourself* series includes over 200 titles in the fields of languages, crafts, hobbies, business and education.

British Library Cataloguing in Publication Data
A catalogue record for this title is available from The British Library.

Library of Congress Catalog Card Number: On file

First published in UK 2000 by Hodder Headline Plc, 338 Euston Road, London, NW1 3BH.

First published in US 2000 by NTC/Contemporary Publishing, 4255 West Touhy Avenue, Lincolnwood (Chicago), Illinois 60646–1975 U.S.A.

The 'Teach Yourself' name and logo are registered trade marks of Hodder & Stoughton Ltd.

Copyright © 2000 Julie Brake and Christine Jones

Typeset by Transet Limited, Coventry, England.
Printed in Great Britain for Hodder & Stoughton Educational, a division of Hodder Headline Plc, 338 Euston Road, London NW1 3BH by Cox & Wyman Ltd, Reading, Berkshire.

Impression number   10 9 8 7 6 5 4 3 2
Year   2005 2004 2003 2002 2001 2000

CONTENTS

INTRODUCTION

Welcome to *Teach Yourself Welsh*! If you are an adult learner with no previous knowledge of the Welsh language and are studying on your own, then this is the course for you. If, however, you are already attending Welsh classes, you will find this book a useful aid and valuable revision source.

Developing your skills

Our aim is to teach you to understand and speak Welsh as it is spoken today. In order to achieve this, the language introduced here is centred on a wide range of realistic everyday situations. The emphasis is first and foremost on using Welsh, but we also explain how the language works, so that you can adapt your knowledge to appropriate situations.

The course covers the four basic skills – listening and speaking, reading and writing. If you are working on your own, the tapes will be particularly important, as they will provide you with the essential opportunity to listen to Welsh spoken by native speakers and to speak it within a controlled framework. If you do not have the tapes you should try to obtain them.

Structure of this course

The course book contains 21 units, which are preceded by an alphabet and pronunciation guide, a mutation chart for quick reference, and a map of Wales. A more detailed reference section is included in the back of the book. Two 60-minute audio cassettes and a comprehensive Welsh dictionary are available separately.

Each course unit contains most or all of the following:

■ Statement of aims

At the beginning of each unit there is a list of what you should be able to do in Welsh on completion of that unit.

■ Presentation of new language

This is usually in the form of dialogues, on the tapes and in the book or in reading passages. Assistance with vocabulary is also given. You will find all the words listed in the back of the book. The language is presented in manageable chunks, building carefully on what you have learnt in earlier units.

■ Practice of new language

Practice is graded so that exercises which require mainly recognition come first. As you learn more and grow in confidence, you will be encouraged to write and speak the language yourself.

■ Description of language forms

In these sections you will learn about the forms of the language, so that you are able to construct your own sentences correctly. For those who are daunted by grammar, assistance is given in a variety of ways, especially by means of the **Points to notice** sections. All grammatical terms are defined within the relevant units.

■ Factfile

Here you will find information on various aspects of Welsh life and culture – from the history of David, the sixth-century patron saint of Wales, to the establishment of the National Assembly for Wales in 1999.

The **reference section** contains:

■ a short description of regional differences
■ a summary of the forms of 'yes' and 'no'
■ a key to the exercises
■ a Welsh–English vocabulary
■ an English–Welsh vocabulary

How to use this course

At the beginning of each unit make sure that you are clear about what you can expect to have learned by the end of it. Read any background information that is provided, then listen to the first dialogue on the tape. Try to get a basic understanding of what is being said before you look at the printed text. Refer to the book and the selected vocabulary in order to study the language in more detail.

You will notice that all nouns have either (m.) or (f.) after them in the vocabulary listings. There is no Welsh word for 'it'. All nouns are referred to as 'he' or 'she' and are masculine or feminine. Unfortunately, there are few rules that can determine whether a noun is masculine or feminine, except that nouns denoting males are usually masculine and those denoting females are usually feminine:

mab (m.) *son*
merch (f.) *daughter*

Most nouns in Welsh are either singular or plural. When one thing is spoken of, the noun is singular, when two or more things are referred to, the noun is plural. Welsh does not have one way of forming plural nouns. In this course, the plural is given alongside the singular in the vocabulary listings. Try to learn the plural form of the noun at the same time as the singular.

dysgwr (m.) **dysgwyr** *learner*
cwrs (m.) **cyrsiau** *course*

If the plural is formed by adding a particular ending to the original singular noun, then this is noted as follows:

cath (f.) **-od** *cat*
siop (f.) **-au** *shop*

That is, **cathod** is the plural of *cat* and **siopau** is the plural of *shop*.

One characteristic feature of the Welsh language is mutation or initial letter change. If a word causes a mutation this is also noted in the vocabulary:

o (SM) *of*; *from*
â (AM) *as*; *with*
yn (NM) *in*

The three different mutations in Welsh – soft, nasal and aspirate – are detailed in a chart following this introduction. Once again try to learn the rules of mutation as you make your way through the units.

Emphasis in this book is on spoken rather than written forms. The final 'f' in many words is not pronounced in everyday speech. In this course, the omitted final 'f' is denoted by means of an apostrophe:

    cyntaf > cynta'   *first*
    tref > tre'   *town*

Note that the final 'f' is always included in plurals: **trefi**.

Don't fall into the trap of thinking you have 'done that' when you have listened to the tapes a couple of times and worked through the dialogues in the book. You may recognise what you hear and read, but you most certainly still have some way to go before you can produce the language of the dialogues correctly and fluently. This is why we recommend that you keep listening to the recording at every opportunity – sitting in a train or bus, waiting at the doctor's or stuck in a traffic jam in the car – using what would otherwise be dead time. Of course, you must also be digesting what you hear and making sense of it – playing it in the background without really paying attention is not enough!

As you work your way through the exercises check your answers carefully in the back of the book. It is easy to overlook your own mistakes. If you are learning with a friend it is a good idea to check each other's answers. In the case of the tape exercises you will find a full transcription on the Internet via the Welsh department, University of Wales, Lampeter: http://welsh.lamp.ac.uk

We have tried to make the grammar explanations as user-friendly as possible because we appreciate that many people are daunted by grammar. Ultimately, however, it is up to you just how much time you choose to spend studying and sorting out the various grammatical points. Some people find that they can do better by getting an ear for what sounds correct, others prefer to know in detail how the language is put together.

Before you move on to a new unit always use the checklist to make sure that you know all the important new words and phrases in the current unit. Trying to recall the context in which words and phrases were used may help you learn them better.

We hope that you enjoy working your way through *Teach Yourself Welsh*. Don't get discouraged. Mastering a new language takes time and perseverance and sometimes things can seem just too difficult. But then you'll come back another day and things will begin to make more sense again. Take as your motto the Welsh proverb '**Dyfal donc a dyr y garreg**' which literally translated would be '*Steady tapping breaks the stone*', that is, if you're diligent you'll succeed. If you live in Wales do make every effort to speak the language to others as much as possible. Remember that language learning is a bit like jogging – you need to do it regularly for it to do any good!

Beyond the course book

What next?

Don't expect to be able to read and understand everything you hear or read straight away. If you watch programmes on Welsh television or buy a Welsh magazine you should not get discouraged when you realise how quickly native speakers speak and how much vocabulary there is still to learn. Simplified Welsh sub-titles are available on Sbectel 889 in the case of many popular Welsh programmes and there are also a growing number of novels available for learners of all standards.

Your command of Welsh will increase steadily if you take advantage of the wealth of additional sources available to the Welsh learner. These include:

■ Newspapers: *Y Cymro* (weekly Welsh newspaper), papurau bro (monthly community newspapers)
■ Magazines: *Golwg* (weekly news and arts magazine), *Lingo Newydd* (bi-monthly magazine especially for Welsh learners)
■ Television: S4C and digital S4C
■ Radio: Radio Cymru and local radio stations such as Radio Ceredigion

■ Books for learners: Novels such as those in the series *Nofelau Nawr*, Christine Jones and Julie Brake (eds), published by Gomer Press; *Hwylio 'Mlaen*, a series of factual descriptions of various aspects of Welsh life and culture, Glenys M. Roberts (ed.), published by Lolfa Press.

An accredited distance learning Welsh course for beginners, written by the authors of this volume, is available on the Internet via the Department of Welsh, University of Wales, Lampeter. For further details see the website: http://welsh.lamp.ac.uk/camu Additional learning materials are included on this site.

Details of conventional classes and residential courses in Wales can be obtained by contacting:

Officer for the Promotion of Welsh to Adults
Welsh Language Board
Market Chambers
5–7 St Mary Street
Cardiff CF10 1AT

Welsh in the modern world

More than half a million people in Wales speak Welsh, which amounts to some 20% of the total population. Although we traditionally link the language with the rural areas of West and North Wales as it is here that Welsh is often the language of the whole community, a high percentage of Welsh speakers actually live in urban areas. Cardiff and Swansea, the two largest cities in South Wales, have between them 35,000 Welsh speakers.

It is especially encouraging to see that the number of young people speaking Welsh rose 22.8% between 1981 and 1991. In the 1991 Census, 22% of Welsh speakers were under 15 compared with 21.7% over 65. Welsh medium education is particularly popular in South Wales, which is reflected in the fact that in South-east Wales in 1991, 30% of Welsh speakers were under 15. Welsh is now taught in virtually every school in Wales and a quarter of Wales' primary schools are Welsh medium schools.

The next census in 2001 is likely to show further increases in the numbers of young Welsh speakers as well as in the percentage of Welsh speakers now living in Wales who were not born here. In 1991, many of the 10% of Welsh speakers who had not been born in Wales had learnt Welsh either through self-study courses such as this or by attending classes. Around 20,000 adults now attend courses each year, with the numbers achieving fluency in the language increasing annually.

These factors, along with the creation of the National Assembly of Wales in 1999 and the development of Cardiff as an important administrative and cultural European capital, mean that Wales and the Welsh language can look forward with confidence in the new millennium.

ALPHABET AND PRONUNCIATION GUIDE

The 29 letters of the Welsh alphabet are:

a, b, c, ch, d, dd, e, f, ff, g, ng, h, i, j, l, ll, m, n, o, p, ph, r, rh, s, t, th, u, w, y

The letters **b**, **d**, **j**, **l**, **m**, **n**, **p**, **s**, **t** and **th** are pronounced as in English. Some of the letters which are pronounced differently from English include:

c   always a hard sound, pronounced as in the English word 'car'
ch   as in the Scottish lo**ch**
dd   as in the English word '**th**e'
f   as in the English '**v**iolin'
ff   as in the English word 'o**ff**'
g   as in the English word '**g**rand'
ng   as in the English word 'ga**ng**'
ll   place tongue to say the 'l' in the English word 'land' and then blow
ph   as in the English word '**ph**ysical'
r   as in the English **r**ed but rolled more
rh   place tongue to say the 'r' in the English word '**r**ed' and blow

As in English, vowels – **a**, **e**, **i**, **o**, **u**, **w**, **y** – can be either long or short:

a   short as in the English word 'c**a**t'
     long as in the English word 'c**ar**'
e   short as in the English word 'm**e**t'
     long as in the English word 'p**ear**'
i   short as in the English word 'b**i**t'
     long as in the English word 'f**eel**'
o   short as in the English word 'h**o**t'
     long as in the English word 'b**ore**'

u   short as in the English word 'b**i**n'
         long as in the ee in 's**ee**n'
w   usually pronounced as in the English word 'm**oo**n', following
         g it is usually pronounced as in the English word '**w**ent'
y   has two sounds '**ee**' or '**i**' in the final syllable or in words
         of one syllable and '**uh**' in the preceding syllables: **dyn**
         (*man*) pronounced deen; **mynydd** (*mountain*) pronounced
         muhnithe; **dynion** (*men*) pronounced duhneeon.

Long vowels are sometimes marked by the accent ^.

Vowel combinations

ae, **ai** and **au** are pronounced as in the English word '**ai**sle'
ei and **eu** are pronounced as in the English word 'w**ay**'
oe, **oi** and **ou** are pronounced as in the English word 'b**oy**'
ew is pronounced 'eh-oo'
aw is pronounced like the 'ou' in the English word 'cl**ou**d'
ow is pronounced as in the English '**oh**'

Emphasis in Welsh words is usually placed on the penultimate syllable.

MAP OF WALES

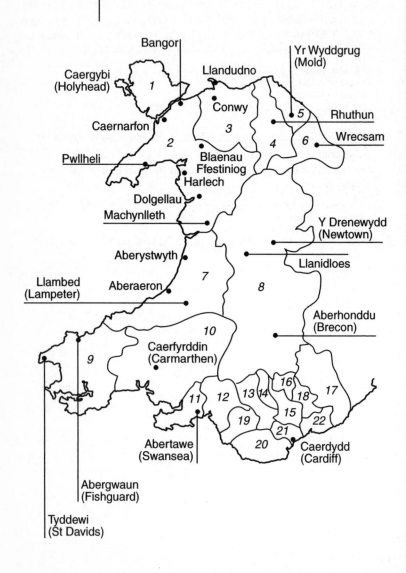

Bangor

Caergybi
(Holyhead)

1

Llandudno

Yr Wyddgrug
(Mold)

Conwy

3

5

Rhuthun

Caernarfon

2

4

6

Wrecsam

Pwllheli

Blaenau
Ffestiniog

Harlech

Dolgellau

Machynlleth

Y Drenewydd
(Newtown)

Aberystwyth

Llanidloes

Llambed
(Lampeter)

Aberaeron

7

8

Aberhonddu
(Brecon)

10

Caerfyrddin
(Carmarthen)

9

16

13 *14*

18

17

11

12

15

22

19

21

Abertawe
(Swansea)

20

Caerdydd
(Cardiff)

Abergwaun
(Fishguard)

Tyddewi
(St Davids)

Key to Map
The Counties of Wales
1   Ynys Môn (Anglesey)
2   Gwynedd
3   Conwy (Conway)
4   Sir Ddinbych
5   Sir y Fflint (Flintshire)
6   Wrecsam (Wrexham)
7   Ceredigion
8   Powys
9   Sir Benfro (Pembrokeshire)
10 Sir Gaerfyrddin (Carmarthenshire)
11 Abertawe (Swansea)
12 Castell Nedd Port Talbot (Neath Port Talbot)
13 Rhondda Cynon Taf
14 Merthyr Tudful
15 Caerffili (Caerphilly)
16 Blaenau Gwent
17 Sir Fynwy (Monmouthshire)
18 Torfaen
19 Pen-y-Bont ar Ogwr (Bridgend)
20 Bro Morgannwg (Vale of Glamorgan)
21 Caerdydd (Cardiff)
22 Casnewydd (Newport)

MUTATION CHART

Mutatable letter	Soft mutation (SM)	Nasal mutation (NM)	Aspirate mutation (AM)
p	b	mh	ph
t	d	nh	th
c	g	ngh	ch
b	f	m	
d	dd	n	
g	disappears	ng	
m	f		
ll	l		
rh	r		

How to use the chart

As noted in the introduction, certain consonants are subject to change at the beginning of words. Only nine letters in Welsh are subject to these letter changes, known as mutations. You will see these nine letters listed in the chart in the mutatable letter column. As you can see from the chart, **p** changes to **b** when mutated softly. The Welsh word for 'of' and 'from' is **o**, which causes the soft mutation, therefore **Powys** will become **Bowys** after **o**. The letter **g** disappears when mutated softly, therefore 'from Gwynedd' in Welsh is **o Wynedd**. The mutation system might appear daunting at first, but is usually quickly mastered.

1 CYFARCHION
Greetings

In this unit you will learn:

■ greetings for different times of the day
■ how to ask how someone is
■ how to exchange basic personal details
■ how to ask for something in a café

Deialog 1 Pwy dych chi? *Who are you?*

Jayne, Tom and Matthew have enrolled on a residential Welsh course in Lampeter over the summer. Matthew has been learning Welsh on his own for a few months and has decided to go on the course to improve his knowledge of the language. On the first morning he is wandering around the college when he meets someone.

Matthew   Bore da.
Elen   Bore da, pwy dych chi?
Matthew   Matthew ydw i.
Elen   Sut mae? Elen ydw i, tiwtor y cwrs Cymraeg.
Matthew   Dysgwr ydw i, dysgwr nerfus iawn!
Elen   Croeso i Lambed Matthew. Peidiwch â bod yn nerfus, bydd popeth yn iawn.

1 How does Elen say: 'the tutor of the Welsh course'?
2 How does Matthew say: 'I'm a learner'?
3 Which word does Matthew use to describe how he feels?

tiwtor (m.) **-iaid** *tutor*	**Croeso i Lambed** *Welcome to Lampeter*
cwrs (m.) **cyrsiau** *course*	
Cymraeg (f.) *Welsh*	**Peidiwch â bod yn nerfus** *Don't be nervous*
dysgwr (m.) **dysgwyr** *learner*	
nerfus *nervous*	**Bydd popeth yn iawn** *Everything will be all right*
iawn *very*	

1 Cyfarchion *Greetings*

Matthew greets Elen by saying **Bore da**, *Good morning*. Here are some other ways of greeting people in Welsh:

Prynhawn da	*Good afternoon*
Noswaith dda	*Good evening*
Sut mae?	*Hiya, Hello*

Exercise 1

How would you greet someone at:

a) 10.00 am   b) 2.00 pm   c) 8.15 am   d) 6.00 pm   e) 3.20 pm
f)   7.00 pm   g) 7.30 am   h) 5.30 pm   i) 1.00 pm

2 Pwy dych chi? *Who are you?*

John ydw i	*I'm John*
Ann ydw i	*I'm Ann*

Points to notice

■ There is no Welsh word for 'a'; **tiwtor** means *tutor* and *a tutor*, and **cwrs** is both *a course* and *course*. There is also no Welsh word for 'some' in phrases such as 'some coffee', 'some milk' and 'any' in phrases such as 'any milk', 'Is there any milk left?'. **Hoffwn i laeth** means both *I would like milk* and *I would like some milk*.

■ **Dysgwr nerfus!** As you can see, adjectives (words used to describe other words) generally follow the words they are describing in Welsh. Look at the position of the adjectives **nerfus** and **da** (*good*):

Noun	Adjective
dysgwr	**nerfus**
bore	**da**
prynhawn	**da iawn**

Adjectives following feminine singular nouns mutate softly: **noswaith dda**.

3 Sut dych chi?/Sut wyt ti? *How are you?*

Sut dych chi?	da iawn	*very well*
	eitha' da	*quite good*
Sut rwyt ti?	iawn	*O.K.*
	dim yn dda	*not good*

Points to notice

As in many other European languages, there are two ways of saying 'you' in Welsh. Welsh speakers normally use **ti** with close friends, relatives of the same age or younger, and all children. **Chi** is used with strangers, older relatives and those in positions of authority such as doctors or clergy. **Chi** is also used when talking to groups of people – a teacher in a school would address the whole class using **chi** but use **ti** for an individual child. All the children would, of course, use **chi** when speaking to the teacher. Familiar forms are noted (fam.) in this book. If in doubt as to which form to use, use **chi**; the person to whom you are speaking will tell you if they would prefer you used **ti** when addressing them.

Exercise 2

Remembering that **chi** is the formal form and **ti** the familiar, ask the following people how they are:

a) your grandmother b) your best friend c) the vicar d) a shopkeeper e) the little boy from across the road f) your doctor g) your cousin h) your best friends i) your boss j) your husband/wife

Exercise 3

Listen to the tape if you have it and fill in the grid.

Name	Time of day	Feels
Matthew		
Jayne		
Tom		
Elen		

Exercise 4

How would these people respond to the question Sut dych chi?

Deialog 2 O ble dych chi'n dod?
Where do you come from?

Having spoken to Elen, Matthew makes his way to the classroom
where he meets two fellow students.

Matthew	Sut mae? Matthew ydw i.
Jayne	Sut mae? Jayne ydw i a dyma Tom.
Matthew	O ble dych chi'n dod Jayne?
Jayne	Americanes ydw i, dw i'n dod o Ohio ond mae Tom yn dod o Gymru.
Matthew	Helo Tom, Cymro ydw i hefyd. Dw i'n dod o Aberystwyth ond dw i'n byw yn Llundain ers pum mlynedd nawr.

1 What country does Jayne come from?
2 Where does Tom come from?
3 Which town does Matthew come from?

---

a (AM) *and*
dyma (SM) *this is, here is*
o (SM) *from, of*
ble? *where?*
dod *to come*
Americanes (f.) **-au** *American woman*
ond *but*
mae Tom yn dod ... *Tom comes ...*

Cymru *Wales*
Cymro (m.) **Cymry** *Welshman*
hefyd *as well; too*
byw *to live*
yn (NM) *in*
Llundain *London*
ers pum mlynedd *for five years*
nawr *now* (you will hear **rŵan** in North Wales)

Points to notice

■ **A** (*and*) becomes **ac** before a vowel: **Tom ac Elen**.

Exercise 5

As you can see from Deialog 2, **o** causes the soft mutation: o
Gymru (see chart on page 12). Fill in the blanks with the word in
brackets, don't forget to mutate!

1 O ble dych chi'n dod? Dw i'n dod o _____. (Pontypridd)
  Dw i'n dod o _____. (Caerdydd)
  Dw i'n dod o _____. (Dinbych)

2 O ble mae e'n dod? *Where does he come from?*
  Mae e'n dod o _____. (Rhydlewis)
  Mae e'n dod o _____. (Tonypandy)
  Mae e'n dod o _____. (Llanelli)

3 O ble mae hi'n dod? *Where does she come from?*
  Mae hi'n dod o _____. (Gwent)
  Mae hi'n dod o _____. (Bedwas)
  Mae hi'n dod o _____ . (Machynlleth)

Points to notice

■ Only Welsh words mutate after **o**: **Dw i'n dod o Paraguay**!

Deialog 3 Amser coffi *Coffee time*

The first lesson is over and it's coffee time.

Tom Wel, dyna'r dosbarth cynta' drosodd! Dych chi'n hapus?
Jayne Ydw, ond mae'n waith caled.
Tom Ydy, ond mae'n amser coffi nawr. Dych chi eisiau coffi?
Jayne Nac ydw, te os gwelwch yn dda – llaeth ond dim siwgr.
Tom Ydy Matthew yn dod am baned?
Jayne Nac ydy.

1 How does Tom ask Jayne whether or not she is happy?
2 How do you say please in Welsh?
3 Does Jayne have sugar in her tea?

---

dyna (SM) *that is*
dosbarth (m.) **-iadau** *class*
cynta' *first*
drosodd *over* (adverb)
dych chi? *are you?, do you?*
hapus *happy*
ydw *yes (I am)*
gwaith (m.) *work*
caled *hard*
ydy *yes (he/she/it is)*
amser (m.) *time*

eisiau *to want*
te (m.) *tea*
os gwelwch yn dda *please*
os gweli di'n dda *please* (fam.)
llaeth (m.) *milk*
dim *no*
siwgr (m.) *sugar*
ydy? *is?*
am (SM) *for*
paned (m.) **paneidiau** *a cuppa*
nac ydy *no (he's not)*

Verb
The action or doing word in a sentence e.g. *went, climbs, drank.* Verbs can also denote a physical or mental condition or state: *know, is.* The verb usually comes first in a Welsh sentence. In the sentence **Mae Tom yn dod**, the word **mae** is the verb. Words like **dod**, **byw, cerdded** (*to walk*) and **gweithio** (*to work*) which describe actions, but do not tell you who is doing the action or when the action took place, are called verb-nouns in Welsh.

Subject
The subject of a sentence is that which does the action of the verb. In the sentence *Tom is watching a film*, Tom is the subject; in the sentence *I come from Wales*, the word I is the subject.

Points to notice

The table shows the word order of a basic Welsh sentence:

Verb	Subject	Yn	Verb-noun/Adjective	Meaning
mae	Gethin	yn	hapus	Gethin is happy
mae	e	'n	llawn	It/he is full
dw	i	'n	cerdded	I am walking
mae	hi	'n	araf	She is slow

■ **Yn** links the verb-noun or adjective to the subject and sometimes corresponds to 'ing' in English. After a vowel, **yn** is reduced to **'n**. Adjectives and nouns, except those beginning with 'll' and 'rh', mutate softly after the link word **yn** or **'n**.

■ There is no one word for 'yes' or 'no' in Welsh. A question is usually answered by mirroring the verb used to ask the question. This 'mirroring' is a feature of some dialects of English: Q: 'Are you going?' A:'I am' Q: 'Are they at home?' A: 'They are':

Q Ydy hi'n nerfus?　　　*Is she nervous?*
A Ydy.　　　　　　　　*Yes, she is.*

■ The answer to a question beginning **Dych chi**? is **Ydw**:

> **Q Dych chi'n hapus?**   *Are you happy?*
> **A Ydw.**   *Yes, I am.*
>
> ■ To say 'no', the word **nac** is placed in front of the answer:
>
> **Q Ydy hi'n dod o Lanelli?**   *Does she come from Llanelli?*
> **A Nac ydy** (pronounced nag ydy).   *No, she doesn't.*
>
> **Q Dych chi'n byw yn Rhydlewis?** *Do you live in Rhydlewis?*
> **A Nac ydw.**   *No, I don't.*
>
> A summary of answer forms in Welsh can be found on page 269.

Exercise 6

How would you reply to the following questions?

1 Dych chi'n nerfus? (✗)
2 Ydy e'n eitha da? (✓)
3 Dych chi'n dod o Fedwas? (✓)
4 Ydy hi'n dod o Ohio? (✓)
5 Ydy e'n byw yn Aberafan? (✓)
6. Dych chi'n dod nawr? (✗)
7 Ydy hi'n byw yn Llandrindod hefyd? (✗)
8 Ydy e'n cerdded? (✗)

Deialog 4   Ga'i? *May I?*

Matthew meanwhile is chatting to Elen.

Elen	Sut mae, Matthew?
Matthew	Sut dych chi?
Elen	Da iawn, diolch. A chi?
Matthew	Dw i ddim yn nerfus nawr.
Elen	Ga' i eistedd yma?
Matthew	Cewch, wrth gwrs.
Elen	Diolch yn fawr. Dych chi'n mwynhau'r cwrs?
Matthew	Ydw, diolch. Mae'r gwaith yn ddiddorol ond mae'n anodd.
Elen	Ydy, o bosib. Ond cofiwch, dyfal donc a dyr y garreg.

1 Is Matthew enjoying the course so far?
2 Does Elen agree with his opinion of the course?

---

diolch *thank you*
diolch yn fawr *thank you very much*
dw i ddim *I'm not*
Ga' i? (SM) *May I?*
eistedd *to sit*
yma *here*
cewch *yes, you may*
wrth gwrs *of course*

mwynhau *to enjoy*
diddorol *interesting*
anodd *difficult*
o bosib *possibly*
cofiwch! *remember!*
dyfal donc a dyr y garreg
steady tapping breaks the stone (perseverence pays)

Points to notice

You can use **ga' i?** to ask for things in a shop or café. A soft mutation follows **ga' i?**:

Ga' i goffi? *May I have a coffee?;* **Ga' i de?** *May I have a tea?*

Ga' i lasagne a salad? *May I have lasagne and salad?*

Deialog 5

Some of the course members are sitting in the refectory. One of the refectory staff comes to ask what they want.

Tom   Ga' i baned o goffi du cryf, tatws, pys a ham os gwelwch yn dda? Mae eisiau bwyd arna i.
Jayne   Hoffwn i gael te a salad, dw i ar ddeiet.
Matthew Hoffwn i gael coffi a sglodion os gwelwch yn dda.
Elen   Ga' i goffi mawr heb siwgr, a lasagne, os gwelwch yn dda.

1 What two ways are used to ask for something?
2 What sort of coffee does Elen want?

---

du *black*
cryf *strong*
taten (f.) **tatws** *potato(es)*
pysen (f.) **pys** *pea(s)*
mae eisiau bwyd arna i *I'm hungry*

hoffwn i *I would like*
cael *to get, to have*
ar ddeiet *on a diet*
sglodyn (m.) **sglodion** *chip(s)*
mawr *big, large*
heb (SM) *without*

> **Points to notice**
> ■ There is a soft mutation after **hoffwn i**.

4 Ffarwelio *Saying goodbye*

hwyl	*goodbye*
da boch	*goodbye*
nos da	*goodnight*
gwela i chi	*I'll see you*

Factfile: Learning Welsh

The teaching of Welsh for adults is conducted by local providers, who form Welsh for Adults consortia, based on the eight old counties of Gwynedd, Clwyd, Dyfed, Powys, Gwent and the three Glamorgans. Local provision depends on the expertise of the provider, e.g. the University of Wales specialises in *ulpannim*, a type of intensive course for beginners originally used to teach Hebrew to Jewish immigrants to Israel. Wales also has a full-time residential Welsh Learning Teaching Centre at Nant Gwrtheyrn which was opened in 1982. CYD (pronounced *keed*) is a national organisation which was set up to help people who are learning Welsh by integrating them into the local community. Local groups organise various events aimed at helping people practise their Welsh in a less formal atmosphere than a class.

Can you now do the following?	Yes	No	If not, go to page
Greet someone in the morning			14
Say goodbye			22
Ask how one of your friends is			15
Ask a stranger how he is			15
Ask how a group of people are			15
Ask who someone is and reply if someone asks how you are			14, 15
Say where you come from			17
Say where someone else comes from			17, 18
Ask someone for something			20

2 | MWY AMDANOCH CHI
More about yourself

In this unit you will learn how to:

■ count in Welsh
■ exchange telephone numbers and addresses
■ ask about someone's job
■ talk about languages you can speak

Deialog 1

At coffee time, Elen decides to try to get her class members to practise their Welsh.

Elen	Mae'n braf cwrdd â chi i gyd. Pam dych chi'n dysgu Cymraeg?
Jayne	Dw i'n hoffi pethau Celtaidd, dw i'n siarad Gwyddeleg yn rhugl.
Tom	Mae fy mam yn siarad Cymraeg a hoffwn i siarad â hi yn ei mamiaith.
Matthew	Hoffwn i ddysgu Gwyddeleg hefyd, dw i'n siarad dwy iaith arall yn barod, Almaeneg a Sbaeneg.
Elen	Beth am y gweddill ohonoch chi? Dych chi'n siarad iaith arall? Dw i'n siarad tipyn bach o Ffrangeg ond dw i'n siarad Eidaleg yn rhugl.
Tom	Mae Eidaleg yn anodd, dw i'n dysgu Eidaleg mewn dosbarth nos.

1 How does Jayne say 'I speak Irish fluently'?
2 Why does Tom want to learn Welsh?
3 Where is Tom learning Italian?

braf *nice*
cwrdd â (AM) *to meet*
i gyd *all*
pam? *why?*
dysgu *to learn, to teach*
hoffi *to like*
peth (m.) **-au** *thing*
Celtaidd *Celtic*
siarad (â) (AM) *to speak (to)*
Gwyddeleg (f.) *Irish (language)*
rhugl *fluent*
fy (NM) *my*
ei (AM) *her*
mamiaith (f.) *mother tongue*
dwy (SM) *two* (with feminine nouns)

iaith (f.) **ieithoedd** *language*
arall *other, else, another*
yn barod *already*
Almaeneg (f.) *German* (language)
Sbaeneg (f.) *Spanish* (language)
beth? *what?*
y *the*
gweddill *rest, remainder*
ohonoch chi *of you*
tipyn bach *a little*
Ffrangeg (f.) *French* (language)
Eidaleg (f.) *Italian* (language)
mewn *in a*
dosbarth nos (m.) *evening class*

Points to notice

■ The Welsh word for 'the' is **yr**. In front of consonants, **yr** becomes **y**: **y dosbarth**. After vowels, **yr** becomes **'r**: **o'r coleg** (*from the college*). **Yr** is used if a vowel or the letter 'h' follows: **yr eliffant, yr wy, yr haf**.

■ All feminine singular nouns mutate softly after **y**: **y ferch**.

■ **Dw i'n siarad Gwyddeleg yn rhugl**. **Yn** is used in the same way as *-ly* in English to form an adverb from an adjective. An adverb describes the way in which something is done: *quickly, slowly, loudly*. In the example **Dych chi'n siarad Cymraeg yn dda** *You speak Welsh well*, **yn dda** describes the way in which you speak Welsh.

1 Rhifau ffôn *Phone numbers*

Welsh numbers 1–10:

0	**dim**	6	**chwech**
1	**un**	7	**saith**
2	**dau**	8	**wyth**
3	**tri**	9	**naw**
4	**pedwar**	10	**deg**
5	**pump**		

Exercise 1

Say the following telephone numbers out aloud. Check your answers with the tape.

    1 01222 786345
    2 01239 634921
    3 01570 483721
    4 01970 621354
    5 01384 294738

2 Beth yw'ch rhif ffôn chi?
What is your phone number?

The familiar **ti** form is:

    Beth yw dy rif ffôn di?   *What is your phone number?*

You can use the same pattern to ask someone what their name is:

    Beth yw'ch enw chi?   *What is your name?*
    Beth yw dy enw di?   *What is your name?*

Exercise 2

David wishes to speak to Mr John Evans, the organiser for Welsh classes in West Wales. Mr Evans' secretary has answered the phone. Read the following passage aloud until you are happy that you understand everything. When you are familiar with its content, read it again, changing the underlined words with the three lots of words suggested.

Ysgrifenyddes	Bore da, Canolfan Dysgu Cymraeg.
David	Bore da, <u>David James</u> sy'n siarad.
Ysgrifenyddes	Beth yw'ch enw chi eto?
David	<u>David James</u>. Dw i'n byw yn <u>Abertawe</u> a dw i'n dysgu Cymraeg <u>mewn dosbarth nos</u>. Hoffwn i ddod ar gwrs Cymraeg yn yr haf. Ga' i'r manylion os gwelwch yn dda?
Ysgrifenyddes	Wrth gwrs, ond mae Mr Evans, y trefnydd, <u>yn brysur</u> nawr, ga' i'ch rhif ffôn chi? Bydd Mr Evans yn ffonio ar ôl <u>un</u>.

David	Diolch. Dyma'r rhif, <u>01249 349865</u>.
Ysgrifenyddes	<u>01249 349865</u>. Ydy'r rhif yn iawn?
David	Ydy. Diolch yn fawr.
Ysgrifenyddes	Hwyl.

canolfan (f.) **-nau** *centre*	**trefnydd** (m.) **-ion** *organiser*
sy'n siarad *speaking*	**prysur** *busy*
eto *again*	**bydd Mr Evans** *Mr Evans will*
ar (SM) *on*	**ar ôl** *after*
yr haf (m.) **-au** *summer*	**rhif** (m.) **-au** *number*
manylion *details*	**iawn** *correct*

1 Andrew Williams/Aberystwyth/yn y coleg/yn dysgu/y dosbarth/ 01773 395816
2 Brenda Smith/Felinfach/yn Aberareon/yn cael cinio/3/ 01944 284612
3 Sandra Morris/Llanelli/ar gwrs yn y gwaith/yn gweithio/ 5/ 01975 396172

coleg (m.) **-au** *college*	**gweithio** *to work*
cinio (m.) **ciniawau** *dinner*	

Exercise 3

	Cymraeg	Saesneg	Eidaleg	Ffrangeg	Almaeneg
Ifan	✓	✗	✗	✓	✗
Morys	✓	✓	✓	✗	✗
Gwenda	✗	✓	✓	✗	✓
Glyn	✓	✓	✓	✓	✓
Ann	✗	✗	✗	✓	✓

Match the names to the statement.

a) Dw i'n siarad Cymraeg, Saesneg, Eidaleg, Ffrangeg ac Almaeneg.
b) Dw i'n siarad dwy iaith.
c) Dw i ddim yn siarad Saesneg, Eidaleg nac Almaeneg ond dw i'n siarad Cymraeg a Ffrangeg.

d) Dw i ddim yn siarad Ffrangeg nac Almaeneg.

e) Dw i ddim yn siarad Ffrangeg a hoffwn i ddysgu Cymraeg.

Some useful phrases for talking about which languages you speak

Dw i'n dysgu Cymraeg o'r radio.	*I am learning Welsh from the radio.*
Dw i'n dysgu Cymraeg gyda llyfr a thâp.	*I am learning Welsh with a book and tape.*
Pa ieithoedd dych chi'n eu siarad?	*Which languages do you speak?*
Pa mor dda dych chi'n siarad Ffrangeg?	*How well do you speak French?*
Ble dych chi'n dysgu Cymraeg?	*Where are you learning Welsh?*
Dw i'n dysgu fy hunan.	*I am teaching myself.*

Points to notice

■ Unlike English, numbers are followed by a singular noun in Welsh:

pedwar mab	*four sons*
wyth merch	*eight daughters*
un cwrs	*one course*

■ In Deialog 1, you will have noticed that Matthew says that he speaks 'dwy iaith arall'. The numbers **dau**, **tri** and **pedwar** have feminine forms. These forms, **dwy** (2), **tair** (3) and **pedair** (4) are used with feminine nouns. **Dwy** is used with the word **iaith**, because **iaith** is a feminine noun. The feminine form of the number is not used in telephone numbers:

dwy Americanes	*two American women*
tair merch	*three daughters*
pedair brechdan	*four sandwiches*

Both **dau** and **dwy** cause a soft mutation:

dau fab	**dwy ferch**
dau gwrs	**dwy frechdan**

■ **Pump** and **chwech** become **pum** and **chwe** before nouns. You will often hear the full forms, especially in South Wales:

pum mab	**chwe merch**
pum cwrs	**chwe bore**
pum paned	**chwe wy**

■ Both **tri** and **chwe** causes an aspirate mutation. This is often omitted in everyday speech.

tri Chymro	**chwe chwrs**
tri phaned	**chwe phaned**
tri thiwtor	**chwe thiwtor**

3 Rhifo 10+ *Counting higher than 10*

11 **un deg un**	22 **dau ddeg dau**	65 **chwe deg pump**
12 **un deg dau**	30 **tri deg**	70 **saith deg**
13 **un deg tri**	32 **tri deg dau**	78 **saith deg wyth**
14 **un deg pedwar**	40 **pedwar deg**	80 **wyth deg**
15 **un deg pump**	50 **pum deg**	90 **naw deg**
20 **dau ddeg**	53 **pum deg tri**	99 **naw deg naw**
21 **dau ddeg un**	60 **chwe deg**	100 **cant**

There are two systems of counting in Welsh, a traditional system based on the number 20, and a decimal system. The newer decimal system is now used in schools with the traditional system reserved for the time (Unit 19) and dates (Unit 13). As you can see from the numbers just given, counting in Welsh is easy once you know the numbers 1–10.

Points to notice

When you are counting things above 10, it is usual to use the pattern: number + **o** + plural noun, e.g. **tri deg dau o ganolfannau, pedwar deg tri o golegau**

Exercise 4

Check the bingo card numbers on the tape to see if you have won a line.

	13		39		55	60	71		95
7	17		36	42	59		78	81	
		28				63		88	97
3	12		38	47	53		72		91
		24		41		68		84	

4 Beth yw'ch cyfeiriad chi?
What is your address?

Dw i'n byw yn 11, Stryd y Bont.   *I live at 11, Bridge Street.*
Dw i'n byw yn 25, Heol y Dŵr.   *I live at 25, Water Street.*
Dw i'n byw yn 5, Heol yr Orsaf.   *I live at 5, Station Road.*
Dw i'n byw yn 58, Y Stryd Fawr.   *I live at 58, High Street.*

Factfile: Welsh place names

If you have been to Wales, you may have noticed that a lot of Welsh place names start with the word 'llan'. Originally, the 'llan' meant 'the area around the church' and, later, the church itself. Llan is usually followed by the name of a saint, e.g. Llanbedr (the Church of Saint Peter), although this is not always the case, e.g. Llandaf is formed from llan + Taf, the name of the river on whose banks it stands. 'Aber' means 'the mouth of the river' or 'the place where two rivers join'. The Welsh name for Swansea is 'Abertawe' which means 'the mouth of the river Tawe'. Another common element in Welsh place names is 'caer' which means 'fort' or 'castle'. The Welsh name for Holyhead is Caergybi; Cybi was an early Welsh saint. You have probably heard of Llanfairpwllgwyngyllgogerychwyrndrobwll-llantysiliogogogoch, the longest place name in Britain. Translated this means 'the church of St Mary of the white hazel pool very near the fierce whirlpool in the parish of St Tysilio of the red cave'. This name was devised to attract tourists to the area during the Victorian era.

Deialog 2

Matthew talks to Tom about his work.

Matthew	Ble dych chi'n gweithio Tom?
Tom	Dw i'n gweithio fel cyfreithiwr yng Nghaerdydd.
Matthew	Dych chi'n hoffi eich gwaith chi?
Tom	Ydw, mae'n ddiddorol iawn ond dyn ni'n brysur iawn yn y swyddfa ar hyn o bryd.
Matthew	Ble mae eich swyddfa chi?
Tom	16, Heol Walter.
Matthew	Ydy hi'n swyddfa fawr?
Tom	Ydy, mae 13 o bobl yn gweithio yno. Beth amdanoch chi? Dych chi'n gweithio?
Matthew	Nac ydw, ddim ar hyn o bryd, dw i'n chwilio am waith yng Nghymru. Hoffwn i symud o Lundain. Dw i wedi cael manylion tair swydd heddiw.
Tom	Wel pob lwc gyda'r chwilio.
Matthew	Diolch.

fel *as, like*
cyfreithiwr (m.) **cyfreithwyr**
    solicitor, lawyer
yng Nghaerdydd *in Cardiff*
dyn ni *we are*
ar hyn o bryd *at the moment*
pobl (f.) *people*

amdanoch chi *about you*
chwilio am (SM) *to look for*
symud *to move*
heddiw *today*
pob lwc *good luck*
gyda (AM) *with*

1 Where does Tom work?
2 Does he enjoy his work?
3 Where is his office?
4 What would Matthew like to do?

5 Dych chi'n gweithio? *Do you work?*

As you saw in Deialog 1 in Unit 1, if you are stating what
something or someone is, the pattern is as follows:

Noun	Verb
Cymro **Cigydd** **Dyn tân**	**ydw i**
Athro **Meddyg** **Plismon**	**yw e** (*he is/it is*)
Athrawes **Plismones** **Ysgrifenyddes**	**yw hi** (*she is/it is*)
Piano **Bag** **Opera** **Record**	**yw e** **yw e** **yw hi** **yw hi**

In this table, **piano** and **bag** are both masculine nouns and
therefore **yw e** (*he is*) is used. **Opera** and **record** are both feminine
nouns and therefore **yw hi** is used.

Exercise 5

Connect the sentences with the correct picture.

1 Cigydd yw e.
2 Optegydd yw hi.
3 Meddyg yw hi.
4 Dyn tân yw e.
5 Athro yw e.
6 Ficer yw hi.
7 Ysgrifenyddes yw hi.

cigydd (m.) **-ion** *butcher*	**dyn tân** (m.) **dynion tân** *fireman*
optegydd (m.) **-ion** *optician*	**athro** (m.) **athrawon** *teacher*
meddyg (m.) **-on** *doctor*	**athrawes** (f.) **athrawesau** *teacher*

6 Ble dych chi'n gweithio?
Where do you work?

Dw i'n gweithio mewn ffatri.	*I work in a factory.*
Dw i'n gweithio mewn swyddfa.	*I work in an office.*
Dw i'n gweithio mewn ysgol gynradd.	*I work in a primary school.*
Dw i'n gweithio mewn ysgol uwchradd.	*I work in a secondary school.*
Dw i'n gweithio ar fferm.	*I work on a farm.*

Some other useful words for saying where you work can be found in the following box.

ysbyty (m.) **ysbytai** *hospital*	**i** (SM) *for, to*
banc (m.) **-iau** *bank*	**swydd** (f.) **-i** *job*
bwyty (m.) **bwytai** *restaurant*	**siop** (f.) **-au** *shop*
garej (m.) **-ys** *garage*	**cyfrifol am** (SM) *responsible for*

Other useful phrases:

Dw i'n ddi-waith.	*I am unemployed.*
Dw i wedi ymddeol.	*I have retired.*
Dw i'n gweithio gartre'.	*I work at home.*
Dw i'n gyfrifol am redeg y swyddfa.	*I'm responsible for running the office.*
Dw i'n gweithio i Jones & Evans.	*I work for Jones & Evans.*
Dw i'n gweithio fel optegydd yn yr ysbyty.	*I work as an optician at the hospital.*
Dw i'n hoffi fy ngwaith yn fawr iawn.	*I like my work very much.*
Dw i ddim yn ei hoffi e o gwbl.	*I don't like it at all.*

Describing your work

Mae'n ddiflas.	*It's boring, it's miserable.*
Mae'n waith caled.	*It's hard work.*
Mae'n talu'n dda iawn.	*It pays very well.*
Mae'r cyflog yn isel iawn.	*The wage is very low.*
Dw i'n gweithio llawn amser.	*I work full-time.*
Dw i'n gweithio rhan amser.	*I work part-time.*

Exercise 6

Listen to the tape. Rhiannon is talking about what she does for a living. Five of the statements are false. Can you spot which?

1 Mae Rhiannon yn hoffi gweithio.
2 Mae hi'n gweithio mewn banc.
3 Athrawes yw hi.
4 Mae'r gwaith yn ddiflas.
5 Mae'r gwaith yn ddiddorol.
6 Mae hi'n gweithio llawn amser.
7 Mae hi'n gweithio rhan amser.
8 Mae hi'n gweithio yn Abertawe.
9 Mae hi'n gweithio yn Llandudno.
10 Mae hi'n brysur iawn ar hyn o bryd.

Factfile: The National Assembly for Wales

In July 1997 the Government published a White Paper, *A Voice for Wales*, which outlined its proposals for devolution in Wales. A referendum on September 18, 1997, endorsed these proposals and the first Assembly elections were held on May 6, 1999.

The first meeting of the 60 elected members took place on May 12, 1999, at the Assembly headquarters in Cardiff Bay. The person in overall charge is the First Secretary who delegates responsibilty for delivering executive functions to a number of assembly secretaries who are responsible for individual subject areas. Together they form the Assembly's executive committee, the Assembly Cabinet, which makes many of the Assembly's day-to-day decisions.

Can you now do the following?	Yes	No	If not, go to page
Count to 100			24, 28
Give a phone number			24, 25
Ask for someone's phone number			25
Tell someone which languages you speak			26, 27
Give your address			29
Ask for someone's address			29
Ask about someone's work			31
Say what you think of your job			33, 34

3 SIARAD AM EICH TEULU
Talking about your family

In this unit you will learn how to:

■ enquire about someone's family
■ talk about someone's marital status
■ say you possess something
■ ask someone's age
■ ask how many or how much of something someone has
■ talk about things you collect

Deialog 1

Elen, Jayne and Matthew discuss their families.

Jayne	Oes plant 'da chi, Elen?
Elen	Oes, mae dwy ferch 'da fi o'r enw Heledd a Siwan ond dw i eisiau rhagor o blant. Dw i'n dod o deulu mawr a hoffwn i gael teulu mawr hefyd. Mae Heledd yn bedair oed ac mae Siwan yn saith.
Jayne	Mae un ferch 'da fi o'r enw Haf. Mae Haf yn un deg naw oed, mae hi'n gweithio mewn ysgol feithrin. Mae Haf yn hoffi ei gwaith yn fawr ond dyw'r gwaith ddim yn talu'n dda iawn.
Matthew	Faint o frodyr a chwiorydd sy 'da chi Elen?
Elen	Mae un brawd a thair chwaer 'da fi. Beth amdanoch chi?
Matthew	Unig blentyn ydw i a does dim plant 'da fi.

1 How old are Elen's children?
2 Why does she want more children?
3 What is the disadvantage of Haf's work?
4 Does Matthew have any brothers or sisters?

o'r enw *called*
rhagor o (SM) *more*
teulu (m.) **-oedd** *family*
ysgol feithrin (f.) **ysgolion**
   meithrin *nursery school*

brawd (m.) **brodyr** *brother*
chwaer (f.) **chwiorydd** *sister*
unig blentyn *an only child*

Points to notice

■ The pattern used to say you have something in Welsh is:

Mae _____ **'da fi** *I have a* _____   **Mae ffôn 'da fi.** *I have a phone.*

■ **'da** is the shortened form of **gyda**. **Mae ffôn 'da fi** literally means *There is a phone with me.*

■ To say 'he has', 'she has', 'we have', etc., **fi** (me) is changed for the appropriate personal pronoun.

Personal pronouns

fi	*me*	fe	*he*	ni	*we*	nhw	*they*
ti	*you* (fam.)	hi	*she*	chi	*you*		

Mae ffôn 'da fi.	*I have a phone.*
Mae fideo 'da ti.	*You have a video.* (fam.)
Mae paned o de 'da fe.	*He has a cup of tea.*
Mae'r manylion 'da hi.	*She has the details.*
Mae mab 'da ni.	*We have a son.*
Mae enw diddorol 'da chi.	*You have an interesting name.*
Mae dwy ferch 'da nhw.	*They have two daughters.*

Exercise 1

Compose sentences based on the pictures. e.g. Fi

Mae llyfr 'da fi.

fi	**ti**	**fe**

| **hi** | **ni** | **chi** |

nhw

ci (m.) **cŵn** *dog*	**arian** (m.) *money*
cath (f.) **-od** *cat*	**beic** (m.) **-iau** *bike*

1 Asking if someone has something

To ask if someone has something, **oes** takes the place of **mae**:

Oes llyfr 'da chi?	*Have you got a book?*
Oes ci 'da fe?	*Has he got a dog?*
Oes arian 'da John?	*Has John got any money?*

Exercise 2

Look again at the pictures in Exercise 1. Compose questions based on the pictures e.g. **Oes llyfr 'da fi?**

2 To say you have not got something

Does dim is used to say you have *not* got something:

Does dim arian 'da fe.	*He hasn't got any money.*
Does dim ci 'da hi.	*She hasn't got a dog.*
Does dim plant 'da nhw.	*They haven't got any children.*

Points to notice

As you saw in Unit 1, there is no one word for either yes or no in Welsh. Questions beginning with **oes** are answered by saying either **Oes** (*yes*) or **Nac oes** (*no*):

Oes plant 'da chi?	*Have you got any children?*
Oes, mae dau fab 'da fi.	*Yes, I have two sons.*
Oes tŷ 'da fe?	*Has he got a house?*
Oes, mae tŷ mawr 'da fe.	*Yes, he has a big house.*
Oes ci 'da fe?	*Has he got a dog?*
Nac oes, does dim ci 'da fe.	*No, he hasn't got a dog.*

Exercise 3

Answer the following questions.

e.g. Oes car 'da'r plant? (✓)   Oes, mae car 'da nhw.
    Oes tŷ 'da hi? (✗)   Nac oes, does dim tŷ 'da hi.

1 Oes car 'da nhw? (✓)
2 Oes ci 'da ti? (✗)
3 Oes arian 'da ni? (✓)
4 Oes cath 'da John? (✓)
5 Oes plant 'da chi? (✗)
6 Oes llyfr 'da hi? (✗)

Exercise 4

	Bob	Gwenda	David	Lisa	Y plant
Ci	✓	✗	✗	✓	✓
Cath	✗	✓	✓	✓	✗
Tŷ mawr	✓	✓	✗	✗	✓

Check from the table whether the following statements are true or false.

 1 Mae ci 'da Bob.
 2 Does dim cath 'da David.
 3 Mae tŷ mawr 'da'r plant.
 4 Does dim tŷ mawr 'da Gwenda.
 5 Does dim ci 'da'r plant.
 6 Mae cath 'da Lisa.
 7 Mae cath 'da'r plant.
 8 Does dim cath 'da Bob.
 9 Does dim ci 'da Lisa.
10 Mae tŷ mawr 'da Bob.

Points to notice

■ Note the following useful expressions which use **gyda/'da**:

Mae'n ddrwg 'da fi.	I'm sorry.
Mae'n dda 'da fi.	I'm pleased.
Does dim ots 'da fe.	He doesn't mind. (often shortened to **'sdim ots**)
Does dim syniad 'da fi.	I've no idea.

■ **Gen i** In some areas of Wales, especially in the North, you will hear these forms in place of **gyda/'da**:

gen i	**gynnon ni**
gen ti	**gynnoch chi**
gynno fo	**gynnyn nhw**
gynni hi	

> **Mae gen i ddwy ferch.** *I have two daughters.*
> **Mae gynno fo dri mab.** *He has three sons.*
> **Mae gynnon ni dŷ mawr.** *We have a big house.*
>
> As you can see from these examples, **gen i** etc. is placed straight after **mae.** When used in this position, **gen i**, **gen ti** etc. are followed by a soft mutation. Regional differences are discussed in more detail in Appendix 2.

Deialog 2

Tom and Matthew are talking over coffee in the leisure centre café. They have been playing squash.

Tom	Dw i ddim eisiau bod yn rhy hir Matthew. Hoffwn i ffonio fy mab, Steffan, mae e wedi dyweddïo dros y penwythnos.
Matthew	Beth yw oedran Steffan?
Tom	Dau ddeg pedair oed. Mae cariad Steffan yn ferch hyfryd iawn, mae hi'n ddau ddeg pump oed ac yn gweithio i'r un cwmni â fe.
Matthew	Jiw jiw, Tom, dych chi ddim yn edrych yn ddigon hen i fod yn dad i fachgen dau ddeg pedair oed!
Tom	Wel, diolch ond bydda i'n bum deg cyn hir. Dw i siŵr o fod yn ddigon hen i fod yn dad i chi Matthew.
Matthew	Wel, dw i'n ddau ddeg wyth oed ond dw i'n teimlo'n bum deg wyth nawr ar ôl y gêm.

1 Why does Tom want to phone his son?
2 Does Tom like Steffan's girlfriend?
3 How old is Matthew?

---

bod *to be*
rhy (SM) *too*
mae e wedi dyweddïo *he has got engaged*
dros (SM) *over*
penwythnos (m.) **-au** *weekend*

oedran (m.) **-nau** *age*
cariad (m.) **-on** *sweetheart*
hyfryd *lovely*
yr un *the same*
cwmni (m.) **cwmnïau** *company*
â (AM) *as*

---

jiw jiw! *good God!*   **bachgen** (m.) **bechgyn** *boy*
edrych *to look*   **bydda i** *I will be*
digon *enough*   **siŵr o fod** *probably*
hen *old*   **teimlo** *to feel*

---

3 Beth yw'ch oedran chi?
How old are you?

Beth yw dy oedran di?   *How old are you?* (fam.)

As you can see from the dialogues, the feminine forms of 2, 3 and 4 are used when referring to age:

Dw i'n dri deg tair oed.   *I am 33 years old.*
Mae Ann yn un deg pedair oed. *Ann is 14 years old.*

Exercise 5

Write the ages of the following people in full.

e.g. Sandra (32)   **Mae Sandra'n dri deg dwy oed.**

Sally (42), Bob (13), Gwyn (3), Gwenda (98), Tony (64),
Alan (73), Lisa (27), Sam (59)

Exercise 6 Coeden achau/family tree

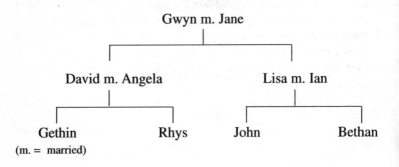

Gwyn m. Jane

David m. Angela   Lisa m. Ian

Gethin   Rhys   John   Bethan
(m. = married)

Points to notice

■ In Welsh, phrases such as 'Elen's house', 'Gwennie's dog' and 'Elen's phone number' are expressed by placing the thing which is possessed in front of the possessor:

tŷ Elen   ci Gwennie   rhif ffôn Elen

■ This pattern also translates such phrases as 'the ... of ... ':

Maer Califfornia	*the mayor of California*
Prifysgol Cymru	*the University of Wales*
Capten y tîm	*the captain of the team*

pwy yw? *who is?*
tad (m.) **-au** *father*
mam-gu (f.) *grandmother*
modryb (f.) **-edd** *aunt*

ewythr (m.) **-edd** *uncle*
gŵr (m.) **gwŷr** *husband*
gwraig (f.) **gwragedd** *wife*
tad-cu (m.) *grandfather*

Answer the questions based on the family tree.

1 Pwy yw tad David?
2 Pwy yw chwaer John?
3 Pwy yw mam Rhys?
4 Pwy yw mam-gu Bethan?
5 Pwy yw modryb Gethin a Rhys?
6 Pwy yw ewythr John a Bethan?
7 Pwy yw gŵr Angela?
8 Pwy yw gwraig Ian?
9 Oes gwraig 'da Gwyn?
10 Oes chwaer 'da Rhys?
11 Oes modryb 'da John?
12 Oes plant 'da Angela?
13 Oes dau fab 'da Gwyn a Jane?
14 Oes plant 'da Bethan?
15 Oes plant 'da David?

4 Dw i'n briod *I'm married*

Dw i ddim yn briod.	*I am not married.*
Dw i'n sengl.	*I'm single.*
Dw i wedi gwahanu.	*I'm separated.*
Gŵr gweddw ydw i.	*I'm a widower.*
Gwraig weddw ydw i.	*I'm a widow.*
Dw i wedi cael ysgariad.	*I am divorced.*

Exercise 7

Listen to the tape. You will hear four people being described; fill in the grid.

Name	Married	Single	Divorced	Widowed	Son	Daughter

5 Faint o ... sy 'da chi?
How many/much ... have you got?
Sawl ... sy 'da chi?
How many ... have you got?

Faint o and **sawl** both mean *how many?* **Faint o** is used with plural nouns (**faint o lyfrau?** *how many books?*) and **sawl** with singular nouns (**sawl llyfr?** *how many books?*). **Faint o** is usually used when you expect a large number in the answer or if the answer cannot be counted: **Faint o Gymraeg?** *How much Welsh?*:

Faint o Gymraeg sy 'da chi?	*How much Welsh do you speak?*
Faint o sglodion sydd ar y plât?	*How many chips are on the plate?*
Faint o laeth sy yn y coffi?	*How much milk is in the coffee?*
Faint o waith sy 'da chi?	*How much work have you got?*

Sawl is applied only to nouns that can be counted and is followed by a singular noun:

Sawl dysgwr sy yn y dosbarth?	*How many learners are in the class?*
Sawl tiwtor sy ar y cwrs?	*How many tutors are on the course?*
Sawl wy?	*How many eggs?*
Sawl brechdan?	*How many sandwiches?*

Points to notice

■ **Sy** is a form of the present tense of **bod**. **Sy** is used after **pwy, beth, faint o, sawl, pa**, and **pa fath o** when it is followed by a verb-noun, an adjective or a preposition: **Pwy sy'n gweithio? Faint sy'n dod? Beth sy'n ddiddorol? Sawl tiwtor sy ar y cwrs. Sy'n** can also mean *who is, which is*. **Sy** is the shortened version of **sydd**.

Deialog 3

Tom is excited after buying a new model ship to add to his collection. He asks his friends whether they collect anything.

Tom	Dych chi'n casglu unrhywbeth Jayne?
Jayne	Ydw, dw i'n casglu dreigiau.
Tom	Faint o ddreigiau sy 'da chi?
Jayne	Mae dros ddau ddeg o ddreigiau 'da fi erbyn hyn. Maen nhw dros y tŷ i gyd, ac mae'r casgliad yn tyfu drwy'r amser.
Tom	Mae llawer o fodelau 'da fi – modelau o longau o bob cyfnod.
Matthew	Wel, dw i ddim yn casglu dim byd. Dw i ddim eisiau llenwi fy fflat â phethau twp fel dreigiau a llongau!

1 What does Jayne collect and how many does she have?
2 Does Matthew collect anything?
3 What does Matthew think about collecting things?

casglu *to collect*	drwy'r amser *all the time*
unrhywbeth *anything*	llawer o (SM) *lots of*
draig (f.) dreigiau *dragon*	llong (f.) -au *ship*
coch *red*	pob *every*
erbyn hyn *by now*	cyfnod (m.) -au *period*
dros y tŷ i gyd *all over the house*	dim byd *nothing, anything*
casgliad (m.) -au *collection*	twp *silly*
tyfu *to grow*	llenwi *to fill*

Exercise 8

Answer the questions that follow according to the example. The questions are based on the grid of Gwyn, Tina, Clare and John's collections.

Faint o recordiau sy 'da Gwyn? Mae tri deg chwech o recordiau 'da Gwyn.

	Recordiau	Llyfrau	Stampiau	Llongau
Gwyn	36	23	64	31
Tina	21	90	55	89
Clare	78	45	87	47
John	52	14	99	66

1 Faint o lyfrau sy 'da Clare?
2 Faint o stampiau sy 'da John?
3 Faint o recordiau sy 'da Tina?
4 Faint o longau sy 'da Gwyn?
5 Faint o stampiau sy 'da Clare?
6 Faint o lyfrau sy 'da Tina?

Exercise 9

Many of the class members also have pets. Form questions and answers based on the following pictures. Remember that **sawl** is followed by a singular noun. An example is given below.

Alison

Sawl cath sy 'da Alison? **Mae dwy gath 'da hi.**
Sarah

Megan

Linda

---

cwningen (f.) **cwningod** *rabbit*   **ceffyl** (m.) **-au** *horse*

Factfile: Welsh names

There is a variety of Welsh first names, reflecting the many aspects of Welsh history, religion and culture. Many are the names of kings and queens, poets and saints and are between 1 and 2,000 years old. Others reflect aspects of nature and the Welsh countryside, while many of the most popular names today can be traced to the *Four Branches of the Mabinogi,* some of the oldest Welsh folk tales.

It is also becoming increasingly popular to give children Welsh last names. One way is to reverse an anglicised surname to its Welsh form, for example *Griffiths* > **Gruffudd**. Another way is to use the father's first name after **ap-** (*son*) (or **ab** in the case of a vowel) or **ferch** (*daughter*). For example, **Gethin ap Phylip**. Yet another alternative is to use the father's first name as a last name. For example, **Gwenllïan Owen**. The last name can be omitted altogether, or the name of a district can also be used.

Can you now do the following?	Yes	No	If not, go to page
Say how many children you have			37
Say that you possess something			37
Say how old you are			42
Ask others how old they are			42
Ask how much of something someone has			44
Ask someone what they collect and talk about things you collect			45

4 | SIARAD AM EICH HOFFTERAU A'CH ANHOFFTERAU

Talking about your likes and dislikes

In this unit you will learn how to:

■ say what you and others like doing
■ use the present tense
■ talk about your likes, dislikes and preferences
■ talk about what you do on different days of the week
■ describe someone

Deialog 1

Elen and Jayne discuss what they do in their spare time.

Elen Beth dych chi'n hoffi ei wneud yn eich amser hamdden Jayne?

Jayne Dw i'n hoffi darllen a dw i'n hoffi coginio. Dw i'n mynd i nofio bob wythnos hefyd.

Elen Dw i ddim yn hoffi'r dŵr ond mae fy ngŵr Rob a'r plant yn nofio'n aml.

Jayne Pa mor aml maen nhw'n mynd i'r pwll?

Elen Wel, mae Rob yn mynd â'r plant dair gwaith yr wythnos. Mae e'n hoffi cadw'n heini.

Jayne Pa fath o bethau dych chi'n eu gwneud yn eich amser rhydd?

Elen Dw i'n hoffi chwarae tennis a dw i'n gwneud pethau gyda'r plant. Dyn ni'n merlota bob penwythnos.

Jayne Oes ceffyl 'da nhw?

Elen Nac oes, ond maen nhw'n gofyn am un bob dydd.

1 How often does Jayne swim?
2 Who does Rob take to the swimming pool?
3 Have the children got a horse?

hamdden (f.) *leisure*	**tair gwaith** *three times*
darllen *to read*	**cadw'n heini** *to keep fit*
coginio *to cook*	**pa fath o** (SM) *what sort of*
nofio *to swim*	**gwneud** *to do, to make*
wythnos (f.) **-au** *week*	**rhydd** *free*
aml *often*	**chwarae** *to play*
pwll (m.) **pyllau** *pool*	**merlota** *to pony trek*
mynd â (AM) *to take*	**gofyn am** (SM) *to ask for*

Points to notice

■ The Welsh word for 'every' is **pob**. **Pob** mutates softly to **bob** when it is followed by a noun which conveys time in one form or other:

bob dydd Iau	*every Thursday*
bob penwythnos	*every weekend*
bob amser	*all the time*
bob tro	*every time*
bob dydd	*every day*

1 Finding out what someone likes doing in their spare time

Beth dych chi'n hoffi ei wneud yn eich amser hamdden?

Dw i'n hoffi coginio.   Dw i ddim yn hoffi chwarae
                              pêl-droed.

Beth mae e'n hoffi ei wneud yn ei amser hamdden?

Mae e'n hoffi chwarae criced. Dyw e ddim yn hoffi merlota
                              o gwbl.

Beth mae hi'n hoffi ei wneud yn ei hamser hamdden?

Mae hi'n hoffi mynd i'r sinema. Dyw hi ddim yn hoffi mynd
                              i'r dafarn.

Beth maen nhw'n hoffi ei wneud yn eu hamser hamdden?

**Maen nhw'n hoffi mynd
i'r theatr.**

Dyn nhw ddim yn hoffi
chwaraeon o gwbl.

---

pêl-droed (f.) *football (soccer)*
ei (SM) *his*
i'r *to the*

tafarn (f.) **-au** *pub*
eu *their*
chwaraeon *sport*

Points to notice

■ You will have noticed the different letter changes after the pronouns in the last examples. (We look at pronouns again in Unit 10). Both **ei** (*her*) and **eu** (*their*) cause the letter 'h' to be placed in front of a vowel: **ei horen hi** (*her orange*); **eu horen nhw** (*their orange*).

■ So far in the course you have seen some of the forms of the verb-noun **bod** (*to be*). Here is the complete list:

dw i (*I am*)	**ydw i?** (*am I?*)	**dw i ddim** (*I'm not*)
rwyt ti (*you are*)	**wyt ti?** (*are you?*)	**dwyt ti ddim** (*you're not*)
mae e (*he is*)	**ydy e?** (*is he?*)	**dyw e ddim** (*he's not*)
mae hi (*she is*)	**ydy hi?** (*is she?*)	**dyw hi ddim** (*she's not*)
dyn ni (*we are*)	**dyn ni?** (*are we?*)	**dyn ni ddim** (*we're not*)
dych chi (*you are*)	**dych chi?** (*are you?*)	**dych chi ddim** (*you're not*)
maen nhw (*they are*)	**dyn nhw?** (*are they?*)	**dyn nhw ddim** (*they're not*)

Dyn nhw ddim yn nerfus. *They are not nervous.*
**Maen nhw'n dod o
   Bontypridd.** *They come from Pontypridd.*
Dyn ni'n gweithio'n galed? *Are we working hard?*

In English, there are three ways of expressing the present tense, i.e. *I read, I am reading, I do read.* In Welsh, these are all expressed in the same way: **Dw i'n darllen**.

Dych chi'n darllen? *Do you read? Are you reading?*

- You will also have noticed **yw** in sentences such as **Beth yw'ch rhif ffôn chi?**

  Pwy yw tad David? Yw is used when two nouns refer to the same thing or have the same identity: **Ysgrifenyddes yw hi.** You might also hear **ydy**: **Beth ydy'ch rhif ffôn chi? Beth ydy'ch enw chi? Ysgrifenyddes ydy hi**.

- Even when the subject of a sentence is plural (**Mae'r plant yn merlota**; **mae'r dysgwyr yn y dosbarth**), the verb used is **mae**, the third person singular.

Exercise 1

How would you say the following sentences in Welsh?

1 I like sugar and strong black coffee.
2 He is very interesting.
3 They aren't busy.
4 Are we playing football tomorrow?
5 Are they learning Welsh in an evening class?
6 Is he nervous?
7 You are not going to the cinema again! (fam.)
8 We like sports.
9 He doesn't collect ships.
10 Are they enjoying the swimming?

2 Saying how often someone does their hobby

Pa mor aml dych chi'n sgïo?	*How often do you ski?*
Dw i'n rhedeg yn aml.	*I run often.*
Dw i'n merlota nawr ac yn y man.	*I go pony trekking now and again.*
Mae e'n cadw'n heini ddwywaith yr wythnos.	*He keeps fit twice a week.*
Mae hi'n nofio yn yr haf.	*She swims in summer.*
Maen nhw'n sgïo yn y gaea'.	*They ski in winter.*

Points to notice

■ You have already seen the word **gwaith** which means *work*. Gwaith can also mean *time*. When meaning time, it is a feminine singular noun and therefore the feminine numbers you saw in Unit 3 are used. In the sentence **Mae e'n cadw'n heini ddwywaith yr wythnos**, dwywaith mutates as it is an adverb of time.

Exercise 2

Listen to the tape and fill in the table.

	Diddordeb	**Pa mor aml**
1		
2		
3		
4		

3 Pa fath o raglenni teledu dych chi'n eu hoffi?

Dw i'n hoffi rhaglenni natur.
Dyn ni'n hoffi rhaglenni ffugwyddonol.

Pa fath o raglenni teledu mae Phyl yn eu hoffi?	Mae e'n hoffi rhaglenni dogfen.
Pa fath o raglenni maen nhw'n eu hoffi?	Maen nhw'n hoffi dramâu.

rhaglen (f.) **-ni** *programme*	**rhaglen ddogfen** (f.) **rhaglenni dogfen** (f.) *documentary*
natur (f.) *nature*	
ffugwyddonol *science fiction*	**drama** (f.) **dramâu** *plays*

Deialog 2

 Matthew is a keen cricket fan and wants to know if Tom would like to watch the game between England and Australia on his television.

Matthew Dych chi'n dod i wylio'r gêm, Tom? Mae teledu symudol 'da fi yn fy ystafell.
Tom Pa gêm?
Matthew Yr un rhwng Lloegr ac Awstralia wrth gwrs. Does dim diddordeb 'da chi mewn criced 'te?
Tom Oes, mae tipyn bach o ddiddordeb 'da fi, ond mae'n well 'da fi snwcer. Dw i'n mynd i chwarae yn y dafarn nawr ac yn y man.
Matthew Dw i'n hoff o chwarae snwcer hefyd.
Elen Mae'n gas 'da fi griced ond mae Rob yn hoffi'r gêm yn fawr iawn. Fe yw capten tîm y dre'.
Tom Mae mwy o ddiddordeb 'da fi mewn rygbi. Dw i'n mynd i wylio fy nhîm rygbi lleol bob wythnos yn y gaea'.

1 Does Tom like cricket?
2 What sport does Elen's husband play?
3 What team does Tom follow every week?

---

gwylio *to watch*
symudol *portable, mobile*
ystafell (f.) **-oedd** *room*
pa? (SM) *which?*
rhwng *between*

Lloegr (f.) *England*
'te *then*
hoff o (SM) *fond of*
mwy o (SM) *more*
lleol *local*

---

4 How to ask if someone is interested in something

The **gyda** construction introduced in Unit 3 can also be used when talking about interests and preferences:

Oes diddordeb 'da chi mewn hanes? *Are you interested in history?*

Oes diddordeb 'da chi mewn llenyddiaeth?	*Are you interested in literature?*
Oes diddordeb 'da chi yn y theatr?	*Are you interested in the theatre?*
Nac oes, dw i'n credu ei fod e'n ddiflas.	*No, I think it is boring.*
Mae diddordeb mawr 'da fi ynddo fe.	*I have a great interest in it.*
'Sdim diddordeb 'da fi ynddo fe o gwbl.	*I am not interested in it at all.*

The **gyda** construction is also used to express a hatred of something:

Mae'n gas 'da ni ffilmiau arswyd.	*We hate horror films.*
Mae'n gas 'da hi goginio.	*She hates cooking.*

You could also say:

Dyn ni'n casáu ffilmiau arswyd.	*We hate horror films.*
Mae hi'n casáu coginio.	*She hates cooking.*

Preferences are also expressed using **gyda**:

Mae'n well 'da fe nofio.	*He prefers swimming.*

Points to notice

■ **Mewn** as you saw in Unit 1 means 'in' and is followed by an indefinite noun:

Oes diddordeb 'da ti mewn criced? (in general)

Yn is used with definite nouns:
Oes diddordeb 'da ti yn y criced? (i.e. a particular match)

Definite: a word preceeded by either **y**, a proper name (Cardiff, Sam), a pronoun (me, her) or a possessive pronoun (my, her).

■ A soft mutation follows the construction: **mae'n gas 'da fi** and **mae'n well 'da fi**:

Mae'n gas 'da fi griced.	*I hate cricket.*
Mae'n well 'da hi ferlota.	*She prefers pony trekking.*

Exercise 3

The grid shows how different people (Sonia, Byron and Catrin)
rate different activities. Answer the questions based on the grid.
Number 1 and number 4 are done for you.

	Sonia	Byron	Catrin
operâu sebon	5/10	10/10	10/10
rhaglenni cwis	10/10	0/10	2/10
y newyddion	0/10	5/10	3/10
rhaglenni chwaraeon	1/10	8/10	4/10

opera sebon (f.) **operâu sebon**   **newyddion**   *news*
soap opera(s)

Note the appropriate 'yes' and 'no' answers. Questions beginning
with **oes** will always be answered with **oes/nac oes**.

1 Oes diddordeb 'da Byron mewn operâu sebon? **Oes, mae
    diddordeb mawr 'da Byron mewn operâu sebon.**
2 Oes diddordeb 'da Catrin mewn rhaglenni cwis?
3 Oes diddordeb 'da Sonia mewn rhaglenni chwaraeon?
4 Ydy Sonia'n hoff o raglenni chwaraeon? **Nac ydy, dyw Sonia
    ddim yn hoff o raglenni chwaraeon.**
5 Ydy Byron yn hoff o raglenni chwaraeon?
6 Ydy Catrin yn hoff o operâu sebon?

Using the same grid, fill in the blanks in the sentences.

1 Mae'n well 'da Sonia _____.
2 Mae'n gas 'da Byron _____.
3 Mae Catrin yn eitha' hoff o _____.
4 Dyw Sonia ddim yn hoffi _____ na _____.
5 Mae'n gas 'da Catrin _____.
6 Mae Byron yn eitha' hoff o'r newyddion, ond mae'n well 'da fe
    _____.

7 Dyw Catrin ddim yn hoffi'r newyddion o gwbl, mae'n well 'da
    hi _____.

5 Dyddiau'r wythnos *Days of the week*

dydd Sul	*Sunday*	nos Sul	*Sunday evening/night*
dydd Llun	*Monday*	nos Lun	*Monday evening/night*
dydd Mawrth	*Tuesday*	nos Fawrth	*Tuesday evening/night*
dydd Mercher	*Wednesday*	nos Fercher	*Wednesday evening/night*
dydd Iau	*Thursday*	nos Iau	*Thursday evening/night*
dydd Gwener	*Friday*	nos Wener	*Friday evening/night*
dydd Sadwrn	*Saturday*	nos Sadwrn	*Saturday evening/night*

6 How to find out where someone is going

Ble dych chi'n mynd?	Dw i'n mynd i'r theatr.
Pryd dych chi'n mynd?	Dw i'n mynd dydd Iau.
Sut dych chi'n mynd?	Dw i'n mynd ar y bws.
Pam dych chi'n mynd?	Dw i'n mynd i weld drama.

mewn awyren	*in an aeroplane*
ar long	*on a ship*
mewn tacsi	*in a taxi*

Points to notice

■ **I'r theatr** – *to the theatre.* Sometimes you say 'to the' in Welsh where you say only 'to …' in English. The main examples are: **i'r ysgol**, *to school,* **i'r eglwys**, *to church,* **i'r capel**, *to chapel,* **i'r dre'**, *to town,* **i'r dosbarth**, *to class,* **i'r gwely**, *to bed,* **i'r ysbyty**, *to hospital.*

■ **Mae Siôn yn y gwely**, *Siôn is in bed.* **Y** is also used when you would normally say 'in' in English. You would use **yn y** rather than just **yn** with the words listed above: **yn yr ysgol**, *at school,* **yn yr eglwys**, *in church* etc.

Deialog 3

After the cricket game has finished, Matthew rejoins his friends who are discussing clubs and societies.

Matthew Dw i'n hoffi canu hefyd, dw i'n aelod o gôr y capel yn Llundain. Dyn ni'n ymarfer bob nos Fercher ac yn canu yn y gwasanaeth bore dydd Sul.

Elen Dych chi'n cystadlu mewn eisteddfodau?

Matthew Ydyn, gwaetha'r modd. Dyn ni'n cystadlu yn yr eisteddfodau yn Llundain ond dyn ni ddim yn ennill yn aml. Dw i ddim yn rhy hoff o eisteddfodau a chystadlu.

Elen Oes rhywun arall yn aelod o gôr neu gymdeithas? Dw i'n aelod o Merched y Wawr, dyn ni'n cwrdd bob mis yn festri'r capel.

Tom Dw i'n aelod o'r gymdeithas hanes lleol yn y dre'.

Jayne Mae diddordeb 'da fi mewn hanes, ond dw i ddim yn aelod o unrhyw gymdeithas hanes. Dw i'n aelod o'r clwb golff.

1 Does Matthew practise every Friday night?
2 Is Matthew's choir successful?
3 Is Jayne a member of a history society?

---

canu *to sing*	**gwaetha'r modd** *worse luck*
aelod (m.) **-au** *member*	**ennill** *to win*
côr (m.) **corau** *choir*	**rhywun** *anyone, someone*
gwasanaeth (m.) **-au** *service*	**neu** (SM) *or*
cystadlu *to compete*	**cymdeithas** (f.) **-au** *society*
eisteddfod (f.) **-au** *literary and music festival*	**mis** (m.) **-oedd** *month*
	festri (f.) **festrïoedd** *vestry*

Points to notice

■ In Welsh, phrases such as the choir of the church, the church choir and the church's choir are all expressed the same way: the two parts of the phrase are placed together: **côr y capel**.

The words 'of the' are not translated:

festri'r capel	*the chapel vestry/the vestry of the chapel/the chapel's vestry*
tîm hoci'r ysgol	*the school's hockey team/ the hockey team of the school*

■ Note that the answer to **Dych chi ...?**, when you are addressing a group of people is **Ydyn/Nac ydyn**: **Dych chi'n hoffi chwarae golff? Ydyn**

■ In Welsh, if you are talking about a particular day, there is no need to use the word **ar** (*on*):

Ble dych chi'n mynd ddydd Mercher?	*Where are you going on Monday?* (on a *specific* Monday)

By putting **ar** in front of a day of the week, you are saying that you go somewhere or do something on that day every week: **ar ddydd Llun** (*on Mondays*).

Dw i'n mynd i nofio ar ddydd Gwener.	*I go swiming on Fridays.*

7 Beth yw'ch hoff ffilm chi?
What is your favourite film?

The Welsh word for favourite is **hoff**. Hoff belongs to a special group of adjectives that come before the noun. All adjectives coming before the noun they describe cause a soft mutation:

Beth yw'ch hoff lyfr chi?	*What is your favourite book?*
Beth yw'ch hoff fwyd chi?	*What is your favourite food?*

Fy hoff lyfr i yw *The Hobbit*.	*My favourite book is* The Hobbit.
Fy hoff ffilm i yw *StarWars*.	*My favourite film is* StarWars.
Fy hoff fwyd yw bananas.	*My favourite food is bananas.*

Points to notice

■ The other main adjectives which behave in the same way as **hoff** and come before the noun are **hen** (*old*), **unig** (*only*) and **prif** (*main*): **hen lyfr**, *an old book;* **unig ddiddordeb**, *only interest;* **prif ddiddordeb**, *main hobby, main interest.*

---

8 Describing someone

You will remember the pattern used in Unit 3 to say that you possess something: **Mae car 'da fi.** We use the same pattern to describe someone's physical features

Mae gwallt du 'da fe.	*He has black hair.*
Mae clustiau mawr 'da nhw.	*They have big ears.*
Mae llygaid gwyrdd 'da hi.	*She has green eyes.*

Exercise 4

Elen a'i dosbarth *Elen and her class*

Mae Elen yn ferch bert iawn. Mae gwallt cyrliog du 'da hi. Mae ei gwallt yn fyr iawn. Mae hi'n denau ac yn fyr. Mae llygaid brown 'da hi. Mae Tom yn dal iawn ac mae trwyn hir 'da fe. Mae gwallt brown syth 'da fe a barf drwchus. Mae mwstas 'da fe hefyd. Dyw Matthew ddim yn benfoel eto ond mae e'n dechrau colli ei wallt. Mae e'n olygus ac mae llygaid glas 'da fe a gwallt coch. Mae Jayne yn hapus ac yn gwenu trwy'r amser. Mae gwallt hir melyn 'da hi a wyneb crwn. Mae llygaid glas 'da hi.

llygad (f.) **llygaid** eye	**mwstas** (m.) **mwstashis** moustache
pert pretty	**penfoel** bald
cyrliog curly	**eto** yet
byr short	**colli (coll-)** to lose, to miss
tenau thin	**golygus** handsome
tal tall	**glas** blue
trwyn (m.) **-au** nose	**gwenu** to smile
syth straight	**melyn** yellow
barf (f.) **-au** beard	**wyneb** (m.) **-au** face
trwchus thick	**crwn** round

Answer the following questions.

1 Is Tom taller than Elen?
2 Has Matthew got blue eyes?
3 Who has red hair?
4 Who has curly hair?
5 What is the colour of Jayne's hair?

9 Asking someone if they can do something

Dych chi'n gallu gyrru car?	*Can you drive a car?*
Dych chi'n gallu defnyddio cyfrifiadur?	*Can you use a computer?*
Dych chi'n gallu chwarae offeryn cerddorol?	*Can you play a musical instrument?*

Asking how easy or how difficult something is

Pa mor hawdd yw hi?	*How easy is it?*
Pa mor anodd yw hi?	*How difficult is it?*
Mae hi'n anodd.	*It is difficult.*
Mae hi'n eitha' anodd.	*It is quite difficult.*
Mae'n ddigon hawdd.	*It is easy enough.*
Mae'n rhy anodd.	*It is too difficult.*

Asking how someone is getting on at something

Sut dych chi'n dod ymlaen? *How are you getting on?*
Dw i'n gwneud yn dda iawn. *I'm doing very well.*
Dw i ddim yn gwneud yn dda. *I'm not doing well.*
Dw i'n anobeithiol. *I'm hopeless.*

Asking how often someone has lessons

Pa mor aml dych chi'n *How often do you have*
cael gwersi? *lessons?*
Dw i'n cael gwers bob *I have a lesson every*
nos Lun. *Monday night.*

Factfile: Welsh societies

There are many different societies in Wales operating in the Welsh language. **Urdd Gobaith Cymru**, a voluntary youth movement founded in 1922, organises activities such as quizzes, sports and trips locally, nationally and regionally. There are two Urdd activity centres at Llangrannog and Glanllyn near Bala, where Urdd members can experience a wide range of outdoor activities. The Urdd organises an annual eisteddfod held at the end of May which is believed to be the largest youth festival in Europe.

Merched y Wawr is a Welsh social movement for women which was founded in 1967. It has branches throughout Wales and organises an annual eisteddfod and publishes a quarterly magazine entitled *Y Wawr*. A sister organisation, **Gwawr**, was recently founded with the aim of attracting younger members to the movement.

Cymdeithas Edward Llwyd is a society for anyone who is interested in nature and the history of Wales. Its main activity being organised walks which are held weekly. Study sessions and workshops are held at regular intervals and a magazine entitled *Y Naturiaethwr* is printed annually.

Can you now do the following?	Yes	No	If not, go to page
Say what you and others like doing			50
Say how often someone does their hobby			52
Talk about what television programmes you like			53
Talk about things you dislike			55
Say what day of the week it is			57
Talk about your favourite film, book or food			59
Ask someone if they can do something			61
Describe someone			60

5 | ESTYN A DERBYN GWAHODDIAD
Extending and accepting an invitation

In this unit you will learn how to:

■ extend, accept and refuse an invitation
■ apologise to someone
■ ask someone what they are doing at a particular time
■ arrange to meet someone
■ answer questions in the present tense
■ talk about the weather

🎧 Deialog 1

Elen invites some of her group to go to the local eisteddfod with her.

Elen	Mae hi'n ŵyl y banc y penwythnos 'ma a bydd eisteddfod yn Neuadd y Dref. Hoffech chi ddod? Mae tocynnau 'da fi i'r cyngerdd nos Sadwrn hefyd.
Matthew	Na hoffwn, dw i'n mynd i lawer o eisteddfodau yn Llundain. Mae'n gas 'da fi edrych ar blant yn perfformio!
Jayne	Mae diddordeb 'da fi mewn mynd, dw i eisiau cael y cyfle i glywed Cymraeg ac i ymarfer yr iaith. Dyn ni ddim yn cael digon o gyfle i siarad â Chymry Cymraeg ar y cwrs, does dim digon o amser 'da ni. Maen nhw'n siarad yn gyflym iawn yn yr ardal 'ma.
Tom	Hoffwn i ddod hefyd, mae'n gas 'da fi eisteddfodau ond hoffwn i ymarfer fy Nghymraeg.
Elen	Dych chi eisiau tocyn i'r cyngerdd?
Jayne	Ydw, os gwelwch yn dda
Matthew	Dim diolch – ych a fi.

Tom   Ga' i bedwar tocyn, os gwelwch yn dda. Mae fy
            ngwraig, fy mab a'i gariad yn dod i ymweld â fi'r
            penwythnos 'ma.
Jayne   Ydyn nhw'n siarad Cymraeg?
Tom   Nac ydyn, ond mae tipyn bach o Gymraeg 'da Jenny,
            cariad Steffan. Mae hi'n mynd i ddosbarth bob nos
            Lun mewn tafarn yn y dre'.

1 Does Matthew want to go to the eisteddfod?
2 How many people are coming to stay with Tom?
3 Where is Jenny learning Welsh?

---

gŵyl y banc (f.) **gwyliau'r banc**
  bank holiday
neuadd y dre' (f.) **neuaddau tre'**
  town hall
tocyn (m.) **-nau** ticket
cyngerdd (m.) **cyngherddau**
  concert

edrych ar (SM) to look at
cyfle (m.) **-oedd** opportunity
clywed to hear
ymarfer to practise
cyflym fast
ardal (f.) **-oedd** area
ych a fi! yuk!

---

1 Extending invitations

Hoffech chi …?   *Would you like …?*
Dych chi eisiau …?   *Do you want …?*
Hoffech chi ymuno â ni heno?   *Would you like to join us tonight?*
Dych chi eisiau dod i'r parti?   *Do you want to come to the party?*

2 Accepting and refusing an invitation

Hoffwn, hoffwn i ddod yn   *Yes, I would like to come*
fawr iawn.   *very much.*
Na hoffwn, mae gormod   *No, I have too much work.*
o waith 'da fi.
Pam lai, dw i ddim yn   *Why not, I'm not busy today.*
brysur heddiw.
Alla i ddim, mae'n ddrwg   *I'm sorry, I can't.*
'da fi.
Nac ydw, mae'n well i fi aros   *No, I'd better stay in tonight.*
i mewn heno.

| Ydw, dw i'n hoffi cwrdd â phobl newydd. | *Yes, I like meeting new people.* |

3 Ways of saying you're sorry

Mae'n ddrwg 'da fi.	*I'm sorry.*
Mae'n ddrwg calon 'da fi.	*I'm really sorry.*
Mae'n rhaid i fi ymddiheuro.	*I have to apologise.*

4 Giving excuses

Mae'n rhaid i fi edrych ar ôl y plant.	*I have to look after the children.*
Dw i'n mynd i gael cinio gyda fy rhieni.	*I'm going to have dinner with my parents.*
Dw i wedi addo mynd allan gyda John.	*I have promised to go out with John.*
Mae hi'n rhy oer i nofio.	*It's too cold to swim.*

Points to notice

■ Note the soft mutation after **hoffech chi**: **hoffech chi ddod?**

■ **Wedi** is used with the present tense to express *have*:

| **Dw i'n mynd** | I am going |
| **Dw i wedi mynd** | I have gone |

We look at **wedi** in more detail in Unit 6.

■ **Mae'n rhaid i fi** (*I must*). A soft mutation follows the word **fi**. **Rhaid** is covered in more detail in Unit 7.

Exercise 1

Look at these seven sentences based on Deialog 1. Are they true or false?

1 Bydd yr eisteddfod yn y dafarn.
2 Does dim tocynnau 'da Elen.
3 Mae Matthew'n hoffi gweld plant yn perfformio.

4 Mae Jayne yn siarad â Chymry Cymraeg bob dydd.
5 Mae'n gas 'da Tom eisteddfodau.
6 Dyw Matthew ddim eisiau tocyn.
7 Mae mab Tom yn mynd i ddosbarth.

Exercise 2

Listen to the tape and then answer the questions. Three flatmates are discussing what they are doing that evening.

1 What is the invitation for?
2 Why doesn't Ceri want to go?
3 How many go in the end?

5 Asking someone what they will be doing

Beth dych chi'n ei wneud nos yfory?	*What are you doing tomorrow night?*
Beth dych chi'n ei wneud y prynhawn 'ma?	*What are you doing this afternoon?*
Dw i ddim yn gwneud dim byd.	*I'm not doing anything.*
Dw i'n rhydd nos yfory.	*I'm free tomorrow night.*

6 Question and answer forms

As you saw in Unit 1, there is no one word in Welsh for 'yes' or 'no'. Here are the answer forms for the present tense:

Ydw	*Yes (I am)*	**Nac ydw**	*No (I'm not)*
Wyt	*Yes (you are)*	**Nac wyt**	*No (you're not)*
Ydy	*Yes (he/she is)*	**Nac ydy**	*No (he's/she's not)*
Ydyn	*Yes (we are)*	**Nac ydyn**	*No (we're not)*
Ydych	*Yes (you are)*	**Nac ydych**	*No (you're not)*
Ydyn	*Yes (they are)*	**Nac ydyn**	*No (they're not)*

Dych chi'n dod o Gymru?	**Ydw.**
Dyn nhw'n nerfus?	**Nac ydyn.**

Exercise 3

Answer the following questions according to the example.

Ydyn nhw eisiau mynd i ferlota? (✓)   **Ydyn**

1 Ydy Elen eisiau dod i'r dafarn nos Wener? (✗)
2 Dych chi eisiau chwarae criced heno?   (✓)
3 Hoffech chi weld y ffilm? (✓)
4 Ydyn ni'n cwrdd nos Wener? (✗)
5 Oes chwaer 'da hi? (✗)
6 Ydw i'n ennill? (✓)
7 Hoffech chi gystadlu yn yr eisteddfod? (✗)
8 Ga' i'r manylion os gwelwch yn dda? (✓)
9 Oes sinema yn y dre'? (✓)
10 Ga' i ddod gyda chi i'r clwb heno? (✗)

Exercise 4 **Rhagolygon y tywydd** *Weather forecast*

On a Sunday morning the farming forecast on **Radio Cymru** summarises the weather for the following week.

Os dych chi'n teithio fore dydd Llun, mae rhybudd o rew i Gymru gyfan. Bydd hi'n sych a heulog yn y bore ond bydd glaw'n dod o'r gorllewin a bydd hi'n wlyb iawn erbyn y prynhawn. Bydd hi'n rhewi unwaith eto yn y nos, a bydd hi'n niwlog iawn yn y de.

Bydd hi'n sych bore dydd Mawrth ond bydd hi'n mynd yn gymylog iawn a bydd cawodydd trwm yn y prynhawn. Bydd y tymheredd yn naw gradd Celsius, pedwar deg naw gradd Fahrenheit. Bydd gwyntoedd yn chwythu'n gryf o'r de-orllewin.

Ddydd Mercher bydd y tywydd yn fwyn ond yn wyntog ac yn bwrw glaw yn y gogledd. Bydd y tymheredd yn dri deg tair gradd Celsius, pum deg chwech gradd Fahrenheit.

Bydd hi'n wyntog iawn ddydd Iau a bydd y gwyntoedd cryf a'r glaw trwm yn gwneud gyrru'n anodd. Bydd y tywydd yn naw gradd Celsius, pedwar deg naw gradd Fahrenheit.

Bydd y tywydd yn well y penwythnos nesa'. Bydd hi'n heulog ac yn sych ddydd Gwener a dydd Sadwrn. Bydd y tymheredd yn un deg wyth gradd Celsius.

1 Will it be dry on Monday afternoon?
2 What will the temperature be on Tuesday?
3 Will it rain in South Wales on Wednesday?
4 What will make driving conditions difficult on Thursday?
5 Is the weather likely to improve over the weekend?

teithio *to travel*	**niwlog** *foggy, misty*
rhybudd (m.) **-ion** *warning*	**cymylog** *cloudy*
rhew (m.) *ice, frost*	**cawod** (m.) **-ydd** *shower*
cyfan *whole*	**trwm** *heavy*
bydd hi *it will be*	**tymheredd** (m.) *temperature*
sych *dry*	**gradd** (f.) **-au** *degree*
heulog *sunny*	**gwynt** (m.) **-oedd** *wind*
glaw (m.) *rain*	**chwythu** *to blow*
gwlyb *wet*	**mwyn** *mild*
erbyn *by*	**gwyntog** *windy*
rhewi *to freeze*	**bwrw glaw** *to rain*
unwaith *once*	**gyrru** *to drive*

Points to notice

■ As you saw in the excuse, **Mae hi'n rhy oer i nofio**, and in the radio weather forecast, when discussing the weather, the feminine forms of the verb **bod** are used:

> **Mae hi'n stormus heddiw.** *It is stormy today.*
> **Bydd hi'n oer yfory.** *It will be cold tomorrow.*

Mae hi'n is often contracted to **mae'n**: **Mae'n stormus heddiw**.

■ **Yr/y** always comes before the seasons in Welsh:

yr haf	summer	**yr hydref**	autumn
y gaea'	winter	**y gwanwyn**	spring

■ To discuss today's weather the present tense is used:

> **Sut mae'r tywydd heddiw?** *How is the weather today?*

In conversational Welsh you are likely to hear people using the immediate future:

> **Mae'n mynd i fwrw glaw.** *It is going to rain.*
> **Mae'n mynd i fwrw cesair.** *It is going to hail.*

Exercise 5 *Compass points*

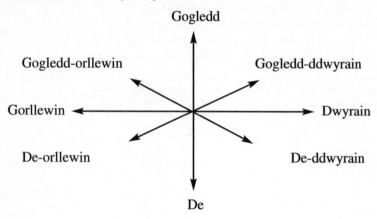

Gogledd

Gogledd-orllewin

Gogledd-ddwyrain

Gorllewin

Dwyrain

De-orllewin

De-ddwyrain

De

Look at the map of Wales in the front of this book (page 10) and locate the following places, e.g. Mae Pwllheli yn y gogledd-orllewin.

Pwllheli, Tyddewi, Aberystwyth, Harlech, Caerdydd, Wrecsam, Abertawe, Conwy.

Points to notice

Nasal Mutation

■ **Yn** (in) causes the nasal mutation. There is an example of this when Tom says in Unit 2 that he is a solicitor, **yng Nghaerdydd**. Look at the letter changes on the mutation chart on page 12. The preposition **yn** (in), is never shortened. **Yn** itself changes its sound before **m**, **mh**, **ng** and **ngh** to be like the sound it creates:

Portmeirion	ym **Mh**ortmeirion	Caerfyrddin	yng **Ngh**aerfyrddin
Bangor	ym **M**angor	Gwynedd	yng **N**gwynedd
Tywyn	yn **Nh**ywyn	Dolgellau	yn **N**olgellau

Factfile: The National Eisteddfod

The National Eisteddfod is the main cultural festival in Wales. It is held annually during the first full week in August and the location varies between North and South Wales every other year.

There are three main ceremonies during Eisteddfod week – the Crowning ceremony to honour the best free verse poet, the Prose Medal Ceremony and the Chairing ceremony for the best ode written in strict metres. Around the main pavilion where these ceremonies are held, there are various stalls including the visual arts, crafts, learners, drama, science, etc.

Can you now do the following?	Yes	No	If not, go to page
Ask someone whether they would like to do something			65
Tell someone you would like to do something			65
Refuse to do something			65
Say you are sorry and give an excuse			66
Ask what someone will be doing			67
Describe the weather			68

6 GA' I'CH HELPU CHI?
May I help you?

In this unit you will learn how to:

■ ask someone for something in a shop
■ compare different things
■ say how much something costs
■ express an opinion on something
■ say you have done something
■ describe something

Deialog 1

Elen goes shopping after receiving an invitation to a wedding party.

Siopwr	Bore da. Ga' i'ch helpu chi?
Elen	Bore da. Dw i'n chwilio am esgidiau maint pump.
Siopwr	Pa fath o esgidiau dych chi eu heisiau?
Elen	'Sdim ots, ond dw i eisiau eu gwisgo nhw gyda ffrog. Dw i wedi cael gwahoddiad i barti priodas nos Sadwrn nesa'.
Siopwr	Unrhyw liw arbennig?
Elen	Mae'r ffrog yn las ond mae'n gas 'da fi esgidiau gwyn neu ddu.
Siopwr	Af i i weld beth sy 'da ni.

1 What shoe size is Elen?
2 When is the wedding party?
3 What colour is Elen's dress?

siopwr (m.) **siopwyr** *shopkeeper*
esgid (f.) **-iau** *shoe*
maint (m.) **meintiau** *size*
gwisgo *to wear*
ffrog (f.) **-iau** *dress*
gwahoddiad (m.) **-au** *invitation*
priodas (f.) **-au** *wedding*

nesa' *next*
lliw (m.) **-iau** *colour*
arbennig *special, particular*
gwyn *white*
af i *I'll go*
gweld *to see*
beth sy 'da ni *what we have*

1 Offering assistance

Ga' i'ch helpu chi?   *May I help you?*
Alla i'ch helpu chi?   *Can I help you?*
Dych chi'n chwilio am   *Are you looking for something*
  rywbeth arbennig?   *in particular?*
Beth dych chi ei eisiau?   *What do you want?*

2 Asking for something in a shop

You already know **ga' i?** (*may I have?*) and **hoffwn i** (*I would like*).
Here are some other useful phrases for asking for something in a
shop.

Dw i'n chwilio am____   *I'm looking for ___*
Oes ___ 'da chi?   *Have you any___?*
Dych chi'n gwerthu ___?   *Do you sell___?*
Dw i eisiau ____   *I want ___*
Ble mae'r____ os gwelwch   *Where is the ___please?*
  yn dda?
Alla i gael___?   *Can I have _____?*

Exercise 1

a) Using the phrase **Dw i'n chwilio am___** tell the shop assistant
that you are looking for the items on page 74. Remember that **am**
causes a soft mutation.

b) Repeat exercise a), this time using the phrase **Alla i gael ___?**

3 Lliwiau *Colours*

oren	orange	**gwyrdd**	green	**porffor**	purple
llwyd	grey	**brown**	brown	**coch**	red
glas tywyll	dark blue	**glas golau**	light blue		

Exercise 2

Complete the sentences using the items in brackets in the sentence (remember to mutate if necessary).

a) Dw i'n chwilio am _____ _____. (black trousers)
b) Oes _____ _____ 'da chi? (science fiction magazines)
c) Dych chi'n gwerthu _____ _____? (wedding invitations)
d) Alla i gael _____ _____? (a cheese sandwich)
e) Ga' i_____ _____ _____? (fresh orange juice)
f) Ble mae fy _____ _____? (brown suit)

---

trowsus (m.) **-au** *trousers*   **ffres** *fresh*
caws (m.) *cheese*

Exercise 3

You go to a clothes shops to buy a suit. Complete your side of the dialogue.

Siopwr Dych chi'n chwilio am rywbeth arbennig?
Chi   *Say yes, you want a dark suit for a wedding.*
Siopwr Dych chi wedi gweld rhywbeth dych chi'n ei hoffi?
Chi   *Say no, ask if they have more suits.*
Siopwr Nac oes, ond byddwn ni'n cael rhagor dydd Mercher.
            Pryd mae'r briodas?
Chi   *Tell him it's next Saturday.*
Siopwr Does dim llawer o amser 'da chi. Dych chi'n gallu dod
            i'r siop dydd Mercher?
Chi   *Say yes, and thank him.*

---

siwt (f.) **-iau** *suit*   **byddwn ni** *we will be*

Deialog 2

Elen is not the only person shopping for the wedding party…

Cwsmer Ydy hi'n bosib i fi drïo hon?
Siopwr Ydy, wrth gwrs. Mae'r ystafell newid ar y chwith.
Cwsmer Diolch.
(She goes to try the dress on.)
Cwsmer Mae'n rhy dynn, a dyw'r lliw ddim yn fy siwtio i. Oes
            rhai mwy 'da chi?
Siopwr Oes, mae digon o ddewis 'da ni. Mae llawer o liwiau
            a meintiau eraill 'da ni. Pa liw hoffech chi?
Cwsmer Oes rhai du 'da chi? Mae'n well 'da fi ffrogiau hir
            hefyd.

1 Where is the changing room?
2 What is wrong with the dress?
3 What colour does the customer ask for?

cwsmer (m.) **-iaid** *customer*
posib *possible*
trïo *to try* (you will also hear **ceisio**)
hon *this*
ystafell newid (f.) **ystafelloedd newid** *changing room*
chwith *left*

tynn *tight*
siwtio *to suit*
rhai *ones, some*
mwy *bigger*
dewis (m.) **-iadau** *choice*, also *to choose*

4 Asking for more detail about something you want to buy

Oes rhai eraill 'da chi?	*Have you got any others?*
Pa liwiau sy 'da chi?	*Which colours have you got?*
Dych chi'n gwerthu mathau eraill?	*Do you sell other types?*
Pa fath o gameras sy 'da chi?	*What types of camera do you have?*
Pa mor ddrud dyn nhw?	*How expensive are they?*
Oes rhagor o'r rhain 'da chi?	*Have you got more of these?*

Points to notice

■ **arall/eraill.** Both these words mean *other.* **Arall** is used with singular nouns and **eraill** with plural nouns:

lliw arall *another colour* **lliwiau eraill** *other colours*
ffrog arall *another dress* **ffrogiau eraill** *other dresses*

■ You have already seen **pa mor** in Unit 4, meaning *how.* It is only used with adjectives. **Pa mor** causes a soft mutation: **pa mor gryf, pa mor fawr, pa mor dywyll**.

■ **Pa** means *which*, although you will sometimes hear 'what' in corresponding English sentences: **Pa ieithoedd eraill dych chi'n eu siarad?** *What other languages do you speak?*

Other useful phrases using **pa** include: **pa fath?** (*what type?*) **pa liw?** (*which colour?*) **pa rai?** (*which ones?*) **pa un?** (*which one?*).

5 Asking the price of something

Faint yw'r gwin 'ma?	*How much is this wine?*
Beth yw pris y bara 'ma?	*What is the price of this bread?*
Faint sy arna i?	*How much do I owe?*

Asking what the total price is

Faint yw hynny i gyd?	*How much is all that?*

Points to notice

■ You have already seen how to say *this weekend*: **y penwythnos 'ma**; and *this afternoon*: **y bore 'ma** in Unit 5. To say 'this_____', **y** is placed in front of the word and **'ma** after it: **yr arian 'ma** *this money*, **y bwyty 'ma** *this restaurant*, **y capel 'ma** *this chapel*.

With plural nouns, **y _____ 'ma** takes the meaning 'these_____': **y chwaraeon 'ma** (*these sports*), **y dramâu 'ma**, *these plays*.

■ To say 'that _____,' **y** is placed in front of the noun and **'na** after it: **yr ystafell 'na** *that room*, **y rhaglen 'na** *that programme*, **yr ysbyty 'na** *that hospital*.

With plural nouns, **y _____ 'na** takes the meaning 'those_____': **y meintiau 'na** *those sizes*, **y sglodion 'na** *those chips*.

■ The Welsh word for 'all' is **i gyd**, which comes after the noun: **y plant i gyd**, *all the children*, **fy chwiorydd i gyd**, *all my sisters*.

---

6 Giving the price of something

You are familiar with the feminine and masculine forms of the numbers 2, 3 and 4. The words **ceiniog** (*penny*) and **punt** (*pound*) are both feminine, and therefore the feminine forms **dwy**, **tair** and **pedair** are used. **Cant** (100) is masculine and like **pump** and **chwech**, drops the last consonant before a noun. **Mil** (1,000), like

ceiniog and **punt**, is feminine in South Wales, and therefore uses the feminine forms of numbers.

Note the following examples:

51c	**pum deg un geiniog**
73c	**saith deg tair ceiniog**
£2.64	**dwy bunt chwe deg pedair ceiniog**
£4.50	**pedair punt pum deg ceiniog**
£18.14	**un deg wyth punt un deg pedair ceiniog**
£322	**tri chant dau ddeg dwy bunt**
£500	**pum can punt**
£1,000	**mil o bunnau**
£2,000	**dwy fil o bunnau**

It is common to use the phrase **o bunnau** (*of pounds*), instead of **punt** when dealing with large amounts of money.

Exercise 4

You are working as a shop assistant and customers are asking what various items cost. Answer their questions.

1 Pa mor ddrud yw'r esgidiau 'ma? (£35.00)
2 Faint yw'r ffrog 'ma? (£56.99)
3 Faint mae'r car 'ma'n ei gostio? (£6,580)
4 Beth yw pris y siwt 'ma? (£258.82)
5 Faint yw'r sgert 'ma? (£16.25)
6 Beth yw pris y tŷ 'na? (£65,458)
7 Pa mor ddrud yw'r te 'ma? (32c)
8 Faint mae'r ceffyl 'na'n ei gostio? (£1,043)

Deialog 3

Tom is keen to add another model ship to his collection and goes to a specialist shop to find one.

Tom	Esgusodwch fi. Faint yw hwn?
Siopwr	£38.99.
Tom	Mae'n rhy ddrud i fi. Dw i ddim eisiau talu cymaint â hynny. Oes rhai rhatach 'da chi?

Siopwr   Oes. Beth am hwn? Mae e'n costio £21.50. Mae
              hynny'n rhesymol iawn.
Tom   Ydy, cymera i hwnna 'te. Dyma bedwar deg punt. Oes
              newid 'da chi?
Siopwr   Oes, mae digon o newid 'da fi.
Tom   Diolch am eich help.

1 How does Tom say 'I don't want to pay as much as that'?
2 How much does Tom give the assistant?
3 Has the assistant got enough change?

---

esgusodwch fi *excuse me*   **costio** *to cost*
drud *expensive*   **rhesymol** *reasonable*
cymaint â (AM) *as much as*   **cymera i** *I will take*
rhatach *cheaper*   **newid** (m.) **-iadau** *change*
rhad *cheap*

Points to notice

■ Earlier in this unit we introduced the pattern **y____'ma** to
express 'this ____'. **Hwn** and **hon** also mean *this* in Welsh.
Hwn is used with masculine nouns and **hon** is used with
feminine nouns: **y tocyn hwn**, *this ticket*, **y rhaglen hon**, *this
programme*. Unlike the pattern **y _____ 'ma**, **hwn** and **hon**
can be used without referring to the name of the object:

    Faint yw hwn?   *How much is this?*
    Faint yw hon?   *How much is this?*
    Mae hwn yn dda.   *This is good.*

■ **Hwnna/honna**. To say 'that one' the words **hwnna** and
honna are used. **Hwnna** is used with masculine nouns and
honna with feminine nouns.

■ The words **hyn** (*this*) and **hynny** (*that*) are used when referring
to something abstract, such as news, events and sayings:

    Ydy e wedi gwneud hynny? *Has he done that?*
    Beth rwyt ti'n ei feddwl   *What do you think*
    am hyn?   *about this?*

■ **Rhain** means 'these' and is used when you do not name the object:

> **Faint yw'r rhain?**   *How much are these?*

Rheina means 'those' and is also used when you do not name the object:

> **Faint yw'r rheina?**   *How much are those?*

 Exercise 5

Listen to the tape and fill in the grid.

Item	Cost	Comment

 Deialog 4

Matthew goes shopping at the local grocer.

Matthew	Dw i eisiau tatws newydd os gwelwch yn dda.
Groser	Sawl cilo dych chi ei eisiau? Tatws lleol dyn nhw.
Matthew	Faint maen nhw'n ei gostio?
Groser	Dau ddeg pum ceiniog y cilo.
Matthew	Ga' i bum cilo os gwelwch yn dda.
Groser	Dyna chi. Dych chi eisiau rhywbeth arall?
Matthew	Ydw. Dych chi'n gwerthu wyau?
Groser	Ydyn. Mae wyau clos 'da ni os dych chi eisiau, maen nhw'n costio £1.50 y dwsin. Mae'r wyau eraill yn £1.15 y dwsin.
Matthew	Cymera i'r wyau clos, os gwelwch yn dda. A hoffwn i flodfresychen hefyd.

Groser Mae'n ddrwg 'da fi, does dim ar ôl 'da ni.
Matthew O wel, diolch yn fawr beth bynnag. Oes bresych 'da chi?
Groser Oes, maen nhw 53c yr un.
Matthew Dyna'r cwbl diolch.

1 What's special about the new potatoes that Matthew buys?
2 Does the grocer sell eggs?
3 Does Matthew buy a cauliflower?

dyna chi *there you are*		**ar ôl** *left, remaining*	
wy clos (m.) **wyau clos** *free range egg*		**beth bynnag** *anyway*	
		bresych *cabbage*	
dwsin (m.) **-au** *dozen*		**yr un** *each*	
blodfresychen (f.) **blodfresych** *cauliflower*		**cwbl** *everything*	

Points to notice

■ In expressions of price/quantity, **y** is used where English requires 'a':

y dwsin	*a dozen*	**y cilo**	*a kilo*
y bag/paced	*a bag/packet*	**y pwys**	*a pound*
y botel	*a bottle*	**y litr**	*a litre*
y bocs	*a box*	**y peint**	*a pint*

For example, **53c y botel**, *53p a bottle*, **78c y litr**, *78p a litre*

Exercise 6

Give the appropriate answers to the following questions.

1 Faint yw'r wyau? (*£1.84 a dozen*)
2 Beth yw cost yr orennau? (*15p each*)
3 Faint yw'r tatws? (*£2.68 a bag*)
4 Faint yw'r gwin? (*£3.89 a bottle*)
5 Faint mae'r afalau'n eu costio? (*63p a kilo*)

oren (m.) **-nau** *orange*	**winwnsyn** (m.) **winwns** *onion(s)*
afal (m.) **-au** *apple*	(NW: *nionyn* (m.) *nionod*)

🔲 **Exercise 7**

Listen to the tape. It is Tom's turn to cook supper. Listen to his conversation in the greengrocer and complete the grid.

Item	Price

7 Mae'n rhatach *It's cheaper*

There are two ways of expressing the comparative degree (-er) in Welsh.

By adding *-ach* to the adjective

hir → hirach   **Dw i eisiau un hirach.**
                    I want a longer one.
twym → twymach   **Mae'n dwymach heddiw.**
                    It is warmer today.

By using the word *mwy*

niwlog → mwy niwlog   **Mae hi'n fwy niwlog heddiw.**
                           It is foggier today.
rhesymol → mwy rhesymol   **Mae'r gwin 'ma'n fwy rhesymol.**
                           This wine is more reasonable.

However there are certain irregular adjectives which do not follow either of these patterns:

da → gwell   **Mae honna'n fy siwtio i'n well.**
                  This one suits me better.
drwg → gwaeth   **Does dim byd gwaeth na hynny.**
                  There's nothing worse than that.
mawr → mwy   **Hoffwn i gar mwy.**
                  I would like a bigger car.
bach → llai   **Mae'r crys 'ma'n llai na hwnna.**
                  This shirt is smaller than that one.

uchel → uwch	**Mae Eferest yn uwch na'r Wyddfa.**
	Everest is higher than Snowdon.
isel → is	**Mae lefel y dŵr yn is heddiw.**
	The level of the water is lower today.

---

mawr *big, great*	**uchel** *high, loud*
bach *small*	**isel** *low*

Points to notice

■ **Na** (*than*) becomes **nag** before vowels: **Mae Tom yn dalach nag Elen**, *Tom is taller than Elen*. **Na** causes an aspirate mutation: **Mae cathod yn llai na chŵn**, *Cats are smaller than dogs*.

■ As you saw in the word **rhatach**, if an adjective ends in 'd', the 'd' becomes 't' when you add **ach** to it: **rhad** → **rhatach**, **drud** → **drutach** (*dear* → *dearer*).

Exercise 8

Enw'r siop	Bara	Caws	Llaeth	Tatws
Greens	68c	4.50c y cilo	32c y peint	50c y cilo
Murreys	89c	3.75c y cilo	35c y peint	72c y cilo
FreshFood	98c	5.70c y cilo	42c y peint	35c y cilo
Evans	46c	3.09c y cilo	39c y peint	45c y cilo

Using the table note whether the following statements are true or false.

1 Mae bara Greens yn ddrutach na bara FreshFood.
2 Mae caws Evans yn rhatach na chaws Greens.
3 Mae llaeth Murreys yn ddrutach na llaeth Evans.
4 Mae tatws Murreys yn ddrutach na thatws Greens.

8 Dw i wedi prynu gormod o bethau

You will remember the phrase **Dw i wedi cael gwahoddiad** from Deialog 1 in this Unit. To say you have done something in Welsh, **wedi** is used with the forms of the present tense. **Wedi** replaces **yn**: **Dw i'n addo** (*I promise*), **dw i wedi addo** (*I have promised*), **mae hi'n bwrw cesair** (*it is hailing*), **mae hi wedi bwrw cesair** (*it has hailed*).

Deialog 5

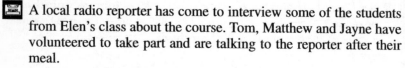 A local radio reporter has come to interview some of the students from Elen's class about the course. Tom, Matthew and Jayne have volunteered to take part and are talking to the reporter after their meal.

Gohebydd Peidiwch â bod yn nerfus. Dych chi wedi bod ar y radio o'r blaen?

Jayne Dw i wedi bod ar y radio sawl gwaith yn America.

Gohebydd Pam?

Jayne Dw i'n gweithio fel swyddog y wasg i gwmni rhyngwladol mawr; mae siarad ar y radio'n rhan o fy swydd i.

Tom Dw i ddim wedi bod ar y radio ond dw i wedi bod ar y teledu ar ôl achosion llys.

Gohebydd Mae'r tri ohonoch chi wedi dysgu Cymraeg yn dda iawn. Dych chi wedi cael y cyfle i weld llawer o'r ardal leol?

Jayne Dw i wedi teithio tipyn. Dw i wedi ymweld â'r gogledd ddwywaith a dyn ni i gyd yn edrych ymlaen at fynd i Dyddewi ddydd Mawrth.

Gohebydd Dych chi'n dawel iawn Matthew. Dw i wedi clywed eich bod chi wedi cwrdd â rhywun enwog iawn yr wythnos diwetha'.

Matthew Daeth y Prif Ysgrifennydd i ymweld â'r dre', cwrddais i â fe bryd hynny.

1 How many of the class have been on the radio before?
2 When has Tom been on the television?
3 Why are the class looking forward to Tuesday?
4 Who came to town last week?

---

gohebydd (m.) **gohebwyr** *reporter*
o'r blaen *before*
sawl gwaith *several times*
swyddog y wasg (m.)
  swyddogion y wasg *press officer*
rhyngwladol *international*
achos llys (m.) **achosion llys**
  court case
ymweld â (AM) *to visit*

edrych ymlaen at (SM) *to look forward to*
tawel *quiet*
eich bod chi *that you*
enwog *famous*
yr wythnos diwetha' *last week*
daeth *came*
prif ysgrifennydd (m.) **prif ysgrifenyddion** *first secretary*

Factfile: Rugby

Rugby union football is generally regarded as the national sport of Wales, although in fact more people follow association football or soccer.

At national level, Wales has had varying success, with perhaps the 1970s being remembered as the golden era, when Wales won the Grand Slam twice and the Triple Crown four times in a row.

National Lottery funding was secured to build the Millennium Stadium in Cardiff in order to host the 1999 Rugby World Cup Final. The new stadium has a capacity of 75,000, together with a sliding roof, which is used when events such as rock concerts are held there.

Can you now do the following?	Yes	No	If not, go to page
Offer assistance in a shop			73
Ask for something in a shop			73
Describe the colour of something			74
Give and ask the price of something			77, 78
Compare two things			82
Say you have done something			84

7 | GOFYN AM GYFARWYDDIADAU
Asking for directions

In this unit you will learn how to:

■ give directions and commands
■ ask someone politely to do something
■ say something is the best, worst or hottest
■ say you have to do something

Deialog 1

Elen takes her class to St Davids (Tyddewi) for the day.

Elen   Esgusodwch fi, dych chi'n gwybod ble mae'r eglwys gadeiriol, os gwelwch yn dda?

Dyn 1   Nac ydw, dw i ddim yn dod o'r ardal 'ma, dw i newydd gyrraedd 'ma. Dw i'n chwilio am yr eglwys gadeiriol hefyd.

Menyw 1   Ga' i'ch helpu chi?

Elen   Dyn ni ar goll. Dyn ni'n chwilio am yr eglwys gadeiriol.

Menyw 1   Dych chi ddim yn bell i ffwrdd. Dyw Tyddewi ddim yn fawr iawn, mae'n amhosib mynd ar goll yma. Ewch i lawr y stryd 'ma, wedyn trowch i'r dde, ac ar ôl cerdded am dipyn, gwelwch chi'r sgwâr. Croeswch y sgwâr, ac ewch i lawr y stryd sy'n wynebu'r sgwâr. Cerddwch i lawr y stryd, ac mae'r eglwys gadeiriol ar y dde. Mae rhaid i chi gerdded i lawr llawer o risiau cyn cyrraedd y drws.

Elen   Diolch am eich help.

1 Why is the man unable to help them?
2 Is Tyddewi a large town?
3 Is the cathedral on top of a hill?

dyn (m.) **-ion** *man*	**i lawr** *down*
gwybod *to know*	**stryd** (f.) **-oedd** *street*
eglwys gadeiriol (f.) **eglwysi**	**trowch** *turn*
cadeiriol *cathedral*	**de** (f.) *right*
newydd *just*	**gwelwch chi** *you will see*
cyrraedd (cyrhaedd-) *to arrive*	**sgwâr** (m.) **sgwariau** *square*
menyw (f.) **-od** *woman*	**croeswch** *cross*
ar goll *lost*	**sy'n wynebu** *which faces*
wedyn *afterwards, then*	**mae rhaid i chi** *you have to*
pell *far*	**gris** (m.) **-iau** *step, stair*
i ffwrdd *away*	**cyn** *before*
amhosib *impossible*	**drws** (m.) **drysau** *door*
ewch *go*	

Points to notice

■ **Dw i newydd gyrraedd. Newydd** is used with the present forms of **bod** to say something has just happened:

Dw i'n cyrraedd.	*I am arriving.*
Dw i newydd gyrraedd.	*I have just arrived.*
Maen nhw'n chwilio.	*They are looking.*
Maen nhw newydd chwilio.	*They have just looked.*

1 Saying where something is

ar y gornel	*on the corner*
ar gornel	*on the corner of*
drws nesa' i (SM)	*next door to*
ar y chwith	*on the left*
ar y dde	*on the right*
o flaen	*in front of*
rhwng	*between*
wrth (SM)	*by*
gyferbyn â (AM)	*opposite*
tu ôl i (SM)	*behind*

ynghanol	*in the middle of*
yn agos i (SM)	*near to*

Mae'r eglwys gadeiriol
ar y chwith wrth y bont.
The cathedral is on the left
by the bridge.

Mae'r coleg ynghanol y ddinas. *The college is in the middle*
of the city.

Mae'r siop fwyd gyferbyn
â'r cigydd.
The food shop is opposite
the butchers.

Mae'r banc tu ôl i'r ysbyty. *The bank is behind the hospital.*

Mae'r caffi drws nesa' i'r
orsaf dân.
The café is next door to the
fire station.

Points to notice

■ All the words and phrases we have just seen are prepositions. Prepositions describe where something is in relation to something else. In Welsh, the joining word **yn** seen in sentences such as **Mae Richard yn hapus** is never used before prepositions: **Mae Richard o flaen y tŷ**.

Exercise 1: Llanfechan

Archfarchnad	Heol Las	Garej		Swyddfeydd	Heol Ddu	Amgueddfa
		Banc	Siop Chwaraeon	Swyddfa'r Post		Siop Gelfi

Stryd Fawr

Canolfan Siopa Dewi Sant	Maes Parcio	Llys Ynadon	Neuadd y Dre'	Cigydd
				Ysgol Gynradd

Stryd yr Ysgol O

Llyfrgell	Canolfan Gwaith	Siop wyliau		Ysgol Uwchradd
Gorsaf yr heddlu		Siop bapurau	**Start**	

Fill in the blanks:

1 Mae'r archfarchnad _____ ____ Chanolfan Siopa Dewi Sant.
2 Mae'r Llys Ynadon _____ y dre'.
3 Mae'r cigydd _____ _____ _____'r ysgol gynradd.
4 Mae'r siop chwaraeon _____ y banc a Swyddfa'r Post.
5 Mae'r Siop Gelfi ___ _____ Heol Ddu.
6 Mae'r Amgueddfa _____ _____'r swyddfeydd.
7 Os dych chi'n cerdded o **start** mae'r Ysgol Uwchradd _____ _____ _____ ac mae'r siop wyliau _____ _____ _____.

---

archfarchnad (f.) **-oedd** *supermarket*	**llys ynadon** (m.) **llysoedd ynadon** *magistrates' court*
swyddfa'r post (f.) *post office*	**llyfrgell** (f.) **-oedd** *library*
amgueddfa (f.) **amgueddfeydd** *museum*	**gorsaf yr heddlu** (f.) *police station*
siop gelfi (f.) **siopau celfi** *furniture shop*	**canolfan gwaith** (m.) **canolfannau gwaith** *job centre*
canolfan siopa (f.) **canolfannau siopa** *shopping centre*	**siop wyliau** (f.) **siopau gwyliau** *travel agent*
maes parcio (m.) **meysydd parcio** *car park*	**siop bapurau** (f.) **siopau papurau** *newsagent*
	os *if*

2 Giving directions

Trowch wrth y goleuadau.	*Turn at the lights.*
Cerddwch ar hyd y Stryd Fawr.	*Walk along the High Street.*
Ewch lan y stryd 'ma hyd at y bont.	*Go up this street as far as the bridge.*
Ewch i gyfeiriad gorsaf yr heddlu.	*Go in the direction of the police station.*
Ewch dros y bont a dilynwch yr arwydd.	*Go over the bridge and follow the sign.*
Ewch drwy'r dre' a chymerwch yr A483.	*Go through the town and take the A483.*
Trowch i'r chwith wrth y groesffordd.	*Turn left at the crossroads.*
Ewch heibio i'r amgueddfa.	*Go past the museum.*

Cerddwch nes cyrraedd y cylchfan.	*Walk until reaching the roundabout.*
y tro cynta'	*the first turning*
yr ail dro	*the second turning*
trydydd tro	*the third turning*

Points to notice

■ The words **esgusodwch fi**, **ewch**, **trowch**, and **cerddwch** in Deialog 1 are all examples of commands. Commands are formed by adding the ending **-wch** to the stem of a verb-noun. All verb-nouns have stems. The stem of a verb-noun is usually formed by dropping the last vowel, e.g. the stem of the verb-noun **canu** is **can-**, and the stem of the verb-noun **gweithio** is **gweithi-**. From now on in the course, all the stems of verb-nouns will be placed in brackets by the side of the verb-nouns in the vocabulary lists. As you can see from the last vocabulary, the stem of the verb-noun **cyrraedd** is **cyrhaedd**, therefore the command form is **cyrhaeddwch!** *Arrive!* **Cyrhaeddwch cyn pump!** *Arrive before five!*

■ There are some irregular commands:

Verb-noun	Command	English	Command (fam.)
mynd	ewch!	*go!*	cer! (fam.)
dod	dewch!	*come!*	dere! (fam.)
bod	byddwch!	*be!*	bydd! (fam.)
gwneud	gwnewch	*do! make!*	gwna! (fam.)

■ The command form for a person that you address using the **ti** forms is the stem of the verb-noun:

darllen   (**darllen-**)   **Darllen y llyfr!**   *Read the book!*

In the case of verb-nouns formed from adjectives or nouns, and verb-nouns whose stems end in **-i**, add **-a** to the stem to form the **ti** command:

canu   (**can-**)   **Cana yn yr eglwys!**   *Sing in the church!*

■ The word following a command mutates softly:

Prynwch ddillad newydd!   *Buy new clothes!*
Dysgwch Gymraeg!   *Learn Welsh!*

■ The answers to these commands are **gwnaf** (*yes, I will*) and **na wnaf** (*no, I won't*):

Ewch i'r llyfrgell!   **Gwnaf!**
Yfwch lai o goffi!   **Na wnaf!**

■ The answer to a command beginning **byddwch** is **bydda** (*yes, I will be*) or **na fydda** (*no, I won't be*):

Byddwch yn dawel!   **Bydda!**
Byddwch yn dawel!   **Na fydda!**

Exercise 2

Look at the map of Llanfechan again and read the following directions. To where do they lead you?

1 O **start**, ewch i lawr y stryd nes cyrraedd Stryd yr Ysgol, trowch i'r chwith a cherddwch i lawr Stryd yr Ysgol, heibio i'r siop wyliau a'r canolfan gwaith. Trowch i'r chwith wrth y canolfan gwaith ac mae e drws nesa' i'r llyfrgell.

2 O **start**, trowch i'r dde, a chroeswch Stryd yr Ysgol. Ewch heibio i'r ysgol gynradd a'r cigydd. Dych chi'n cyrraedd y Stryd Fawr. Cymerwch y trydydd tro ar y chwith ac mae hi gyferbyn â'r maes parcio.

3 O **start**, ewch i'r chwith a cherddwch i lawr Stryd yr Ysgol nes cyrraedd y cylchfan. Trowch i'r dde wrth y cylchfan ac ewch i lawr y stryd heibio i Ganolfan Siopa Dewi Sant. Croeswch y Stryd Fawr ac ewch i lawr Heol Las. Mae e gyferbyn â'r archfarchnad wrth y banc.

4 O **start,** croeswch Stryd yr Ysgol a cherddwch heibio i Neuadd y Dre' a chymerwch y tro cynta' ar y chwith. Yn y Stryd Fawr, trowch i'r chwith. Ewch i lawr y Stryd Fawr nes cyrraedd y Llys Ynadon. Mae hi gyferbyn â chi rhwng y banc a swyddfa'r post.

📻 **Exercise 3**

Listen to the tape and fill in the blanks.

1 Mae'r ganolfan siopa _____.
2 Mae'r ganolfan hamdden _____.
3 Mae'r eglwys _____.
4 Mae'r ysgol uwchradd _____.
5 Mae'r coleg _____.
6 Mae'r cylchfan _____.

3 Telling someone not to do something

In Welsh, this is expressed by the verb-noun **peidio** which is
followed by **â**. Remember that **â** causes an aspirate mutation. **Â** is
replaced by **ag** before a vowel:

Verb-noun	Formal/plural command	Familiar command
peidio â	**peidiwch â**	**paid â**

Peidiwch â cherdded   *Don't walk down that street.*
i lawr y stryd 'na.
Paid ag aros yn hwyr.   *Don't stay late.*

Prohibitions on public notices are usually preceeded by **dim**:

Dim cŵn.   *No dogs.*
Dim ysmygu.   *No smoking.*
Dim bwyta nac yfed.   *No eating or drinking.*

Other useful phrases using **dim** are:

Dim diolch.   *No thanks.*
Dim o gwbl.   *Not at all.*
Dim gobaith.   *Not a hope, no hope.*
Dim syniad.   *No idea.*

Exercise 4

Match each sentence on the left with the appropriate response from
the right.

a) Mae'r trowsus 'ma'n rhy hir   Ewch i'r banc

b) Mae hi'n oer iawn
c) Dw i eisiau dysgu Cymraeg
d) Dw i eisiau prynu bara
e) Does dim arian 'da fi
f) Dw i wedi yfed gormod
g) Dw i eisiau cadw'n heini
h) Dw i eisiau prynu'r tŷ 'na
i) Cnoc Cnoc Cnoc

Peidiwch â gyrru
Dewch i mewn
Edrychwch ar y manylion
Trïwch y rhain
Gwisgwch eich cot
Darllenwch *Teach Yourself Welsh*
Cerddwch i'r gwaith
Ewch i'r siop fwyd

4 Asking someone to do something

If you wish to ask someone to do something, rather than instructing them to do it, **wnewch chi?** (*will you?*) is used:

Wnewch chi agor y ffenestr? *Will you open the window?*
Wnewch chi ffonio eich *Will you phone your*
mam-gu? *grandmother?*

For people you address using **ti,** the form is **wnei di?**:

Wnei di agor y ffenest?
Wnei di ffonio dy fam-gu?

A soft mutation follows both **wnewch chi?** and **wnei di?**:

Wnewch chi brynu llaeth, *Will you buy milk, there's*
does dim ar ôl? *none left?*

The reply to **wnewch chi?** or **wnei di?** is **gwnaf** (*yes, I will*) or **na wnaf** (*no, I won't*):

Wnewch chi dalu am y bwyd? Gwnaf.
Wnei di dalu am y gwin? Na wnaf.

Exercise 5

Change the commands into polite requests according to the example given.

Bwytwch eich cinio → **Wnewch chi fwyta eich cinio os**
gwelwch yn dda?

1 Canwch
2 Casglwch y plant
3 Newidiwch y tâp

4 Talwch y bil
5 Peidiwch â chroesi'r stryd brysur
6 Dewisiwch rywbeth arall
7 Dewch gyda'ch tad
8 Helpwch eich brawd
9 Eisteddwch i lawr
10 Ewch i'r siop wyliau

Deialog 2

 Having looked around the cathedral, some members of the class discuss what to do next.

Tom	Mae syched arna i nawr. Ble mae'r caffi agosa'? Mae rhaid i fi gael coffi. Dw i ddim wedi cael paned ers tair awr o leia'.
Matthew	Beth am fynd i gael hufen iâ? Mae siop dda ar ben y bryn 'ma.
Jayne	Mae rhaid i fi brynu cardiau post ac anrhegion i fy nheulu.
Elen	Mae rhaid i chi fwyta rhywbeth Jayne, dyn ni ddim wedi cael unrhywbeth ers brecwast.
Jayne	Pryd mae rhaid i ni fod yn ôl ar y bws?
Matthew	Pump o'r gloch, felly mae digon o amser 'da chi i brynu pob draig goch yn Nhyddewi os dych chi eisiau.
Elen	Awn ni i gael rhywbeth i'w fwyta nawr a siopa wedyn 'te.

1 How long is it since Tom drank anything?
2 What does Jayne want to do?
3 What time do they have to be back in the bus?

mae syched arna i *I'm thirsty*	**bryn** (m.) **-iau** *hill*
agosa' *nearest*	**cerdyn post** (m.) **cardiau post**
ers *since, for*	*postcard*
awr (f.) **oriau** *hour*	**anrheg** (f.) **-ion** *present (gift)*
o leia *at least*	**yn ôl** *back*
hufen iâ (m.) *ice cream*	**awn ni** *we will go*
ar ben *at the top of*	**rhywbeth** *something*

Points to notice

■ **Ble mae'r caffi agosa'?** You saw in Unit 6 how to compare two things by adding the ending **-ach**. The superlative (-est in English) is formed by adding the ending **-af.** The final 'f' is usually dropped in spoken Welsh and has not been included in this course.

■ The same adjectives which have irregular comparative degrees also have irregular superlative degrees:

da → **gorau**	**Hi yw'r orau**	*She is the best.*
drwg → **gwaetha'**	**Pwy yw'r gwaetha'?**	*Who is the worst?*
mawr → **mwya'**	**Hon yw'r ystafell fwya' yn y tŷ.**	*This is the biggest room in the house.*
bach → **lleia'**	**Daniel yw'r lleia'.**	*Daniel is the smallest.*
uchel → **ucha'**	**Yr Wyddfa yw'r mynydd ucha'.**	*Snowdon is the highest mountain.*
isel → **isa'**	**Honna yw'r lefel isa'.**	*That is the lowest level.*

■ As you can see from these examples, when you are using the superlative, the order of the sentence is changed. The thing you are describing comes first.

■ Longer adjectives use **mwya'** to form the superlative:

Fe yw'r mwya' anobeithiol.	*He is the most hopeless.*
Dydd Sul oedd y diwrnod mwya' cymylog.	*Sunday was the most cloudy day.*

■ If the adjective ends in *g, b,* or *d,* these letters become *c, p,* and *t* when the ending **-a'** is added:

enwog → **enwoca'**	**Fe yw actor enwoca' Cymru.** *He is Wales' most famous actor.*
gwlyb → **gwlypa'**	**Heddiw yw'r diwrnod gwlypa'.** *Today is the wettest day.*
drud → **druta'**	**Hwnna yw'r druta'.** *That one is the most expensive.*

■ If you are referring to a singular feminine noun, the superlative mutates softly after **y**: **Sali yw'r fwya'**. **Rh** and **ll** never mutate after **y**: **honna yw'r rhata'**.

Exercise 6

Create your own sentences using the adjectives given according to the example.

(Matthew/Tom/ifanc) **Mae Matthew yn ifancach na Tom. Matthew yw'r ifanca'**.

1 Tom/Matthew/rhugl
2 Caernarfon/Blaenau Ffestiniog/mawr
3 Jayne/Elen/nerfus
4 Sam/Dan/drwg
5 Mair/Alis/egnïol
6 ceffyl/cwningen/cryf
7 Dan/Sam/da

5 Saying you have to do something

'Mae rhaid i fi brynu cardiau post' said Jayne in Deialog 2. To say I have to ____, they have to _____, the pattern is:

mae rhaid i fi	*I must, I have to*
mae rhaid i ti	*you must, you have to* (fam.)
mae rhaid iddo fe	*he must, he has to*
mae rhaid iddi hi	*she must, she has to*
mae rhaid i ni	*we must, we have to*
mae rhaid i chi	*you must, you have to*
mae rhaid iddyn nhw	*they must, they have to*

To ask a question, **oes** is used in the same way as you saw with the possessive construction in Unit 3. **Does dim** is used in negative sentences:

Oes rhaid i fi fynd?	*Do I have to go?*
Does dim rhaid iddo fe fynd.	*He doesn't have to go.*

The answers given are either **oes** or **nac oes** as we saw in Unit 3:

Oes rhaid i fi fynd?	**Oes, mae rhaid i chi fynd.**
Oes rhaid iddo fe fynd?	**Nac oes, does dim rhaid iddo fe fynd.**

Note that there is a soft mutation after the pattern **Mae rhaid i fi / Oes rhaid iddyn nhw?/Does dim rhaid i ni** etc.:

Mae rhaid i ni brynu tocyn.	*We have to buy a ticket.*
Oes rhaid iddyn nhw berfformio heno?	*Do they have to perform tonight?*
Does dim rhaid iddi hi gerdded, mae car 'da hi.	*She doesn't have to walk, she has a car.*

You will also hear the verb-noun **gorfod** in place of **mae rhaid i fi**:

Mae rhaid i fi fynd.	**Dw i'n gorfod mynd.**

Does dim rhaid i chi aros means *you don't have to stay*. To tell someone they must *not* stay, the verb-noun **peidio** you saw earlier is used:

Mae rhaid i chi beidio ag aros.	*You must not stay.*
Mae rhaid iddyn nhw beidio â choginio.	*They must not cook.*
Mae rhaid i ni beidio â defnyddio'r ffôn.	*We must not use the phone.*

Exercise 7

The library assistant in Llanfechan wishes to place a list of rules in Welsh on the noticeboard. Can you help him?

1 You must be quiet.
2 You must put all the books back on the shelf.
3 You must not eat in the library.
4 You must not drink in the library.
5 You must not smoke in the library.

Factfile: Saint David

Saint David or Dewi Sant has been regarded as the patron saint of Wales since the twelfth century. His death is recorded under 588/9 in Irish Annals and his Saint's Day, March 1, is celebrated by the wearing of a daffodil or a leek. He was the son of Sandde, the king of Ceredigion, and his mother's name was Non.

There are many interesting stories about David, such as the one about him preaching in the village of LlanddewiBrefi. A large crowd had come to see him, but they could not see or hear him, until suddenly the earth rose up underneath his feet. This miracle and many others are told in *Buchedd Dewi*, the Life of St David, composed by Rhigyfarch, a Welsh monk, in around 1095.

Can you now do the following?	Yes	No	If not, go to page
Say where something is located			87, 88
Give a command to someone			90
Tell someone not to do something			92
Ask someone politely to do something			93
Reply to a command to do something			91, 93
Say you have to do something			96

8 BETH WNAETHOCH CHI?

What did you do?

In this unit you will learn how to:

- ask what somebody did
- say what you did
- say that you didn't do something
- say you have told somebody something

Deialog 1

The course has restarted after half term. Elen is eager to find out how some of the members of her class spent their time.

Elen	Beth wnaethoch chi dros hanner tymor?
Tom	Arhosais i yma, a gweithiais i'n galed yn y llyfrgell ddydd Gwener. Ddydd Sadwrn, daeth fy ngwraig i'r coleg i dreulio'r diwrnod gyda fi a gwelon ni ffilm yn Aberystwyth. Ddydd Sul, ymlaciais i yn fy ystafell a darllenais i lyfr am hanes Cymru. Mae diddordeb mawr 'da fi yn hanes Cymru. Mae'n llyfr hir, ond dw i'n gobeithio ei orffen e erbyn diwedd y cwrs.
Matthew	Dych chi'n treulio gormod o amser yn darllen llyfrau sych Tom. Roedd fy hanner tymor i'n llawer mwy diddorol. Es i i'r gogledd gyda Marc o'r ail ddosbarth. Ymwelon ni â llawer o leoedd diddorol. Cerddon ni o gwmpas Castell Caernarfon ac arhoson ni mewn gwely a brecwast ar Ynys Môn. Mae'r ynys yn bert iawn. Hoffwn i fyw yno a dweud y gwir. Cerddais i am dipyn ar hyd yr arfordir. Beth amdanoch chi Jayne?
Jayne	Ffoniais i Haf a fy ffrindiau yn America ac ysgrifennais i lawer o lythyron. Nofiais i bob bore yn

y pwll nofio. Mae rhaid i fi golli pwysau rhywffordd, mae bwyd y coleg yn rhy flasus. Dw i'n bwyta llawer gormod ohono fe. Beth wnaethoch chi Elen?

Elen   Dyn ni'n mynd i symud tŷ cyn hir, felly edrychon ni ar lawer o dai yn ardal Caerdydd. Gwelon ni lawer o dai hyfryd ond dyn ni wedi penderfynu rhentu un yn y Bae nes i ni gael hyd i un sy'n berffaith i ni.

1 Who visited Tom?
2 What is Matthew's opinion of Anglesey?
3 Why was Elen in Cardiff?

tymor (m.) **tymhorau** term	**yno** there
aros (arhos-) to stay	**arfordir** (m.) **-oedd** coast
treulio (treuli-) to spend (time)	**ffrind** (m.) **-iau** friend
diwrnod (m.) **-au** day	**ysgrifennu (ysgrifenn-)** to write
ymlacio (ymlaci-) to relax	**llythyr** (m.) **-on** letter
gobeithio (gobeithi-) to hope	**pwysau** weight
gorffen (gorffenn-) to finish	**rhywffordd** somehow
diwedd (m.) end	**blasus** tasty
es i I went	**tŷ** (m.) **tai** house
lle (m.) **-oedd** place	**rhentu (rhent-)** to rent
o gwmpas around	**bae** (m.) **-au** bay
castell (m.) **cestyll** castle	**nes i ni** until we
Ynys Môn Anglesey	**cael hyd i** (SM) to find
ynys (f.) **-oedd** island	**perffaith** perfect

Points to notice

■ The past tense of regular verbs is formed by adding the past endings to the stem of the verb. The past endings are as follows:

-ais i	**-on ni**
-aist ti	**-och chi**
-odd e	**-on nhw**
-odd hi	

dysg**ais i**	*I learnt*	dysg**on ni**	*we learnt*
dysg**aist ti**	*you learnt*	dysg**och chi**	*you learnt*
dysg**odd e/ hi**	*he/she learnt*	dysg**on nhw**	*they learnt*

■ The direct object in a sentence is the thing or person that receives the action of the verb and usually follows the verb. In the sentence 'I read a book', 'a book' is the direct object. The direct object of a short-form verb in Welsh is mutated softly: **Darllenais i lyfr**. You have seen examples of this in earlier units: **Ga' i goffi?**; **Hoffwn i fynd**. A short-form verb is one which is formed by an ending being added to the stem. **Darllenais i** is a short-form verb, whereas **Dw i'n darllen** and **Roedd hi'n darllen** are long-form verbs as no stem has been added.

■ Some verbs do not express the past tense by having an ending placed on the stem. Instead, the imperfect tense of **bod** (see Unit 11) is used. The imperfect tense of **bod** translates in English as 'I was', 'he was' etc. You have already seen one example of the imperfect tense in Unit 5: **roedd hi**, *it/she was*. Here is a list of the verbs to which endings are not added to express the past tense.

poeni	*to worry*	**roedd hi'n poeni**	*she worried*
gwybod	*to know*	**roedd hi'n gwybod**	*she knew*
adnabod	*to know (a person)* **Sue**	**roedd hi'n adnabod**	*she knew Sue*
credu	*to believe*	**roedd e'n credu'r dyn**	*he believed the man*
gobeithio	*to hope*	**roedd e'n gobeithio**	*he hoped*
meddwl	*to think*	**roedd e'n meddwl**	*he thought*
byw	*to live*	**roedd e'n byw yn Llambed.**	*he lived in Lampeter*

■ There are two words for *to know* in Welsh, **gwybod** and **nabod**. Gwybod means to know a fact: **Maen nhw'n gwybod ble mae'r orsaf dân**. Nabod means to know a person: **Dych chi'n nabod Maer Llanberis?** *Do you know the mayor of Llanberis?* Nabod is the spoken form; the written form is **adnabod**.

☑ Exercise 1

Listen to the tape. Three friends are telling each other how they spent their weekend. Listen to what they say and fill in the grid.

	Nos Wener	**Dydd Sadwrn**	**Dydd Sul**
Ffion			
Cynon			
Rhodri			

1 Asking a question in the past tense

Questions are formed by mutating the verb softly:

**Gerddoch chi ar hyd
  yr arfordir?** | *Did you walk along the coast?*

**Ddarllenodd Tom lyfr yn
  ei ystafell?** | *Did Tom read a book in his
  room?*

Gollodd Jayne bwysau? | *Did Jayne lose any weight?*

The answer to questions in the past tense are **do** (*yes*) and **naddo** (*no*):

Welon nhw Gastell Caernarfon? | **Do.**
Arhosodd Matthew yn y coleg? | **Naddo.**

Exercise 2

Mr Davies, the manager of a small company, is checking that Linda, his secretary, has done certain things. Linda is very efficient and did everything Mr Davies wanted her to this morning. Write Linda's replies in full sentences. The first one has been done for you:

a) Ateboch chi'r llythyr? **Do, atebais i fe'r bore 'ma.**
b) Ffonioch chi Morgan & Williams?
c) Anfonoch chi'r biliau?
d) Ddechreuoch chi ar y gwaith teipio?
e) Gyrhaeddoch chi'n gynnar?

ateb (ateb-) *to answer*	**anfon** *to send*

2 Forming a negative in the past tense

Verbs that begin with a **b, d, g, ll, m** or **rh** form the negative by using the soft mutation and adding **ddim**:

Ddarllenodd Matthew ddim. *Matthew didn't read.*
Welon nhw ddim ffilm. *They didn't see a film.*

Verbs whose initial letter is **c, p,** or **t** form the negative by using the aspirate mutation:

Chollodd Tom ddim arian. *Tom didn't lose any money.*
Theimlais i ddim byd. *I felt nothing.*
Phrynais i ddim llyfr. *I didn't buy a book.*

Exercise 3

Read what Meleri decided to do last Friday. Unfortunately her friends came round unexpectedly and she didn't have time to do everything she wanted. The things she did manage to do before her friends came round are ticked. The things she didn't do are crossed. Say in Welsh what she did and didn't do.

a) Golchi'r ci (✓)
b) Siopa yn yr archfarchnad (✗)
c) Gorffen ei llyfr ar lenyddiaeth Cymru (✓)
d) Prynu anrheg i John (✗)
e) Darllen y cylchgrawn (✓)
f) Ffonio ei ffrindiau (✓)
g) Gweithio ar y cyfrifiadur (✗)
h) Ymweld â'i chwaer (✓)

Exercise 4

Read through or listen to Deialog 1 again and then answer the questions in full sentences. Question 1 has been done for you.

Edrychodd Elen ar lawer o geir? **Naddo, edrychodd Elen ar lawer o dai.**

1 Edrychodd Elen ar lawer o geir?
2 Nofiodd Jayne bob nos?
3 Welodd Matthew Gastell Cydweli?
4 Weithiodd Tom yn galed?
5 Yrrodd Matthew i Gaerdydd?
6 Ffoniodd Jayne ei ffrindiau?
7 Gerddodd Matthew yn y mynyddoedd?

Deialog 2

Matthew wants to know where Tom was last night.

Matthew	Beth wnaethoch chi neithiwr Tom? Welais i mohonoch chi yn y bar.
Tom	Ffoniais i fy mam i ddweud wrthi hi fod Steffan wedi dyweddïo. Roeddwn i i fod i ddweud wrthi hi yr wythnos diwetha' ond anghofiais i. Roeddwn i'n nerfus iawn ar y ffôn.
Matthew	Nerfus? Ydy 'ch mam dy fam mor annymunol â hynny? Beth ddwedodd hi?
Tom	Mae fy mam yn fenyw hyfryd iawn Matthew, ond penderfynais i gael sgwrs yn Gymraeg gyda hi am y tro cynta'.
Matthew	Sut aeth pethau?
Tom	Yn dda iawn ar y cyfan, ond chlywais i mohoni hi'n iawn ar y dechrau. Roedd sŵn ofnadwy ar fy ffôn symudol. Beth amdanoch chi?
Matthew	Chwaraeais i ddartiau yn y bar ond enillais i mo'r gêm, roedd Marc yn llawer rhy dda. Yfais i lawer gormod hefyd a dw i ddim yn teimlo'n rhy dda nawr.

1 Why was Tom nervous on the phone?
2 Why did Matthew think Tom was nervous?
3 Why does Matthew not feel well?

i fod i (SM) *supposed to*
anghofio (anghofi-) *to forget*
annymunol *unpleasant*
sgwrs (f.) **sgyrsiau** *conversation*
tro (m.) *time, occasion*
sut aeth pethau? *how did things go?*

ar y dechrau *at the beginning*
sŵn (m.) **synau** *noise, sound*
ofnadwy *awful*
symudol *mobile*
llawer rhy (SM) *much too*

Points to notice

■ Earlier in this unit you learnt about the direct object of short-form verbs. If the direct object of a short-form verb is definite, it is preceeded by the preposition **o**. Look again in Unit 4 for the definition of definite:

Welais i ddim car.	*I didn't see a car.*
Welais i ddim o'r car.	*I didn't see the car.*
Theimlais i ddim poen.	*I didn't feel any pain.*
Theimlais i ddim o'r boen.	*I didn't feel the pain.*
Chlywais i ddim ci.	*I didn't hear a dog.*
Chlywais i ddim o'r ci.	*I didn't hear the dog.*
Phrynais i ddim llyfr.	*I didn't buy a book.*
Phrynais i ddim o'r llyfr.	*I didn't buy the book.*

In everyday speech, **ddim o** becomes contracted to **mo**:
Phrynais i mo'r llyfr.

■ You will have noticed that some verb-nouns are followed by certain prepositions, for instance **cwrdd â**, *to meet*, **ymweld â**, *to visit*, **edrych ar**, *to look at*. These are discussed in greater detail in Unit 15. If the verb-noun in the sentence is followed by a particular preposition, **mo** is not used.

Ymwelais i ddim â fy mam.   *I didn't visit my mother.*
Edrychais i ddim ar y teledu.   *I didn't watch the television.*

■ Many prepositions in Welsh decline. You have seen an example of this when you learnt the pattern **mae rhaid iddo fe**. The preposition **i** declined before **fe**, **hi** and **nhw** (**iddo fe, iddi hi, iddyn nhw**). Here are the forms of the preposition **o**:

ohono i	of me	**Welodd e ddim ohono i.**
		He didn't see me.
ohonot ti	of you	**Welodd e ddim ohonot ti.**
		He didn't see you.
ohono fe	of him	**Welodd e ddim ohono fe.**
		He didn't see him/it.
ohoni hi	of her	**Welodd e ddim ohoni hi.**
		He didn't see her/it.

ohonon ni	of us	**Welodd e ddim ohonon ni.**
		He didn't see us.
ohonoch chi	of you	**Welodd e ddim ohonoch chi.**
		He didn't see you.
ohonyn nhw	of them	**Welodd e ddim ohonyn nhw.**
		He didn't see them.

■ The word **wrth** also declines. You will have noticed in Deialog 2 that Tom said 'ffonais i hi neithiwr i ddweud wrthi hi' (*I phoned her last night to tell her*). **Dweud wrth** means *to tell to*. Look at the forms of the preposition **wrth**:

wrtho i	**Dwedodd e wrtho i.**	*He told me.*
wrthot ti	**Dwedodd e wrthot ti.**	*He told you.*
wrtho fe	**Dwedodd hi wrtho fe.**	*She told him.*
wrthi hi	**Dwedais i wrthi hi.**	*I told her.*
wrthon ni	**Dwedon nhw wrthon ni**.	*They told us.*
wrthoch chi	**Dwedon ni wrthoch chi.**	*We told you.*
wrthyn nhw	**Dwedaist ti wrthyn nhw.**	*You told them.*

Exercise 5

Match the following questions with the appropriate answers.

1 Brynaist ti'r crysau?   a) Naddo, chanon nhw mohoni hi.
2 Weloch chi ni?   b) Naddo, agorodd e mohoni hi.
3 Ganon nhw'r anthem?   c) Naddo, chasglodd e mohonyn nhw.
4 Ddilynodd hi chi?   d) Naddo, welon nhw mohono i.
5 Gasglodd e'r plant?   e) Naddo, welais i mohonoch chi.
6 Welon nhw ti?   f) Naddo, phrynais i mohonyn nhw.
7 Agorodd e'r ffenest?   g) Naddo, ddilynodd hi mohonon ni.

Exercise 6

Form negative sentences using the words following the example given. **Fe/gweld/y plant → Welodd e mo'r plant.**

a) Fi/agor/y ffenest
b) Nhw/ennill/y gêm
c) Chi/newid/y ffrog
d) Hi/symud/y car

e) Ti/talu/y bil
f) Fi/gweld/Caerdydd
g) Fe/ysmygu/sigarét
h) Ni/dilyn/hi

Exercise 7

David is a very naughty child and when his mother asks if he has done various things he always denies it. David's mother's questions are listed here. Give David's answers, remembering that **dy** (*your*) will change to **fy** when David replies.

1 Ddarllenaist ti yn y gwely neithiwr gyda fflachlamp?
2 Gymeraist ti arian o'r jar?
3 Symudaist ti bethau o'r ardd?
4 Brynaist ti losin gyda dy arian cinio?
5 Dalaist ti dy chwaer i wneud dy waith cartre'?

losinen (f.) **losin** *sweets*   **gwaith cartre'** *homework*

Exercise 8

The school inspectors are coming to Rhydybont Primary School next week and you are the deputy head. The headmaster asks you whether you have told the staff what their duties are. You told everyone yesterday morning. Answer the headmaster according to the example given.

Dych chi wedi dweud wrth Mrs Williams am ddod yn gynnar?
Ydw, dwedais i wrthi hi bore ddoe.

a) Dych chi wedi dweud wrth Mr Jones am lanhau'r neuadd?
b) Dych chi wedi dweud wrth Mrs Evans am dacluso'r llyfrgell?
c) Dych chi wedi dweud wrth Mr Evans a Mrs Thomas am y cyfarfod heno ?
d) Dych chi wedi dweud wrth staff y gegin am wneud coffi am 11.00?
e) Dych chi wedi dweud wrth y plant am wisgo eu hiwnifform?
f) Dych chi wedi dweud wrth Mr Thomas am glirio'r dail o'r iard?
g) Dych chi wedi dweud wrtho i faint o'r llywodraethwyr sy'n dod?

dweud wrth (rywun) am (SM) *to tell (someone) to*	**clirio (cliri-)** *to clear*
glanhau (glanhe-) *to clean*	**deilen** (f.) **dail** *leaf*
tacluso (taclus-) *to tidy*	**llywodraethwr** (m.)
cyfarfod (m.) **-ydd** *meeting*	**llywodraethwyr** *governor*

Points to notice

■ The Welsh word for year is **blwyddyn** (f.):

y flwyddyn nesa'	*next year*
yr ail flwyddyn	*the second year*

The plural of **blwyddyn** is **blynyddoedd**:

am flynyddoedd	*for years*
blynyddoedd yn ôl	*years ago*

After numbers, the word **blynedd** is used when you are talking about time and the word **blwydd** is used if you are referring to someone's age:

Time	Age
dwy flynedd (*two years*)	**dwy flwydd** (*two years*)
tair blynedd	**tair blwydd**
pedair blynedd	**pedair blwydd**
pum mlynedd	**pum mlwydd**
chwe blynedd	**chwe blwydd**
saith mlynedd	**saith mlwydd**
wyth mlynedd	**wyth mlwydd**
naw mlynedd	**naw mlwydd**
deg mlynedd	**deg mlwydd**
can mlynedd	**can mlwydd**

Ers faint dych chi'n byw ym Mhontypridd?	*For how long have you lived in Pontypridd?*
Dw i'n byw ym Mhontypridd ers deg mlynedd.	*I have lived in Pontypridd for 10 years.*

■ The present tense is used with 'ers'.

■ Numbers over 10 usually use the pattern ... **o flynyddoedd**: **dau ddeg pump o flynyddoedd**.

Exercise 9

Compose sentences based on the information in the grid. e.g. **Mae Ifan yn byw ym Mangor ers deg mlynedd**.

Enw	Byw	Faint
Ifan	Bangor	10
Huw	Trefynnon	7
Elin	Pontypridd	30
Llinos	Gorseinon	9
Jack	Drefach	14

Factfile: The Welsh flag and National Anthem

In 1959 Queen Elizabeth II declared that a red dragon on a green and white background be flown as the official Welsh flag. It is not known, however, how the red dragon became the emblem of Wales. It is believed that the early Britons used it as a battle standard after the Roman occupation and that it may derive from a Roman standard. An early legend tells of a fight between a red and a white dragon with the eventual triumph of the red dragon, representing Wales.

The Welsh National Anthem, Hen Wlad fy Nhadau, was composed in Pontypridd in 1856 by a father and son, Evan and James James. It is believed that Evan James was responsible for the words and his son for the music. There is a memorial to the two composers in Parc Ynys Angharad in Pontypridd. No one knows exactly when Hen Wlad fy Nhadau was adopted as the National Anthem. A Breton version – Bro Gozh ma Zadoù – was adopted as the Breton National Anthem in 1902.

Can you now do the following?	Yes	No	If not, go to page
Tell someone what you did			100
Say what someone else did			100
Tell someone you didn't do something			103, 105
Say someone else didn't do something			103, 105
Ask someone what they did			102
Say you have told someone something			106, 107

MAE RHYWBETH YN BOD AR FY NGHAR

There is something wrong with my car

In this unit you will learn how to:

■ say what is wrong with your car
■ give your opinion on something
■ say you went somewhere
■ say how you came somewhere
■ say what you had to eat or drink and say what someone else had to eat or drink

Deialog 1

Tom missed the previous day's class and explains the reason for his absence to his friends.

Elen   Ble buoch chi ddoe Tom? Colloch chi wers bwysig.

Tom   Mae'n ddrwg 'da fi Elen, ces i broblem 'da'r car ac roedd rhaid i fi fynd â fe i'r garej.

Elen   Beth ddigwyddodd?

Tom   Roeddwn i ar fy ffordd i weld fy ngwraig yn Abertawe pan sylweddolais i fod y car tu ôl i fi yn fflachio ei oleuadau. Roedd hi'n amlwg ei fod e eisiau i fi stopio. Stopiais i'n syth a daeth e draw i siarad â fi. Dwedodd e wrtha i am edrych ar y biben fwg. Roedd y biben yn siglo o ochr i ochr.

Jayne   Beth wnaethoch chi Tom, oedd garej gerllaw?

Tom   Nac oedd, roedd rhaid i fi yrru'n araf iawn i Gaerfyrddin. Ces i hyd i garej lle trwsion nhw'r biben.

Matthew   Gostiodd e lawer i chi?

Tom   Do. Ches i ddim llawer o newid o ddau gan punt. Dwedon nhw wrtha i hefyd fod rhaid newid dau deiar.

Elen   Doedd e ddim yn ddiwrnod lwcus iawn i chi 'te Tom.

1 Why was Tom absent from yesterday's class?
2 How did he know that the car behind him wanted him to stop?
3 Why was the bill so expensive?

pwysig *important*	**piben fwg** (f.) *exhaust*
digwydd (digwydd-) *to happen*	**siglo (sigl-)** *to swing*
sylweddoli (sylweddol-) *to realise*	**ochr** (f.) **-au** *side*
fflachio (fflachi-) *to flash*	**gerllaw** *nearby*
amlwg *obvious*	**Caerfyrddin** *Carmarthen*
draw *over*	**trwsio (trwsi-)** *to repair*
	teiar (m.) **-s** *tyre*

Points to notice

■ In Unit 8, you learnt the past tense of regular verbs. Deialog 1 has examples of some of the five irregular verbs in Welsh:

Mynd	**Dod**	**Gwneud**	**Cael**	**Bod**
es i	des i	gwnes i	ces i	bues i
(I went)	*(I came)*	*(I did, I made)*	*(I got, had)*	*(I was)*
est ti	dest ti	gwnest ti	cest ti	buest ti
aeth e/hi	daeth e/hi	gwnaeth e/hi	cafodd e/hi	buodd e/hi
aethon ni	daethon ni	gwnaethon ni	cawson ni	buon ni
aethoch chi	daethoch chi	gwnaethoch chi	cawsoch chi	buoch chi
aethon nhw	daethon nhw	gwnaethon nhw	cawson nhw	buon nhw

■ Question forms, as in the case of regular verbs, are expressed by using the appropriate soft mutation on the verb where applicable:

Ddaethon nhw yn y car?   *Did they come in the car?*
Wnaeth e'r bwyd?   *Did he make the food?*
Gawsoch chi fath neithiwr?   *Did you have a bath last night?*

■ The forms of **dod**, **gwneud** and **bod** mutate softly in the negative, whereas **cael**, as with all other verb-nouns beginning with t, c or p, takes on aspirate mutation:

Chawson ni ddim cyfle.   *We had no opportunity.*
Ddaethon nhw ddim yn fy nghar.   *They didn't come in my car.*
Wnaeth e mo'r te.   *He didn't make the tea.*

■ In Welsh 'to take' and 'to bring' are **mynd â** and **dod â** respectively. **Mynd** and **dod** conjugate as normal in this context. An aspirate mutation follows **â**:

Dewch â photel. *Bring a bottle.*
Es i â'r llyfr yn ôl i'r llyfrgell. *I took the book back to the library.*

■ You will sometimes hear the word **fe** (**mi** in the North) in front of verbs in Welsh. **Mi/fe** causes the soft mutation: **Fe ges i/mi ges i**. **Fe/mi** is never used before a question, a negative or the present tense and does not change the meaning in any way.

1 Saying there is something wrong with the car

Mae rhywbeth yn bod ar y goleuadau.	*There is something wrong with the lights.*
Dyw'r brêcs ddim yn gweithio.	*The brakes don't work.*
Mae'r batri'n fflat.	*The battery is flat.*
Mae twll yn y teiar.	*There is a puncture in the tyre.*
Mae leinin y brêc wedi mynd.	*The brake lining has gone.*
Mae'r rheiddiadur yn gollwng.	*The radiator is leaking.*
Dyw'r car ddim yn dechrau.	*The car won't start.*
Dw i'n gallu clywed sŵn rhyfedd.	*I can hear a strange noise.*
Mae'r disgiau wedi treulio.	*The discs are worn.*
Mae nam trydanol ar y car.	*The car has an electrical fault.*
Mae nam ar y goleuadau.	*The lights are faulty.*

---

twll (m.) **tyllau** *hole, puncture*

mae rhywbeth yn bod ar (SM) *there is something wrong with*

Exercise 1

Listen to Lleucu speaking to a garage mechanic about her car, and
choose the right option in each sentence.

1 Lleucu asks him if he can a) clean her car b) look at her car
c) repair her car.
2 She has a) a flat battery b) faulty lights c) a puncture.
3 The mechanic will look at it a) straightaway b) before dinner
c) after dinner.

2 Saying what needs to be done

Dw i'n credu bod eisiau ffanbelt newydd.	*I think that a new fan belt is needed.*
Bydd rhaid i chi adael y car dros nos.	*You will have to leave the car overnight.*
Bydd rhaid i fi archebu darn newydd i chi.	*I will have to order you a new part.*
Dych chi eisiau i fi ei diwnio fe?	*Do you want me to tune it?*
Mae eisiau newid y pwyntiau.	*The points need changing.*

3 Asking how long the job will take

Faint byddwch chi?	*How long will you be?*
Faint cymeriff hi?	*How long will it take?*
Ydy hi'n job hir iawn?	*Is it a long job?*
Bydda i ddwy awr o leia'.	*I will be two hours at least.*
Dewch yn ôl mewn awr.	*Come back in an hour.*
Ffonia i chi pan fydd e'n barod.	*I'll phone you when it's ready.*

---

brêc troed (m.)	*foot brake*	**sbardun** (m.) **-au**	*accelerator*
drych (m.) **-au**	*mirror*	**peiriant** (m.) **peiriannau**	*engine*

Exercise 2

There is something wrong with your car and you take it to your local garage and speak to the mechanic (**peiriannydd**). Fill in your side of the conversation:

Chi	*Tell the mechanic there is something wrong with your car.*
Peiriannydd	Beth yw'r broblem?
Chi	*Tell him the brakes don't work properly and there is a strange noise coming from the engine. There is also a lot of water on the floor. The car does not go very fast even with the accelerator on the floor.*

(The mechanic looks at the car.)

Peiriannydd	Mae eisiau llawer o waith ar y car 'ma. Brêcs newydd, gwaith ar y pedalau, rheiddiadur newydd a phwyntiau a phlygiau newydd.
Chi	*Ask him how long it will take?*
Peiriannydd	Dewch yn ôl yfory.

---

llawr (m.) **lloriau**	*floor*	**hyd yn oed**	*even*

Deialog 2

Elen is interested to know how many of her class can drive.

Elen	Faint ohonoch chi sy'n gyrru?
Jayne	Dw i'n gyrru ond dw i ddim wedi gyrru yn Ewrop. Dw i erioed wedi gyrru mewn gwlad lle maen nhw'n gyrru ar y chwith. Dw i ddim eisiau cael damwain mewn gwlad estron. Dw i ddim yn hoffi gyrru a dweud y gwir. Bues i'n byw yn Efrog Newydd am flynyddoedd pan oedd Haf yn fach a doedd dim pwynt cael car achos bod gormod o draffig yno. Roedd pawb yn defnyddio tacsi.
Matthew	Dw i ddim wedi pasio fy mhrawf gyrru eto ond dw i wedi cael gwersi yn Llundain.
Tom	Hoffwn i ddim dysgu gyrru yn Llundain. Mae mynd i Gaerdydd bob bore yn gallu bod yn hunllefus

weithiau. Dw i ddim yn gyrru cymaint ag roeddwn i nawr. Dw i'n mynd ar y trên os galla i.

Elen Mae rhaid i fi gael car i fynd â'r plant o gwmpas. Dw i erioed wedi cael damwain ond unwaith gyrrais i'r gwaith mewn niwl trwchus ac anghofiais i ddiffodd y goleuadau. Pan ddaeth yr amser i gasglu Heledd o'r ysgol sylweddolais i fod y batri'n fflat. Daeth fy ffrind Linda â gwifrau cyswllt i ddechrau'r car.

Tom Digwyddodd yr un peth i fi unwaith. Mae fy nghar presennol yn cadw sŵn nawr os bydda i'n agor y drws pan mae'r goleuadau ymlaen.

1 How many of the people in the dialogue can drive?
2 Why didn't Jayne drive in New York?
3 Has Elen ever had an accident?

erioed *never, ever*	**hunllefus** *nightmarish*
lle *where*	**diffodd** *to turn off, to extinguish*
damwain (f.) **damweiniau** *accident*	**gwifren gyswllt** (f.) **gwifrau cyswllt** *jump lead*
estron *foreign*	**yr un** *the same*
a dweud y gwir *to tell the truth*	**presennol** *present*
Efrog Newydd *New York*	**cadw sŵn** *to make a noise*
achos *because*	**os bydda i'n agor** *if I open*
prawf (m.) **profion** *test*	

Points to notice

■ 'That'

Mae Tom yn meddwl bod Elen yn edrych yn ifanc.	*Tom thinks that Elen looks young.*
Sylweddolais i fod y batri'n fflat.	*I noticed that the battery was flat.*
Mae e'n dweud bod eira ar yr heol.	*He says that there is snow on the road.*
Dw i'n credu y bydd hi'n sych yfory.	*I think that it will be dry tomorrow.*

'That' in sentences such as these is expressed as **bod** when you are referring to the past or present and **y** when you are using the future (Units 14 and 15) and conditional (Unit 18) tenses. In grammatical terms this 'that' clause is known as the nominative clause.

There are different forms for 'that I am', 'that they are' etc.:

fy mod i *that I am/was*   **ein bod ni** *that we are/were*
dy fod di *that you are/were* **eich bod chi** *that you are/were*
ei fod e *that he is/was*   **eu bod nhw** *that they are/were*
ei bod hi *that she was/is*

Dw i'n credu fy mod i'n iawn. *I think that I am right.*
Dwedodd e dy fod di'n egnïol. *He said that you were energetic.*
Roeddwn i'n meddwl ei fod e'n hapus. *I thought that he was happy.*
Clywon ni ei bod hi'n mynd i fwrw. *We heard that it was going to rain.*
Dwedodd pawb ein bod ni'n dda. *Everyone said that we were good.*
Dw i'n credu eich bod chi wedi pasio. *I think that you have passed.*
Mae hi'n gobeithio eu bod nhw'n colli. *She hopes that they lose.*

Exercise 3

Make each pair of sentences into one new sentence as shown in the example.

Mae'n ddrwg 'da fi. Dw i'n hwyr. **Mae'n ddrwg 'da fi fy mod i'n hwyr.**

a) Mae e'n meddwl. Mae hi'n ddiflas.
b) Clywais i ddoe. Dych chi'n mynd i Ffrainc.
c) Maen nhw'n dweud. Mae e yn yr ysbyty.
d) Dwedodd ei fam. Maen nhw'n rhy egnïol.
e) Mae hi'n meddwl. Mae'r postmon wedi bod.

f) Roeddwn i'n gwybod. Roedd y trên yn hwyr.
g) Dyn ni'n siŵr. Dyn ni'n mynd i gyrraedd yn gynnar.
h) Mae e'n credu. Mae rhywbeth yn bod ar y car.

4 Giving your opinion

Beth dych chi'n ei feddwl o …?	*What do you think about …?*
Beth yw'ch barn chi am …?	*What is your opinion about …?*
Beth dych chi'n ei feddwl o operâu sebon?	Dw i'n credu eu bod nhw'n ddiflas.
Beth dych chi'n ei feddwl o gerddoriaeth glasurol?	Dw i'n credu ei bod hi'n wych.
Beth yw'ch barn chi am y newyddion?	Dw i'n credu ei fod e'n ddiddorol iawn.
Beth yw'ch barn chi am syrcasau anifeiliaid?	Dw i'n meddwl eu bod nhw'n greulon.
Beth yw ei barn hi am ysmygu mewn lleoedd cyhoeddus?	Mae hi'n meddwl ei fod e'n afiach.

clasurol	*classical*	**cyhoeddus**	*public*
gwych	*excellent, brilliant*	**afiach**	*unhealthy*

Exercise 4

The town council of Llanfechan has decided to build a clock tower to commemorate the bicentenary of the town. A local reporter goes to ask the townspeople their opinion. Listen to the tape and fill in the grid.

	Opinion
Person 1	
Person 2	
Person 3	
Person 4	

5 Asking about someone's evening out

Ble aethoch chi echnos?   *Where did you go the night before last?*

Ble aethoch chi echdoe?   *Where did you go the day before yesterday?*

Es i i'r bwyty.   *I went to the restaurant.*

Gyda phwy aethoch chi?   *With whom did you go?*

Es i gyda fy nghariad/ nghymar.   *I went with my sweetheart/ partner.*

Exercise 5

Three people spent the evening in different restaurants. Listen to the tape and fill in the grid.

Name	Went	With	Ate

Exercise 6   Darn darllen

Do you remember what Matthew said he had done during half term? Matthew has written a letter to one of his friends. Are there any differences in his account?

Annwyl Nathan,

Diolch am dy lythyr a ges i y bore 'ma. Ces i lythyr oddi wrth Ifan yr wythnos diwetha'. Mae e'n dal i weithio i'r un cwmni yn Llundain. Dw i'n dal i gael llawer o hwyl ar y cwrs a dw i wedi cwrdd â llawer o bobl ddiddorol. Dw i'n mwynhau'r cwrs yn fawr iawn, mae'n gwrs bendigedig. Wyt ti'n cofio fy mod i wedi dod yn ffrindiau da gyda bachgen o'r enw Marc. Mae Marc yn egniol iawn ac mae e'n hoffi ei beint hefyd. Aethon ni i'r gogledd yn ystod hanner tymor. Dw i erioed wedi cael cymaint o hwyl. Ddaethon ni ddim

*yn ôl i'r coleg tan yn hwyr iawn. Cafodd y ddau
ohonon ni lawer gormod i'w yfed, cerddon ni o
gwmpas Caernarfon yn mynd o dafarn i dafarn.
Rhywffordd neu'i gilydd cyrhaeddon ni Ynys Môn, a
chawson ni hyd i wely a brecwast. Mae Ynys Môn yn lle
fendigedig. Buon ni'n cerdded ar hyd yr arfordir am
amser hir yn y bore i glirio ein pennau ni.*

Cofion

Matthew

dal i (SM) *still*	**hwyl** (f.) *fun*
oddi wrth (SM) *from* (a person)	**tan** (SM) *until*
bendigedig *brilliant, splendid*	**cymaint o** *so much, so many*
dod yn *to become*	**neu'i gilydd** *or other*
yn ystod *during it*	**ein pennau ni** *our heads*

Answer these questions based on Matthew's letter. Begin your
answers 'Mae e'n meddwl...'

1 Beth yw barn Matthew am bobl eraill y cwrs?
2 Beth yw barn Matthew am y cwrs?
3 Beth yw barn Matthew am Marc?
4 Beth yw barn Matthew am Ynys Môn?

Points to notice

■ There are two words which mean *when* in Welsh. **Pryd** is used
when you are asking a question: **Pryd dych chi'n mynd?**
When are you going?, and **pan** is a conjunction, a word such
as 'and', 'because' and 'although' which links clauses or
sentences together:

Roedd Tom yn hapus pan　　　*Tom was happy when the*
　ddaeth y gohebydd.　　　　*reporter came.*

Factfile: The Welsh music scene

Welsh popular music began in the 1960s with the satirical protest songs of Dafydd Iwan. The 1970s, however, saw a move towards rock music with singers such as Meic Stevens and bands such as Edward H. Dafis. The quality of Welsh music rose rapidly after the setting up of the recording company Sain in 1970. By the mid-1980s new labels led to different types of music including punk.

The 1990s saw the Welsh music scene come of age. Bands such as Catatonia and Super Furry Animals gained international status and lucrative recording deals while still preserving their Welsh identity. This was also true of non-Welsh speaking bands from Wales such as the Manic Street Preachers and Stereophonics who gained tremendous popularity and recognition worldwide. This along with similar successes achieved by young Welsh actors such as Ioan Gruffudd, Catherine Zeta Jones and Rhys Ifans led to the coining of the phrase 'cool Cymru' in the late 1990s.

Can you now do the following?	Yes	No	If not, go to page
Say where you went			112, 119
Ask where someone went			112, 119
Say where someone else went			112, 119
Say what food and drink you ate			119
Say what food and drink someone else had			119
Say what is wrong with your car			113
Ask how long it will take to repair your car			114
Give your opinion on something			118

10 DW I DDIM YN TEIMLO'N DDA
I don't feel well

In this unit you will learn how to:

■ describe illnesses
■ make a doctor's appointment
■ use the preposition **ar**
■ use possessive pronouns

Deialog 1

Jayne meets Tom on her way to class; he is obviously unwell.

Jayne   Tom! Dych chi'n edrych yn ofnadwy. Oes rhywbeth yn bod arnoch chi?

Tom   Dw i ddim yn teimlo'n dda iawn o gwbl. Mae gwres uchel arna i ac mae pen tost 'da fi. Wnes i ddim cysgu'n dda iawn o gwbl neithiwr. Ches i ddim ond ddwy awr o gwsg.

Jayne   Dych chi'n crynu fel deilen Tom. Mae rhaid i chi fynd i weld y meddyg. Ffonia i'r feddygfa. Mae'n lwcus bod ffôn symudol 'da fi.

Tom   Mae tipyn o annwyd arna i dyna i gyd, ond mae tipyn o boen 'da fi yn fy mol hefyd. Bydda i'n iawn, mae'n well i ni fynd i'r dosbarth, dw i ddim eisiau bod yn hwyr.

Jayne   Dych chi ddim yn mynd i unman Tom.

(Jayne phones the surgery)

    Dyw fy ffrind ddim yn teimlo'n dda iawn. Ydy hi'n bosib iddo fe weld y meddyg? Ydy, mae'n gallu dod nawr. Mae'r meddyg yn gallu eich gweld chi'n syth Tom. Mae'n lwcus ein bod ni wedi gwneud apwyntiad mor gynnar yn y bore.

1 How does Jayne know Tom is unwell?
2 Does Tom want to go to see the doctor at first?
3 When can the doctor see Tom?

---

gwres (m.) *heat, temperature*
dim ond *only*
crynu (cryn-) *to shake*
ffonia i *I will phone*
meddygfa (f.) **-feydd** *surgery*

poen (f.) **-au** *pain*
bol (m.) **-iau** *stomach*
bydda i *I will be*
unman *anywhere*
apwyntiad (m.) **-au** *appointment*

Points to notice

■ When an illness affects a particular part of the body, the possession construction described in Unit 3 is used: **Mae pen tost 'da fi.** *I have a headache.*

■ When an illness affects the whole body, an idiomatic construction involving the preposition **ar** is used: **Mae annwyd arna i.** *I have a cold.*

The one exception to this rule is **y ddannodd: Mae'r ddannodd ar Alun**. *Alun has toothache.*

1 Asking someone how they feel

Beth sy'n bod arnoch chi?	*What is the matter with you?*
Oes rhywbeth yn bod?	*Is there anything wrong?*
Oes clust dost 'da ti?	*Have you got earache?*
Oes annwyd arnat ti?	*Have you got a cold?*
Sut dych chi'n teimlo erbyn hyn?	*How do you feel now?*

Beth oedd yn bod arnoch chi? *What was the matter with you?*

2 Describing illness when a specific part of the body is affected

Mae clust dost 'da fi.	*I have earache.*
Does dim llaw dost 'da hi.	*She hasn't got a sore hand.*

Mae cefn tost 'da fi.   *I have a sore back.*
Oes gwddw tost 'da nhw?   *Have they a sore throat?*
Mae fy llaw'n boenus iawn.   *My hand is very painful.*

Points to notice

■ **Tost** literally means 'ill', or 'sick' and like all adjectives mutates after a feminine singular noun such as **clust** or **coes**.

Rhannau'r corff   *The parts of the body*

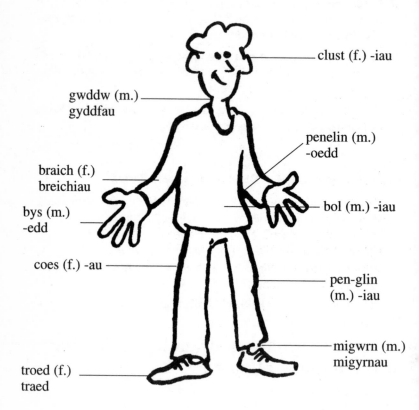

clust (f.) -iau

gwddw (m.)
gyddfau

penelin (m.)
-oedd

braich (f.)
breichiau

bys (m.)
-edd

bol (m.) -iau

coes (f.) -au

pen-glin
(m.) -iau

migwrn (m.)
migyrnau

troed (f.)
traed

Exercise 1

Look at the diagram showing the parts of the body. Can you now say the following?

1 I have not got a sore throat.
2 They have sore feet.
3 Have you got a tummy ache?
4 He has a sore arm.
5 Has she got earache?

3 Describing an illness which affects the whole body

Mae peswch arna i.	*I have a cough.*
	(literally, there is a cough on me)
Mae'r ffliw arna i.	*I have flu.*

You saw in Unit 8 that some prepositions decline in Welsh. The preposition **ar**, used to describe illness affecting the whole body, is another example of a preposition which declines. Here are the forms of **ar**:

arna i	on me
arnat ti	on you
arno fe	on him
arni hi	on her
arnon ni	on us
arnoch chi	on you
arnyn nhw	on them

Beth sy'n bod arno fe?	*What's the matter with him?*
Mae'r ddannodd arno fe.	*He has toothache.*
Does dim byd yn bod arnon ni.	*There's nothing wrong with us.*

Some of the ailments which use **ar** can be found in the vocabulary.

---

y ddannodd (f.) *toothache*	**y ffliw** (f.) *influenza*
peswch (m.) *cough*	**y frech goch** (f.) *measles*
annwyd (m.) **-on** *cold*	

Exercise 2

Answer the following questions. An example has been done for you.

Oes rhywbeth yn bod arnat ti? (cough)   ✓
Oes, mae peswch arna i.

1 Oes rhywbeth yn bod ar Mair? (cold)   ✓
2 Oes rhywbeth yn bod ar y plant?   ✗
3 Wyt ti'n dost? (ffliw)   ✓
4 Ydy e'n dost? (toothache)   ✓
5 Ydyn nhw'n dost? (measles)   ✓

Exercise 3

You are the secretary of a company. This morning there are messages on the answer phone from five non-Welsh speaking members of staff who phoned to say that they wouldn't be in work today. You quickly write down the messages in English. Your boss then comes in wanting to know where the five staff members are. What do you tell him? The first one has been done for you.

Megan	high temperature
James	not feel well
Mr Williams	sore throat
Mrs Johns	backache
Mr Evans	toothache

Megan → Mae gwres uchel ar Megan.

4 Describing general ailments

Dw i ddim yn teimlo'n hwylus iawn.   *I don't feel very well.*

Dyw hi ddim yn gallu anadlu'n iawn.   *She can't breathe properly.*

Dw i'n cael gwaith mynd i gysgu.   *I'm having difficulty sleeping.*

Dw i'n dioddef o hyd.   *I'm still suffering.*

anadlu (anadl-) *to breathe*
cael gwaith *to have difficulty*

o hyd *still*

5 Describing and discussing injuries

Dw i wedi brifo fy nghoes.	*I've hurt my leg.*
Dw i wedi anafu fy mraich.	*I've hurt my arm.*
Mae hi wedi torri ei bys.	*She has cut her finger.*
Mae e wedi torri ei law.	*He has broken his hand.*
Mae hi wedi troi ei migwrn.	*She has twisted her ankle.*
Dw i wedi llosgi fy hunan.	*I've burnt myself.*
Dw i wedi cael dolur.	*I'm hurt.*
Beth sydd wedi digwydd iddi hi?	*What has happened to her?*

brifo (brif-) *to hurt*
anafu (anaf-) *to injure*
torri (torr-) *to cut, to break*

troi (tro-) *to turn, to twist*
llosgi (llosg-) *to burn*
cael dolur *to be hurt*

Deialog 2

Tom has reached the waiting room of the surgery and is chatting to some of the other people there. He starts up a conversation with Morgan.

Tom   Beth sy wedi digwydd i chi?

Morgan   Ces i ddamwain. Cwympais i oddi ar fy ngheffyl. Dw i wedi gwneud niwed i fy ngwddw a dw i wedi torri fy mraich.

Tom   Druan â chi. Dych chi mewn poen?

Morgan   Bues i mewn poen ofnadwy ond ces i dabledi gan y doctor a dw i'n teimlo'n well nawr, gwell o lawer a dweud y gwir. Pam dych chi yma? Mae golwg wael arnoch chi.

Tom   Dw i'n credu fy mod i wedi dal rhyw fŷg neu'i gilydd. Bues i lan drwy'r nos. Dw i'n dechrau chwysu nawr.

Morgan   Buodd fy nhad yn dost iawn yr wythnos diwetha'.

Mae'n swnio fel yr un peth, dych chi wedi bod yn chwydu?

Tom   Nac ydw, ond dw i'n teimlo'n wael iawn. Dw i ddim yn mynd at y meddyg yn aml.

Morgan Yr un peth yw e siŵr o fod.

1 What happened to Morgan?
2 Why is Morgan no longer in any pain?
3 Has Tom been sick?

cwympo (cwymp-) *to fall*	**dal** *o catch*
oddi ar (SM) *from (upon)*	**gwell o lawer** *a lot better*
niwed (m.) *damage*	**bỳg** (m.) **bygiau** *bug*
tabled (f.) **-i** *pills*	**swnio (swni-)** *to sound*
golwg (f.) *sight, look*	**chwydu (chwyd-)** *to vomit*
gwael *bad, poor*	**mynd at** (SM) *to go to*

Points to notice

■ **Oddi ar** is made up of two prepositions, **o** and **ar** and literally means 'from on'. It is used when somebody or something comes down from somewhere. e.g. **Mae'r esgid ar y gwely**. **Mae'r esgid wedi cwympo oddi ar y gwely**.

■ **Mynd at/mynd i** both mean 'to go to'. **Mynd at** is used if you are going to see a person and **mynd i** is used if you are going somewhere.

Dw i ddim yn mynd at   *I don't go to see the doctor*
  y meddyg yn aml.   *very often.*
Mae hi wedi mynd i Lambed. *She has gone to Lampeter.*

 Exercise 4

Listen to the tape. Four people are leaving messages on an answer phone. They are saying why they cannot go to a meeting that evening. When you have listened to the messages, fill in the grid.

Name	Excuse

6 Talking about an illness someone has had

Am faint buoch chi'n dost?   *For how long were you ill?*
Bues i'n dost am dri diwrnod. *I was ill for three days.*
Oedd rhaid i chi gael   *Did you have to have surgery?*
  llawdriniaeth?
Gest ti rywbeth gan y meddyg? *Did you get something from*
                                     the doctor?
Pryd dest ti'n ôl o'r ysbyty? *When did you come back*
                                     from hospital?
Cafodd hi lawdriniaeth.   *She had surgery.*
Buodd hi yn yr ysbyty am   *She was in hospital for*
  bedair wythnos.   *four weeks.*

Exercise 5

What is wrong with these people? Connect the sentences to the correct picture.

1 Mae gwres arno fe.
2 Mae hi'n cael llawdriniaeth.
3 Does dim byd yn bod arno fe.
4 Mae annwyd arno fe.
5 Mae bol tost 'da fe.
6 Mae e wedi torri ei goes.
7 Mae e wedi cael damwain.
8 Mae e wedi gwneud niwed i'w ben e, mae llygad dost 'da fe, ac mae e wedi torri ei fraich.
9 Mae hi wedi torri ei braich.

Deialog 3

Tom has finally gone in to see Dr Hughes.

Dr Hughes Dewch i mewn. Cymerwch sedd. Beth alla i ei wneud i chi?

Tom Dw i ddim yn teimlo'n hwylus iawn doctor, ces i waith mynd i gysgu neithiwr ac mae pen tost ofnadwy 'da fi. Dw i'n gwaethygu wrth yr awr. Dw i ddim wedi bwyta ers prynhawn ddoe.

Dr Hughes Mae eich tymheredd yn uchel iawn, dych chi wedi cymryd rhywbeth at y pen tost?

Tom Nac ydw, dw i ddim yn hoffi cymryd moddion.

Dr Hughes Firws sy arnoch chi. Does dim llawer y galla i ei wneud. Ysgrifenna i bapur doctor i chi. Mae'r tabledi 'ma'n dda iawn; mae rhaid i chi eu cymryd nhw dair gwaith y dydd ar ôl pryd bwyd. Dych chi'n gweithio?

Tom Ydw, ond dw i'n mynychu cwrs yn y coleg ar hyn o bryd. Dw i wedi colli un bore'n barod achos bod problem 'da fi gyda'r car.

Dr Hughes Wel mae ofn arna i bod rhaid i chi aros yn y gwely am dri diwrnod o leia'. Dewch i fy ngweld i os na fyddwch chi wedi gwella ymhen wythnos.

1 Did Tom sleep well last night?
2 How often does Tom have to take the pills?
3 How many days of his course will Tom miss?

---

sedd (f.) **-i** seat
gwaethygu (gwaethyg-) to get worse
wrth yr awr by the hour
moddion medicine
firws (m.) **firysau** virus
y galla i ei wneud that I can do
papur doctor (m.) **papurau doctor** prescription

pryd bwyd (m.) meal
mynychu (mynych-) to attend
os na fyddwch chi wedi if you haven't
gwella (gwell-) to get better, to improve
ymhen within

7 Other idioms using the preposition *ar*

As well as being used to describe illness affecting the whole body, the preposition **ar** is also used to express the following:

syched	*thirst*	**Oes syched arni hi?**	*Is she thirsty?*
cywilydd	*shame*	**Oes cywilydd arno fe?**	*Is he ashamed?*
hiraeth	*homesickness*	**Mae hiraeth arna i.**	*I'm homesick.*
ofn	*fear*	**Mae ofn arnon ni.**	*We are afraid.*
eisiau bwyd	*hunger*	**Mae eisiau bwyd arnyn nhw.**	*They are hungry.*
bai	*blame*	**Does dim bai ar neb.**	*No one is to blame.*
dyled (f.) **-ion**	*debt*	**Mae dyled arnon ni.**	*We are in debt.*

When used with **ar**, eisiau means 'to need'

eisiau cwsg	*a need of sleep*	**Mae eisiau cwsg arnoch chi.** *You need sleep.*
eisiau gorffwys	*a need of rest*	**Mae eisiau gorffwys arni hi.** *She needs rest.*
eisiau gwaith	*a need of work*	**Mae eisiau gwaith ar y tŷ.** *The house needs work.*

Ar also features in some idioms:

Mae'n draed moch arno fe.	(*literally, it's pigs feet on him!*) *He's in a mess.*
Does dim dal arnyn nhw.	*There's no relying on them.*

8 Edrych ar

You are familiar with **edrych ar** (*to look at*). As in the examples in this unit, **ar** declines:

Edrychais i arnyn nhw.   *I looked at them.*

Edrych is only one example of a verb-noun which can be followed by **ar**. Here is a list of some of the most common examples of verbs which are followed by **ar**:

gwrando ar	*to listen to*	**Gwrandawais i arnyn nhw.**
		I listened to them.
blino ar	*to tire of*	**Blinodd e ar y gwaith.**
		He tired of the work.
dibynnu ar	*to depend on*	**Dw i'n dibynnu ar bawb.**
		I depend on everyone.
gweiddi ar	*to shout at*	**Mae hi'n gweiddi arno fe.**
		She shouts at him.
sylwi ar	*to notice*	**Dw i ddim yn sylwi arno fe erbyn hyn.**
		I don't notice it by now.

Exercise 6

Fill in the gaps with the appropriate form of **ar**. The first one has been done for you.

a) Mae pawb yn edrych _____ chi. **arnoch**
b) Does dim cywilydd _____ fe.
c) Does neb yn gwrando _____ i.
d) Maen nhw'n gwrando _____ bawb.
e) Oes rhywbeth yn bod _____ chi?
f) Does dim dal _____ hi.
g) Mae eisiau gorffwys _____ nhw.
h) Mae hiraeth _____ Jayne.
i) Roedd hi wedi blino _____ ni.

9 Personal pronouns

You have met some of the prefixed possessive pronouns already in the course, for example **fy** (Unit 2), **ei** (Unit 2). The following table contains a complete list of personal pronouns and the mutations associated with them. Look at the way the two words **car** and **oren** change after the pronouns.

Personal pronoun	Meaning	Examples	
fy (NM)	*my*	**fy nghar**	**fy oren**
dy (SM)	*your* (fam.)	**dy gar**	**dy oren**
ei (SM)	*his*	**ei gar**	**ei oren**
ei (AM) + h before a vowel	*her*	**ei char**	**ei horen**
ein + h before a vowel	*our*	**ein car**	**ein horen**
eich	*your*	**eich car**	**eich oren**
eu + h before a vowel	*their*	**eu car**	**eu horen**

You have already seen such expressions as **Beth yw'ch enw chi?**
Beth yw'ch rhif ffôn chi? The **chi** belongs to another set of
pronouns which can imply emphasis.

Pronoun	Example	Meaning
i	**fy nghar i**	*my* car
di	**dy gar di**	*your* car
e	**ei gar e**	*his* car
hi	**ei char hi**	*her* car
ni	**ein car ni**	*our* car
chi	**eich car chi**	*your* car
nhw	**eu car nhw**	*their* car

Peidiwch â defnyddio fy nghar i!   *Don't use my car!*

Verb-nouns can follow prefixed pronouns:

gweld	**fy ngweld i**	*see me*	**Does neb yn gallu fy ngweld i.**
clywed	**dy glywed di**	*hear you*	**Mae pawb yn gallu dy glywed di.**
gwerthu	**ei werthu e**	*sell him/it*	**Dych chi wedi ei werthu e?**
talu	**ei thalu hi**	*pay her*	**Dyn nhw wedi ei thalu hi?**
poeni	**ein poeni ni**	*bother us*	**Maen nhw'n ein poeni ni.**
gadael	**eich gadael chi**	*leave you*	**Ydy hi wedi eich gadael chi yma?**
codi	**eu codi nhw**	*lift them*	**Wnes i ddim o'u codi nhw.**

This pattern does not apply to verb-nouns which are usually followed by prepositions, e.g. **siarad â** (AM), **edrych ar** (SM), **dweud wrth** (SM):

siarad â   **Siaradais i â hi y bore 'ma.** *I spoke with her this morning.*

or to short-form verbs:

Gwelais i fe.	*I saw him.* (short-form verb)
Dw i'n ei weld e.	*I see him.* (long-form verb)

Some of the prefixed pronouns contract after vowels:

ei becomes **'i**:	**Aeth e i'r orsaf gyda'i fam.**
	He went to the station with his mother.
ein becomes **'n**:	**Dyma'n cyfle.**
	Here is our chance.
eich becomes **'ch**:	**Ble mae'ch gwaith cartre'?**
	Where is your homework?
eu becomes **'u**:	**Ces i afalau o'u gardd.**
	I got apples from their garden.

Ei becomes **'w** after the preposition **i**:

Es i i'w thŷ hi neithiwr.   *I went to her house last night.*

You have already seen examples of the above contraction in the phrase **neu'i gilydd** (Unit 9). The word **gilydd** is also used in the expression **ei gilydd**, *each other*:

Maen nhw'n helpu ei gilydd.	*They help each other.*
Mae Tom a Matthew'n helpu ei gilydd.	*Tom and Matthew help each other.*

Ein gilydd is used when you are talking about *us* and **eich gilydd** is used with *you* (plural):

Dyn ni'n helpu ein gilydd.	*We help each other.*
Dych chi'n helpu eich gilydd?	*Do you help each other?*

10 Dw i wedi llosgi fy hunan

'Self', 'alone' and 'own' are expressed in Welsh by placing the form **hunan** in the singular and **hunain** in the plural after personal pronouns:

fy hunan	*myself*	ein hunain	*ourselves*
dy hunan	*yourself* (fam.)	eich hunan (ain)	*yourself (selves)*
ei hunan	*himself*	eu hunain	*themselves*
ei hunan	*herself*		

Helpwch eich hunan i fisgedi. *Help yourself to biscuits.*
Daethon nhw â'u bwyd *They brought their own food.*
eu hunain.

wrth fy hunan *by myself*
fy nghar fy hunan *my own car*

Factfile: Meddygon Myddfai

Meddygon Myddfai (the Physicians of Myddfai) were a family of country doctors who lived in the parish of Myddfai, Carmarthenshire, in the thirteenth century. Rhiwallon, and his three sons, Cadwgan, Gruffudd and Einion, were the court physicians to Rhys Grug, Lord Dinefwr. We know so much about this medical family because they wrote all their notes down. Several copies have survived to the present day, the earliest copy being in the British Library in London. There is evidence that there were medical successors to the original Myddfai Physicians up to the eighteenth century.

A lot of the medicines Rhiwallon and his sons used were made from the herbs and plants which grew locally, such as garlic, fennel, rosemary and thyme.

Can you now do the following?	Yes	No	If not, go to page
Ask if there is something wrong with someone			123
Give the Welsh names for parts of the body			124
Describe an injury or illness			123, 125, 127
Say what illness someone has had			129
Say you are going to the doctor			128
Say you are hungry or thirsty			132
Say you have done something yourself			135

11 | SUT ROEDD EICH GWYLIAU?
How were your holidays?

In this unit you will learn how to:

■ describe a holiday you have had
■ say what you used to do
■ ask if someone has ever done something
■ say you have never done something
■ talk about your school days
■ ask someone about their school days

Deialog 1

Elen
Wel, dyn ni dipyn dros hanner ffordd drwy'r cwrs erbyn hyn; dw i'n falch ein bod ni heb golli neb. Dw i'n falch iawn hefyd eich bod chi'n well erbyn hyn Tom. Beth wnaethoch chi yr haf diwetha'? Rhywbeth mwy cyffrous na dysgu Cymraeg, mae'n siŵr!

Tom
Mae'n ddrwg 'da fi eich siomi chi Elen, ond roeddwn i'n gweithio'n galed iawn ar achos cyfreithiol cymhleth. Ches i ddim cyfle i gael gwyliau.

Jayne
Wel, ces i a Haf a'i chariad wyliau hyfryd yn New England.

Matthew
Sut roedd y tywydd? Dw i erioed wedi bod yn New England.

Jayne
Mae'n well mynd yn yr hydref pan mae'r dail yn cwympo ond aethon ni am fis, ym mis Awst ac roedd hi'n braf ond roedd gormod o bobl o gwmpas.

Tom
Beth wnaethoch chi tra oeddech chi yno?

Jayne
Roedden ni'n cerdded bob dydd yn y mynyddoedd. Erbyn diwedd yr wythnos roeddwn i'n teimlo'n

flinedig iawn. Roedd Haf a'i chariad wedi blino'n lân hefyd. Dych chi wedi bod yn America Tom?

Tom   Nac ydw ond aeth fy ngwraig a'i brawd a'i blant e i Galiffornia rai blynyddoedd yn ôl. Roedd y tywydd yn fendigedig a chawson nhw lawer o hwyl. Roedd y plant wedi mwynhau eu hunain yn fawr iawn.

1 How does Elen say 'something more exciting than learning Welsh'?
2 Did Tom have a holiday last year?
3 Why was Jayne tired by the end of her holiday?

balch *glad, proud*	**blinedig** *tired*
cyffrous *exciting*	**wedi blino'n lân** *completely*
siomi (siom-) *to disappoint*	*exhausted*
cymhleth *complicated*	**rhai** *some*
tra *while*	**yn ôl** *ago*

Points to notice

■ **Cartre'** *(home)*, **gartre'** *(at home)*, **adre'** *(homewards)*: Notice the difference in the use of these three words:

Mae hi'n dod o gartre' da.   *She comes from a good home.*
Oes rhywun gartre'?   *Is there someone at home?*
Cerddais i adre' wrth   *I walked home by*
  fy hunan.   *myself.*

Cartre' is used when talking about a home and is a popular house name. **Gartre'** means 'at home' and **adre'** is usually used when describing movements towards the home and usually follows a verb which describes movement: **mynd adre', dod adre', rhedeg adre'**.

Exercise 1

Fill in the blanks with the the correct word: **cartre'**, **gartre'** or **adre'**.

a) Rhedodd y bachgen _____.
b) Bues i _____ yn edrych ar ôl fy ngwraig.
c) Es i i siopa er mwyn prynu pethau i fy _____ newydd.
d) Pryd aeth hi _____?
e) Maen nhw _____ trwy'r dydd nawr.
f) Mae _____ cŵn yn y pentre'.

1 Dych chi erioed wedi? *Have you ever?*

Ever, never: In English there is a difference between these two words, in Welsh, there is not. **Erioed** means both **ever** and **never** and is used only with **wedi** and the past tense.

Wedi

Dw i erioed wedi bod yn Llydaw.	*I have never been to Brittany.*
Doedden nhw erioed wedi nofio.	*They had never swum.*
Dych chi wedi ennill erioed?	*Have you ever won?*
Oedd e wedi cystadlu erioed?	*Had he ever competed?*

Past tense

Chlywais i erioed gymaint o sŵn.	*I never heard so much noise.*
Fuodd e erioed yn Iwerddon.	*He was never in Ireland.*
Atebon nhw erioed?	*Did they ever answer?*

As you can see from these examples, **erioed** takes the place of **ddim** in a sentence:

Dw i ddim wedi bod yn Llydaw.	*I have not been to Brittany.*
Dw i erioed wedi bod yn Llydaw.	*I have never been to Brittany.*

Erioed can also mean *always*:

> **Mae hi wedi bod yn ddiog erioed.** *She has always been lazy.*

Exercise 2

Six questions and answers are given here. Connect the right answer to its question.

1 Dych chi wedi mynd â'r plant i'r pwll nofio erioed ? Nac ydy, mae'n gas 'da hi raglenni ffugwyddonol.
2 Dyn nhw wedi sgïo erioed? Ydw, bues i ar raglen gwis yr wythnos diwetha'.
3 Ydy e wedi dringo Tŵr Eiffel erioed ? Nac ydyn, maen nhw'n mynd wrth eu hunain.
4 Wyt ti wedi bod yn Iwerddon erioed ? Nac ydy, mae ofn lleoedd uchel arno fe.
5 Dych chi wedi bod ar y teledu erioed? Nac ydyn, dyn nhw ddim yn hoff o eira.
6 Ydy hi wedi gweld *Star Trek* erioed*?* Ydw, bues i yno rai blynyddoedd yn ôl.

Exercise 3

Listen to the tape and then fill in the grid. Four people are being asked if they have ever been abroad and when they went.

	Ever been?	When?	Where?
1			
2			
3			
4			

2 The imperfect tense

There are several examples of the imperfect tense of **bod** in Deialog 1.

The imperfect tense is used in general:

a) to describe an action in the past which was continuous or relatively lengthy that was still in progress when interrupted by a shorter one expressed by the past tense:

Roeddwn i'n gwylio'r teledu pan ganodd y ffôn.	*I was watching the television when the phone rang.*
Roedden ni yn yr ysgol pan ddigwyddodd y ddamwain.	*We were in school when the accident happened.*

All events described took place in the past but watching the television and being at school are longer than the few seconds in which it took the phone to ring and the accident to happen.

b) when reminiscing, talking about and describing how things used to be and referring to events which occured repeatedly in the past.

Pan oeddwn i'n ifanc, roeddwn i'n treulio fy ngwyliau yn y gogledd.	*When I was young, I used to spend my holidays in the north.*

You will sometimes hear the verb-noun **arfer** (*used to*) which reinforces the meaning of something you used to do: **roedden ni'n arfer gweithio bob haf**.

The forms of the imperfect tense of the verb **bod** are:

roeddwn i	*I was*
roeddet ti	*you were*
roedd e	*he was/it was*
roedd hi	*she was/it was*
roedden ni	*we were*
roeddech chi	*you were*
roedden nhw	*they were*

To form a question, the 'r' is dropped: **Oeddwn i?**, *Was I?*

To form the negative, the 'r' becomes 'd' and **ddim** is added: **doedd e ddim**, *he wasn't.*

In North Wales, you will hear the preverbial particle **mi** before the affirmative forms of the imperfect: **mi oeddwn i, mi oedd o** etc. The preverbial particle **fe** is never used with the imperfect.

Exercise 4

Catriana Evans is homesick for Patagonia. On the left, you have to say what used to happen in Patagonia and on the right, how things are in Wales. The first one has been done for you.

Ym Mhatagonia, roedd hi'n byw mewn hasienda ond yng Nghymru, mae hi'n byw mewn fflat.

byw mewn hasienda	byw mewn fflat
tywydd yn dwym	tywydd yn oer
yfed maté a gwin	yfed te a bwyta pysgod a sglodion
nabod pawb	nabod neb
mynd o le i le ar geffyl bob dydd	mynd ar y bws
clywed Sbaeneg bob dydd	ddim yn clywed Sbaeneg

3 Describing your last holiday

Some useful sentences:

Gawsoch chi wyliau eleni?	*Did you have a holiday this year?*
Aethoch chi dros y môr?	*Did you go abroad?*
Gawsoch chi wyliau tramor?	*Did you have a foreign holiday?*
Pryd aethoch chi?	*When did you go?*
Aethon ni dros y Pasg.	*We went over Easter.*
Gawsoch chi amser da?	*Did you have a good time?*
Am faint est ti?	*For how long did you go?*
Ble roeddech chi'n aros?	*Where did you stay?*
Oedd y gwesty'n iawn?	*Was the hotel all right?*

Exercise 5

Wyn, a friend whom you have not seen for some time, is asking about your last holiday. Fill in your side on the conversation.

Wyn Ble est ti llynedd?
Chi   *Say you went to Pwllheli.*
Wyn Ble arhosaist ti?
Chi   *Tell him you stayed in a four-star hotel.*
Wyn Oedd hi'n ddrud i aros yno?
Chi   *Tell him that it wasn't as expensive as your holidays in Barbados.*

Wyn Sut roedd y bwyd?

Chi *Tell him it was very tasty, much better than the previous year.*

Wyn Sut roedd y tywydd?

Chi *Tell him it was splendid.*

Wyn Beth am y plant? Oedd digon iddyn nhw ei wneud?

Chi *Tell him they were very happy, there were lots of things for them to do, they used to leave the hotel every morning after breakfast and not come back until very late.*

---

gwesty (m.) **gwestai** hotel	**cynt** previous
seren (f.) **sêr** star	**gadael (gadaw-)** to leave

Exercise 6

Listen to the tape and then answer the questions that follow. Meleri is talking about her foreign travels.

1 To which countries has she been?
2 What did she like about Spain?
3 What did she do in France?
4 What didn't she like about the hotel in Italy?
5 Where did she go after that?
6 When did she see Mr Parry?
7 What was he doing?

Deialog 2

Tom and Matthew are reminiscing about their school days.

Tom Dych chi'n darllen <u>eto</u> Matthew? Roeddech chi'n swot mawr yn yr ysgol siŵr o fod.

Matthew Nac oeddwn, ond roeddwn i'n gwneud fy ngwaith yn gydwybodol. Roeddwn i'n hoffi'r ysgol. Roedd yr athrawon yn gyfeillgar iawn, roedden nhw i gyd yn siarad Cymraeg ac roedden nhw'n amyneddgar iawn gyda'r rhai oedd yn dysgu'r iaith. Sut roedd eich dyddiau ysgol chi?

Tom Roedd yn gas 'da fi'r ysgol. Roedd rhaid i fy nhad a fy mam fy llusgo i i'r ysgol bob dydd. Doedd yr athrawon ddim yn fy hoffi i, roedden nhw'n pico arna i drwy'r amser ond doeddwn i ddim yn ddrwg iawn.

Matthew Wel, dych chi wedi newid, chi yw swot mwya'r cwrs.

Tom Dim ond pan benderfynais i ddod yn gyfreithiwr dechreuais i weithio.

1 Did Matthew work hard in school?
2 How does Matthew ask Tom how his school days were?
3 Why did Tom not like school?
4 How does Matthew say 'You are the biggest swot on the course'?

cydwybodol *conscientious*	**llusg (llusg-)** *to drag*
cyfeillgar *friendly*	**pico (pic-)** *to pick*
amyneddgar *patient*	

Points to notice

■ As with the present tense (Unit 5), there are different answer forms in the imperfect tense:

oeddwn yes, I was	**nac oeddwn** no, I wasn't
oeddet yes, you were	**nac oeddet** no, you weren't
oedd yes, he/she/it was	**nac oedd** no, he/she/it wasn't
oedden yes, we were	**nac oedden** no, we weren't
oeddech yes, you were	**nac oeddech** no, you weren't
oedden yes, they were	**nac oedden** no, they weren't

■ Don't forget that the third person singular is used with plural nouns in all tenses: **Mae'r bechgyn yn drist iawn**, *The boys are very sad;* **Roedd y bechgyn yn drist iawn**, *The boys were very sad;* **Crïodd y bechgyn**, *The boys cried.*

Exercise 7

Answer the following in full sentences according to the examples.

Oedd yr arian yn ei fag? (✓) Oedd, roedd yr arian yn ei fag.

Oedden nhw'n gweithio i'r un cwmni? (✗) Nac oedden, doedden nhw ddim yn gweithio i'r un cwmni.

a) Oedd hi'n fwyn ddoe? (✓)
b) Oedd yr athrawon yn amyneddgar? (✗)
c) Oeddet ti'n hwyr i'r gwaith y bore 'ma? (✗)
d) Oedden nhw'n cystadlu mewn eisteddfodau pan oedden nhw'n fach? (✓)
e) Oedd eich modryb yn edrych ymlaen at ei gwyliau? (✗)
f) Oeddech chi'n mynd dair gwaith yr wythnos? (✓)
g) Oedd y caws yn ffres? (✗)
h) Oedd dreigiau Jayne dros ei thŷ i gyd? (✓)

Sut roedd eich dyddiau ysgol chi? Here are some possible answers to this question:

Roedden nhw'n hapus iawn.	*They were very happy.*
Roedd yn gas 'da fi'r ysgol.	*I hated school.*
Doeddwn i ddim yn gallu aros i adael.	*I couldn't wait to leave.*
Doeddwn i ddim yn gweithio'n ddigon caled.	*I didn't work hard enough.*
Roeddwn i'n colli llawer o ysgol.	*I missed a lot of school.*
Roedd yr athrawon yn ddymunol iawn.	*The teachers were very pleasant.*

Deialog 3

Matthew has some good news to share with Tom. Listen to the tape, without reading the script, and then answer the three questions that follow. Listen to the tape again, with the aid of the vocabulary if necessary, and when you are sure you understand everything, answer the second set of questions.

Matthew   Dw i newydd gael newyddion da, mae tri chyfweliad 'da fi'r wythnos nesa'.

Tom   Llongyfarchiadau. Dw i'n eich cofio chi'n dweud eich bod chi wedi anfon i ffwrdd am fanylion, ond roedd hynny'n amser hir yn ôl nawr. Doeddwn i ddim wedi sylweddoli eich bod chi wedi gwneud cais am y swyddi. Pa fath o swyddi dyn nhw?

Matthew   Mae'r tair swydd yn wahanol iawn i'w gilydd. Rheolwr tafarn yng Nghaerdydd yw'r un sy gyda fi dydd Llun. Wedyn, mae cyfweliad 'da fi gyda chwmni cyfrifiaduron, maen nhw'n chwilio am rywun i werthu meddalwedd yn Ne Cymru. Mae'n rhaid i fi fynd am gyfweliad ym mhencadlys y cwmni ym Mhenybont ddydd Mercher. Ar ddiwedd yr wythnos, bydda i yn y gogledd yn cael cyfweliad am swydd tiwtor cyfrifiaduron mewn coleg addysg bellach.

Tom   Llongyfarchiadau eto. Dw i'n siŵr y byddwch chi'n cael un ohonyn nhw. Dych chi'n mynd i fod yn brysur iawn. Dwedwch wrtha i os byddwch chi eisiau fy help.

Matthew   Gwnaf.

1 What hadn't Tom realised?
2 Where will Matthew be on Monday?
3 When will Matthew be in the North?

cyfweliad (m.) **-au** *interview*	**meddalwedd** (f.) *software*
cais (m.) **ceisiadau** *application*	**pencadlys** (m.) *headquarters*
i'w gilydd *to each other*	**addysg bellach** *further education*
rheolwr (m.) **rheolwyr** *manager*	

True or false?

1 Mae pedwar cyfweliad 'da Matthew.
2 Mae'r cyfweliadau yr wythnos nesa'.
3 Mae'r swyddi'n debyg iawn i'w gilydd.
4 Mae'r dafarn yng Nghaerdydd.
5 Mae pencadlys y cwmni cyfrifiaduron yn y gogledd.
6 Mae cyfweliad 'da Matthew mewn ysgol.

Factfile: Patagonia

During the eighteenth and nineteenth century many people left Wales to start a new life in Patagonia.

The first ship, called *The Mimosa*, arrived in Porth Madryn on July 28, 1865. The Welsh settled in Dyffryn Camwy (*Chubut*), and in 1885 a group of families crossed 400 miles to Cwm Hyfryd to set up another colony at the foot of the Andes.

People continued to migrate to Patagonia from Wales until 1914. Welsh had been the language of the schools, chapels and courts all this time, and a number of Welsh newspapers were produced and Welsh money printed. However, the increase in non-Welsh speaking immigrants into the area during the early and mid-twentieth century meant the decline of Welsh customs and traditions such as the eisteddfod. Younger generations gradually began to lose their command of the language. In recent years, however, the situation has changed for the better, with many young people once again taking an interest in the language. It is estimated that there are now approximately 5,000 Welsh speakers in Patagonia.

Can you now do the following?	Yes	No	If not, go to page
Ask if someone has ever done something			139
Say you have never done something			139
Describe a holiday you have had			142
Say what you used to do			141
Say what someone else used to do			141
Talk about your school days			145
Say 'yes' and 'no' in the imperfect tense			144

12 BLE CAWSOCH CHI EICH GENI?

Where were you born?

In this unit you will learn how to:

■ ask someone where they were born and brought up

■ say where you were born and brought up and where someone else was born and brought up

■ use the passive voice

■ say the months of the year in Welsh

■ give the year in Welsh

Deialog 1

Tom, Jayne, Elen and Matthew are discussing where they were born.

Matthew	Gawsoch chi eich geni yng Nghymru Elen?
Elen	Do, Cymraes ydw i, ces i fy ngeni yng Nghrymych yn Sir Benfro. Dw i'n trïo cofio ble cawsoch chi eich geni. Rhywle yn y gorllewin os dw i'n cofio'n iawn.
Matthew	Ces i fy ngeni yn Aberystwyth a ches i fy magu yno hefyd. Es i i Lundain i chwilio am waith bum mlynedd yn ôl.
Tom	Gawsoch chi eich geni yn Ohio Jayne?
Jayne	Naddo, ches i mo fy ngeni yn Ohio, ces i fy ngeni yn Missouri. Symudon ni i Ohio pan oeddwn i'n ddeg mlwydd oed pan gafodd fy mam swydd newydd.
Tom	Gafodd Haf ei geni yn Ohio?
Jayne	Naddo. Cafodd hi ei geni pan oeddwn i'n byw yn Efrog Newydd. Penderfynais i symud yn ôl i Ohio i fod yn agosach at fy rhieni; dyw hi ddim yn hawdd magu plant ar eich pen eich hunan.

Tom	Ces i fy ngeni a fy magu yn Abertawe a dw i erioed wedi gadael yr ardal.
Elen	Dych chi'n gall iawn Tom, mae symud tŷ yn boen.

1 Was Elen born in Wales?
2 When did Matthew move to London?
3 Why did Jayne decide to move back to Ohio?

geni (gan-) *to be born*	**rhywle** *somewhere*
Cymraes (f.) **-au** *Welsh woman*	**call** *sensible*
magu (mag-) *to be brought up*	

Points to notice

■ When something is done to something or someone, Welsh uses the verb **cael** where English uses the verb 'to be', or 'to get' in some dialects:

Mae fy lawnt yn cael ei thorri bob dydd Sul.	*My lawn is cut (gets cut) every Sunday* (literally, 'my lawn has its cutting')
Roedden nhw'n cael eu talu bob mis.	*They were paid every month* (literally, 'they got their paying every month')
Ble cawsoch chi eich geni?	*Where were you born?* (literally, 'where did you have your birth?')

As you can see from these examples, **cael** is followed by forms of the possessive pronoun. Sentences such as these, where the subject receives the action of the verb, but does not actually do the action itself (**ces i fy ngeni**, *I was born*, i.e. I was not giving birth myself), are said to be in the **passive voice**. Compare the following two sentences:

Lladdodd y ci y gath.   *The dog killed the cat.*
(active – the subject of the sentence [**y ci**] is doing the killing)

Cafodd y ci ei ladd.   *The dog was killed.*
(passive – the subject of the sentence [**y ci**] is being killed, and not doing the killing)

1 Asking where someone was born or brought up

Ble cest ti dy eni?	*Where were you born?*
Ble cafodd e ei eni?	*Where was he born?*
Ble cafodd hi ei magu?	*Where was she brought up?*
Ble cawsoch chi eich geni?	*Where were you born?*
Ble cawson nhw eu magu?	*Where were they brought up?*
Ces i fy ngeni yng Nghaerfyrddin.	*I was born in Carmarthen.*
Cafodd e ei eni yn Sir Benfro.	*He was born in Pembrokeshire.*
Cafodd hi ei magu yng Ngwynedd.	*She was brought up in Gwynedd.*
Cawson ni ein geni yn Sir y Fflint.	*We were born in Flintshire.*
Cawson nhw eu magu ym Mhowys.	*They were brought up in Powys.*

Exercise 1

Listen to the tape and then answer the questions.

1 Where was Rhiannon born?
2 Where was Rhiannon brought up?
3 Where were her children born?
4 What language does she speak at home?

Exercise 2

Say where the people listed were born. One of the sentences has been done for you.

Nhw – Bangor: **Cawson nhw eu geni ym Mangor.**

1 Ti – Caergybi
2 Y plant – Tyddewi
3 Hi – Pontypridd
4 Chi – Castell-nedd
5 Nhw – Bangor
6 Fi – Dolgellau

7 Steffan ac Eleri – Talybont
8 Fe – Gorseinon
9 Ni – Penfro
10 Megan – Glynebwy

Points to notice

■ **ar eich pen eich hunan**, *on your own*. Note the forms of this idiom, *on one's own*:

ar fy mhen fy hunan	*on my own*
ar dy ben dy hunan	*on your own* (fam.)
ar ei ben ei hunan	*on his own*
ar ei phen ei hunan	*on her own*
ar ein pen ein hunain	*on our own*
ar eich pen eich hunan/hunain	*on your own*
ar eu pen eu hunain	*on their own*

Deialog 2

Elen has just found out a piece of interesting information.

Elen   Dwedodd y frân wen wrtha i gynnau fach eich bod chi'n dathlu eich pen-blwydd ym mis Awst Tom.

Tom   Mae hynny'n wir, ond pwy ddwedodd wrthoch chi?

Elen   Dw i byth yn datgelu cyfrinachau Tom.

Jayne   Pryd yn union mae'ch pen-blwydd Tom?

Matthew   Roeddwn i'n meddwl bod Tom wedi derbyn llawer o bost y bore 'ma. Mae rhaid bod eich pen-blwydd rhywbryd yr wythnos 'ma.

Tom   Dych chi'n iawn Matthew, ond dw i ddim yn mynd i ddweud pryd.

Elen   Wel, dw i ddim yn mynd i ddweud rhagor ond peidiwch â synnu os gwelwch chi fi'n tynnu gwallt Tom yfory.

Matthew   Yfory! Dyw hi ddim yn rhoi llawer o amser i ni drefnu parti.

Tom   Roeddwn i'n meddwl nad oeddech chi byth yn datgelu cyfrinachau Elen!

1 How does Jayne say 'a little bird told me'?
2 What question does Tom ask Elen?
3 What did Tom receive this morning according to Matthew?

y frân wen *the white crow (a little bird)*	**datgelu (datgel-)** *to reveal*
gynnau fach *just now*	**cyfrinach** (f.) **-au** *secret*
dathlu (dathl-) *to celebrate*	**yn union** *exactly*
pen-blwydd (m.) **-i** *birthday*	**synnu (synn-)** *to be surprised*
byth *never*	**tynnu (tynn-)** *to pull*
	rhoi (rhodd-) *to give, to put*

Points to notice

■ **Dw i byth yn datgelu cyfrinachau** *I never reveal secrets*:

You have already seen the word **erioed** which means *ever/never* when used with the past tense and **wedi** in Unit 11. **Byth** means *ever/never* when used with all the other tenses. You will see the future tense in Units 14 and 15, and the conditional tense in Unit 18. Here is a list of some examples of **byth** with the present and imperfect tense:

Dw i byth yn gwisgo het.	*I never wear a hat.*
Dyw ei gwaith byth yn undonog.	*Her work is never monotonous.*
Doeddwn i byth yn cadw'n heini.	*I never used to keep fit.*
Doedd e byth yn ymlacio.	*He never used to relax.*
Cymru am byth!	*Wales for ever!*

---

2 Misoedd y Flwyddyn *The months of the year*

Mis Ionawr	*January*
Mis Chwefror	*February*
Mis Mawrth	*March*
Mis Ebrill	*April*

Mis Mehefin	*June*
Mis Gorffennaf	*July*
Mis Awst	*August*
Mis Medi	*September*
Mis Hydref	*October*
Mis Tachwedd	*November*
Mis Rhagfyr	*December*

Points to notice

■ **Ces i fy ngeni ym mis Ionawr**, *I was born in January*:

In front of the letter 'm' **yn** (in) becomes **ym.**

Exercise 3

Lowri has had a very busy year. Listen to her describing her year and then answer the questions.

a) After listening to the tape once:

1 Has Lowri any children?
2 What are their names?
3 What is the name of the puppy?

b) After listening to the tape several times:

1 Has Lowri had a good year?
2 Why didn't Lowri do much outside in April?
3 Why did Lowri not want to go to the wedding?
4 What happened in September?
5 What does Lowri like about the job she got in October?
6 Why was Lowri sad at the beginning of Christmas?
7 Lowri has not given details about one month at all, which month is it?

3 Pa flwyddyn yw hi? *What year is it?*

Saying the year is very straightforward once you know the numbers in Welsh. 588 is written in full as **pump wyth wyth**, 1567 is expressed in full as **mil pump chwech saith**, 1999 **mil naw naw**

naw and the year 2000 as **dwy fil**. You will sometimes hear: **Y flwyddyn pump wyth wyth**, **y flwyddyn mil pump chwech saith** etc.

Exercise 4

Can you give the following years in Welsh?

a) 1282
b) 1588
c) 1927
d) 1135
e) 588
f) 1888
g) 1660
h) 1046

Exercise 5

The dates of birth of seven people are given here. Connect the dates of birth to the correct sentence.

a) 3/9/45   Cafodd Marc ei eni ym mis Gorffennaf mil naw chwe saith.
b) 10/1/90   Cafodd y plant eu geni ym mis Rhagfyr mil naw wyth dau.
c) 31/7/67   Cafodd Mr Williams ei eni ym mis Chwefror mil naw tri pedwar.
d) 21/12/82   Cawson ni ein geni ym mis Medi mil naw pedwar pump.
e) 9/8/58   Cawson nhw eu geni ym mis Ionawr mil naw naw dim.
f) 28/2/34   Cafodd hi ei geni ym mis Awst mil naw pump wyth.

Deialog 3

Jayne has just received some bad news.

Jayne   Dw i newydd glywed bod damwain erchyll wedi digwydd tu allan i'r dre' lle dw i'n byw yn Ohio. Cafodd dau ddeg pump o bobl eu lladd, a chafodd dros bum deg o bobl eu hanafu.

Tom   Beth ddigwyddodd?

Jayne   Dw i ddim yn hollol siŵr; chlywais i mo'r bwletin i
              gyd. Dw i ddim yn cofio unrhywbeth fel hyn yn
              digwydd yn y dre' o'r blaen. Mae'n dre' mor fach, mae
              pawb yn nabod ei gilydd. Bydd hi'n sioc fawr i bawb.

Tom   Roedd y newyddion yn llawn o bethau ofnadwy'n
              digwydd yn Abertawe heddiw. Cafodd llawer o arian
              ei ddwyn o un o'r siopau. Dw i ddim yn cofio'r union
              swm, ond roedd e'n eitha sylweddol. Chafodd neb
              mo'i anafu a chafodd un o'r dynion a oedd yn gyfrifol
              ei ddal a'i arestio rai oriau'n ddiweddarach. Mae un
              arall yn cael ei holi yng ngorsaf yr heddlu. Cafodd dyn
              arall ei gyhuddo o dwyll a chafodd y fenyw a gafodd
              hyd i gorff ei chariad yn y stryd yr wythnos diwetha'
              ei chyhuddo o'i ladd y bore 'ma.

Matthew   Rhagor o fusnes i'ch cwmni Tom!

1 Where did the accident happen?
2 How many people were injured?
3 What was stolen from one of the shops in Swansea?

---

erchyll *terrible, atrocious*   **sylweddol** *substantial*
tu allan *outside*   **diweddarach** *later*
lladd (lladd-) *to kill*   **holi (hol-)** *to question, to inquire*
hollol *complete, total*   **cyhuddo (cyhudd-)** *to accuse*
dwyn (dyg-) *to steal*   **twyll** (m.) *fraud, deceit*
yr union *the exact*

Points to notice

■ **Ble/lle**   **Ble** is used to ask a question: **Ble cawson nhw eu
geni?** whereas **lle** is a conjunction, which links parts of the
sentence together: **Dyna'r siop lle cafodd yr arian ei
ddwyn**, *That is the shop where the money was stolen.*

■ **Neb** (no one) is never used with **ddim** in a sentence:

Doedd Ann ddim yn gwybod. *Ann didn't know.*
Doedd neb yn gwybod.   *No one knew.*

> **Doedd neb yn hollol siŵr.** *No one was completely certain.*
> **Does neb yno.** *There is no one there.*
> **Chafodd neb ei anafu.** *No one was injured.*

Exercise 6

Complete the sentence in the column on the left with the appropriate statement from the column on the right.

a) Pan giciodd Gethin bêl yn yr ystafell fyw — cafodd yr heddlu eu ffonio.

b) Pan gollodd y cwmni lawer o arian — gawsoch chi eich synnu?

c) Pan roddais i'r dillad brwnt yn y peiriant golchi — cawson ni ein siomi.

d) Pan suddodd y llong — cafodd cant o bobl eu boddi.

e) Pan dorrodd protestwyr i mewn i'r Palas — cafodd y ffatri ei chau.

f) Pan fuodd damwain erchyll ar yr heol — gest ti dy dalu?

g) Pan fu farw fy mam — cafodd y ffenest ei thorri.

h) Pan nad enillon ni'r jacpot — cawson nhw eu harestio.

i) Pan orffennaist ti'r gwaith — cafodd ei thŷ ei werthu.

j) Pan gawsoch chi'r swydd — cawson nhw eu golchi.

Points to notice

■ **Bu** is the literary form of **buodd**, but you will hear it in everyday phrases such as **bu farw** (*died*).

■ You have already seen that **sy'n** can mean *which is/who is* in sentences like:

Dw i'n nabod rhywun sy'n dathlu ei ben-blwydd heddiw, *I know someone who is celebrating his birthday today.*

Sy'n is only used in the present tense, with all other tenses **a** (*who/which*) is used:

Dw i'n nabod rhywun a oedd *I know someone who was*
yn dathlu ei ben-blwydd *celebrating his birthday*
heddiw. *today.*

Dw i'n nabod rhywun a fydd *I know someone who will be*
yn dathlu ei ben-blwydd *celebrating his birthday*
yfory. *tomorrow.*

Dw i'n nabod rhywun a aeth *I know someone who went*
i'r Almaen ar ei wyliau. *to Germany on his holidays.*

As you can see, **a** causes the soft mutation:

Cafodd y fenyw a gafodd *The woman who found her*
hyd i gorff ei chariad ei *boyfriend's body was*
chyhuddo o'i ladd. *accused of killing him.*

In everyday speech, **a** tends to be dropped, but the mutation it causes still remains.

Ble mae'r ci laddodd y gath? *Where is the dog that killed the cat?*

■ In the negative, the word **na** replaces **a**, **nad** being used before vowels:

Dw i'n nabod rhywun nad oedd yn hapus yn y dosbarth heddiw.

Dych chi wedi clywed oddi wrth y dyn na ddaeth i'r arholiad.

■ **Na** causes a soft mutation. Words beginning with **c, t,** and **p** suffer the aspirate mutation:

Ble mae'r dyn na chafodd *Where is the man who*
ei anafu? *wasn't hurt?*

Exercise 7 Bwletin Newyddion

In the news bulletin are several examples of the passive. How many can you find? The answer is in the Key. After reading the bulletin thoroughly until you understand everything, do Exercise 8.

Dyma'r newyddion

Cafodd dyn ei ladd bore ddoe wrth groesi'r A483 ger Llanidloes. Mae'r heddlu'n apelio am dystion. Dyn nhw ddim wedi rhyddhau enw'r dyn a fu farw eto.

Cafodd dau ddeg tri o bobl eu harestio yn dilyn protest o flaen adeilad y Cynulliad ym Mae Caerdydd. Roedden nhw'n protestio am doriadau yn y grantiau i ffermwyr.

Cafodd ffatri ddillad newydd ei hagor ym Machynlleth heddiw. Daeth y Prif Weinidog, a oedd ar ymweliad â Gwynedd ar y pryd, i agor y ffatri'n swyddogol. Bydd gwaith i ddau gant o bobl.

Yn Llys y Goron, Abertawe y bore 'ma, cafodd David Llywelyn ei garcharu am oes am dwyll. Clywodd y llys fod Llywelyn wedi hawlio arian dan enwau ffug.

Mae gŵr a gwraig o ardal Bangor yn dathlu heddiw ar ôl ennill jacpot y loteri o dros saith miliwn o bunnau.

Cafodd y gêm rhwng Wrecsam a'r Barri ei gohirio heddiw oherwydd glaw trwm.

---

ger *near*
wrth groesi *while crossing*
apelio am (SM) *to appeal for*
tyst (m.) **-ion** *witness*
rhyddhau *to release*
adeilad (m.) **-au** *building*
toriad (m.) **-au** *cut*
ffermwr (m.) **ffermwyr** *farmer*
myfyriwr (m.) **myfyrwyr** *student*
ffatri (f.) **-oedd** *factory*
prif weinidog (m.) *prime minister*

ymweliad (m.) **-au** *visit*
swyddogol *official*
llys y goron (m.) **llysoedd y goron** *crown court*
carcharu (carchar-) *to imprison*
oes (f.) **-oedd** *age, lifetime*
llys (m.) **-oedd** *court*
hawlio (hawli-) *to claim*
dan (SM) *under*
ffug *false*

Exercise 8

Read the following twelve statements that relate to the news bulletin in Exercise 7, and say whether they are true or false.

1 Dyw'r heddlu ddim yn gwybod enw'r dyn.
2 Cafodd mwy na 20 o bobl eu harestio.
3 Roedd y Prif Weinidog wedi dod o Lundain.
4 Bydd llai na phum cant yn cael gwaith yn y ffatri newydd.
5 Bydd David Llywelyn yn y carchar am amser hir.
6 Mae'r ddau berson o Fangor yn briod.
7 Enillodd Wrecsam gêm pêl-droed heddiw.
8 Roedd hi'n ddiwrnod gwlyb yng Nghymru.

4 Impersonal forms of the passive

You have already seen one way of expressing the passive in the past tense: **Cafodd y gêm ei gohirio** (*the game was postponed*). There is a second way of expressing the same thing in Welsh, namely adding the ending **-wyd** onto the stem of a verb-noun **gohiriwyd y gêm**. You will often hear the impersonal ending **-wyd** in formal contexts such as news bulletins or printed materials. **Mynd â**, **dod â**, **cael** and **gwneud** are all irregular verbs. Their impersonal past forms are: **aethpwyd â** (*was/were taken*), **daethpwyd â** (*was/were brought*), **cafwyd** (*was/were had/got*), **gwnaethpwyd** (*was/were made*). There are also two forms to express the passive present and future. You have already seen the forms using **cael**:

Mae'r gêm yn cael ei gohirio. *The game is being postponed.*
Bydd y gêm yn cael ei gohirio. *The game will be postponed.*

The ending **-ir** is also used to express both of these sentences:

Gohirir y gêm.   *The game is being/*
                      will be postponed.

Once again you will see the impersonal forms in formal Welsh.

Exercise 9

Here are a few of the more common signs using the impersonal passive which you will see in Wales.

Siaredir Cymraeg Yma	Ni chaniateir cŵn i redeg yn rhydd	Gwaherddir ysmygu

a)   b)   c)

Gwerthir Stampiau Yma	Cosbir yn ariannol y rhai sy'n teithio heb docyn	Croesewir anifeiliaid anwes

d)   e)   f)

1 Which sign requests that dogs be kept on a lead?
2 Which sign would you see on a bus or a train?
3 Which sign indicates there are bilingual staff on the premises?
4 Which sign wouldn't you see in a pub which allowed its customers to smoke?
5 Which sign means that stamps are sold there?
6 Which sign indicates you could take your dog there?

5 Wedi'i wneud yng Nghymru
Made in Wales

The pattern **wedi'i** is the shortened form of **wedi cael ei** and translates as *made* in English, in such patterns as **wedi'i wneud yng Nghymru** *made in Wales*, **wedi'i wneud o bren**, *made of wood*. **Wedi'i** often takes the place of **wedi cael ei** in everyday speech:

Mae e wedi cael ei werthu. Mae e wedi'i werthu. *It has been sold.*

Factfile: The Museum of Welsh Life

The Museum of Welsh Life in St Fagans near Cardiff is one of the most important open-air museums in Europe. It was opened in 1948 and aims to show visitors how Welsh people have lived their lives over the centuries, from Celtic times to the present day. The museum stands in the grounds of St Fagan's Castle, a manor house dating from the sixteenth century. In the grounds are over 30 original buildings from different areas of Wales. All the buildings were moved and painstakingly re-erected in St Fagans. The museum boasts a school, a toll house, farmhouses, mills and a workers' institute from Oakdale, Gwent, as well as a smithy. It is possible to watch craftsmen exhibit traditional Welsh crafts as well as to sample traditional produce. All the buildings had been threatened with demolition in their original localities. The museum also has indoor galleries where you can see Welsh costume and farming implements and archives of documents, film, tape recordings and photographs.

Can you now do the following?	Yes	No	If not, go to page
Ask someone where they were born			150
Ask someone where they were brought up			150
Say where you were born and brought up			150
Say where someone else was born and brought up			150
Say you never do something			152
Say the months of the year			152
Give the year in Welsh			153

13 PRYD MAE'CH PEN-BLWYDD CHI?
When is your birthday?

In this unit you will learn how to:
- ask someone when their birthday is
- give dates
- give a greeting for a particular time of the year or occasion
- congratulate and sympathise with someone

Deialog 1

Tom's birthday has arrived.

Jayne	Llongyfarchiadau Tom. Pen-blwydd hapus. Sut mae'n teimlo i fod yn bum deg?
Tom	Dyw hi ddim cynddrwg ag roeddwn i'n ei feddwl; dw i'n teimlo'n ifanc o hyd, a dw i'n mwynhau'r sylw a'r anrhegion i gyd.
Matthew	Efallai eich bod chi'n teimlo'n ifanc ond mae'ch gwallt chi wedi brithio dros nos.
Tom	Ble? Oes drych 'da chi Jayne?
Jayne	Mae Matthew'n tynnu'ch coes chi Tom; dych chi'n dal mor olygus ag roeddech chi ddoe.
Tom	Pryd mae'ch pen-blwydd chi, Matthew, fel y galla i dynnu'ch coes chi?
Matthew	Ar y nawfed o fis Ebrill. Bydd y cwrs wedi dod i ben erbyn hynny, felly bydda i'n ddigon pell i ffwrdd. Byddwch chi wedi anghofio erbyn hynny, beth bynnag.
Tom	Peidiwch â bod mor siŵr – mae cof hir 'da hen gi cofiwch.

1 How does Jayne say 'How does it feel to be 50?'
2 What does Tom say he enjoys about his birthday?
3 In which month is Matthew's birthday?

llongyfarchiadau *congratulations*
sylw (m.) **-au** *attention*
efallai *perhaps*
brithio (brithi-) *to go grey (hair)*
fel y galla i *so that I can*

dod i ben *to end, to come to an end*
erbyn hynny *by then*
cof (m.) **-ion** *memory*
mae cof hir 'da hen gi *an old dog has a long memory*

Points to notice

■ **Dal i/o hyd.** You will have noticed these two words in Deialog 1; both are used to say that something or someone is still doing something. **Dal i** is used before a verb: **Dw i'n dal i fyw ym Mhentrefoelas**, and **o hyd** comes at the end of the sentence **Dw i'n byw ym Mhentrefoelas o hyd**.

Exercise 1

It's Marged's birthday and her friend, Ffion, congratulates her. Complete Marged's side of the dialogue according to the instructions given:

Ffion   Llongyfarchiadau Marged. Pen-blwydd hapus. Sut mae'n teimlo i fod yn bedwar deg?

Marged   *It's worse that I thought, I feel very old, and I don't like all the atttention.*

Ffion   Rwyt ti'n dal i edrych yn ifanc, dwyt ti ddim yn edrych dy oedran.

Marged   *You are very kind to say that I look young, but I feel very old.*

Ffion   Dw i'n dweud y gwir, rwyt ti'n edrych yn wych.

1 Pryd mae'ch pen-blwydd chi? *When is your birthday?*

Pryd mae pen-blwydd y plant?

When is the children's birthday?

Mae hi ar yr unfed ar hugain o fis Rhagfyr.

It is on the twenty first of December.

Mae hi ar y pymthegfed *It is on the fifteenth of August.*
o fis Awst.
Mae hi ar y degfed ar hugain *It is on the thirtieth of July.*
o fis Gorffennaf.

2 Ordinal numbers

Ordinal numbers describe where people or things come in a sequence. A list of the first ten ordinal numbers in Welsh follows. Feminine forms (if any) are given in brackets. In the right-hand column you will see the abbreviated form of all the ordinal numbers listed:

1st	cynta'	**1af**
2nd	ail	**2il**
3rd	trydydd (trydedd)	**3ydd**
4th	pedwerydd (pedwaredd)	**4ydd**
5th	pumed	**5ed**
6th	chweched	**6ed**
7th	seithfed	**7fed**
8th	wythfed	**8fed**
9th	nawfed	**9fed**
10th	degfed	**10fed**

y degfed o fis Mawrth	*the tenth of March*
yr ail lawr	*the second floor*
y seithfed dydd	*the seventh day*
yr ail ddrws ar y chwith	*the second door on the left*
Mae grisiau o'r llawr i'r	*There are stairs from the*
pumed llawr.	*ground floor to the fifth floor.*

You will have noticed the words **trydedd** and **pedwaredd** in brackets. These words are used with feminine nouns: **y drydedd ferch, y bedwaredd ferch.** When used with a feminine noun, all ordinals mutate after **y** (*the*): **y bumed wythnos**, *the fifth week,* y **ddegfed wers** (*the tenth lesson*). Unlike other ordinals, **cynta'** comes after the noun: **y ferch gynta'**.

Exercise 2

Martyn has an interview in Mr Jones' office. He is not sure where Mr Jones' office is and asks for directions. Listen to the tape and choose the correct option from the choices listed.

1 Mr Jones' office is on the a) first floor b) third floor c) fifth floor
2 Martin is on the a) ground floor b) second floor c) sixth floor
3 The lift is a) at the end of the corridor b) the third door on the right c) the second door on the left
4 The stairs are a) the third door on the right b) next to the lift c) the fourth door on the left
5 Mr Jones' office is the fifth door on the right b) the second door on the right c) the fourth door on the right

3 More ordinal numbers

Ordinal numbers up to 20

11th	unfed ar ddeg	**11eg**
12th	deuddegfed	**12fed**
13th	trydydd ar ddeg	**13eg**
14th	pedwerydd ar ddeg	**14eg**
15th	pymthegfed	**15fed**
16th	unfed ar bymtheg	**16eg**
17th	ail ar bymtheg	**17eg**
18th	deunawfed	**18fed**
19th	pedwerydd ar bymtheg	**19eg**
20th	ugeinfed	**20fed**

As you can see, most of the numbers from 10–21 use **deg** as their base. **Unfed ar ddeg** literally means 'first on ten'. But note the numbers **deuddegfed**, **pymthegfed** and **deunawfed.** Numbers above 15 use **pymtheg** as their base: **ail ar bymtheg** literally means 'second on 15'.

Ordinal numbers 20+

Ordinals above 20 are relatively straightforward. **Ugain** is used as the base. **Pumed ar hugain** is 25th (fifth on 20).

21st	unfed ar hugain	**21fed**
22nd	ail ar hugain	**22ain**
30th	degfed ar hugain	**30ain**
31st	unfed ar ddeg ar hugain	**31ain**
100th	canfed	**100fed**

As this unit deals with dates we will only look in detail at ordinal numbers up to 31st.

 ## Exercise 3

Look at the dates of birth that follow and listen to the tape. You will hear some people giving you their dates of birth. Which of the dates here is not mentioned on the tape?

March 29, July 31, May 12, April 16, October 22, September 4

Exercise 4

Write these dates in full.

January 13, April 27, July 6, September 22, May 1, August 19

4 Enquiring about the date

Beth yw'r dyddiad heddiw?	*What is the date today?*
Beth oedd y dyddiad ddoe?	*What was the date yesterday?*
Beth fydd y dyddiad yfory?	*What will the date be tomorrow?*
Y nawfed ar hugain o fis Mawrth yw hi heddiw.	*It is the twenty-ninth of March today.*
Yr wythfed ar hugain o fis Mawrth oedd hi ddoe.	*It was the twenty-eighth of March yesterday.*
Y degfed ar hugain o fis Mawrth fydd hi yfory.	*It will be the thirtieth of March tomorrow.*

Deialog 2

Elen is very impressed with the hard work her class have done today and has decided to finish the lesson early.

Elen   Dych chi wedi gwneud diwrnod da o waith heddiw, dych chi'n haeddu cael mynd yn gynnar.

Tom	Diolch, mae hi wedi bod yn ddiwrnod hir iawn heddiw, roeddwn i'n gobeithio y byddech chi'n gorffen yn gynnar heddiw, dw i eisiau cael diwrnod ar lan y môr yfory. Mae Steffan a'i gariad yn cael tri diwrnod o wyliau yn Nhrefdraeth a hoffwn i fynd i'w gweld nhw. Mae Steffan yn hoffi treulio Gŵyl Banc mis Awst ar lan y môr.
Matthew	Wel dw i'n haeddu noson dda o gwsg heno, rhwng chwarae sboncen gyda chi Tom, gweithio'n galed ar fy Nghymraeg a diota gyda Marc, dw i wedi blino'n lân. Mae rhyw si fod parti nos Lun ar y traeth. Oes rhywun eisiau dod?
Jayne	Dim diolch, dw i eisiau cynilo fy arian ar gyfer gwyliau yn Iwerddon.
Tom	Dw i wedi mynd yn rhy hen i bethau fel hynny.
Matthew	Dych chi byth yn rhy hen i bartïa, Tom. Dewch gyda ni. Gallwch chi ddawnsio yn droednoeth ar y tywod tan y bore.
Tom	Dros fy nghrogi!

1 Why did Tom want to finish early?
2 Why is Matthew so tired?
3 Why does Tom not want to go to the party?

haeddu (haedd-) _to deserve_	**si** (m.) **sïon** _rumour_
cael _to be allowed_	**traeth** (m.) **-au** _beach_
y byddech chi _that you would_	**cynilo (cynil-)** _to save (money)_
ar lan y môr _at the seaside_	**partïa (parti)** _to party_
Trefdraeth _Newport_	**troednoeth** _barefoot_
(Pembrokeshire)	**dros fy nghrogi!** _over my dead_
diota (diot-) _to drink (alcohol)_	_body!_

Points to notice

■ There are two words in Welsh for 'day' and two words for 'night'. **Diwrnod** is used when you are referring to the whole day's length and is also used after numbers. e.g. **diwrnod o waith, diwrnod gwael, tri diwrnod**. **Dydd** refers to a particular day of the week or year, **Dydd Llun, Dydd Calan** (*New Year's Day*) and is also used in adverbs **bob dydd, trwy'r dydd** (*all day*). **Noson** and **nos** follow the same pattern as **diwrnod** and **dydd**, e.g. **noson o gwsg, noson wael, dwy noson**; **Nos Lun, Nos Galan, bob nos, trwy'r nos**.

Exercise 5

Fill in the blanks in the sentences using **diwrnod/dydd**; or **noson/nos**.

1 Maen nhw wedi bod yn gweithio drwy'r _____.
2 Roedden ni'n gweithio bum _____ yr wythnos.
3 Pryd dyn ni'n mynd i gael _____ o haul nesa'?
4 Roedd hi'n _____ oer iawn neithiwr.
5 Arhosodd fy ngwesteion am dair _____.
6 Maen nhw wedi bod i'r dafarn bob _____ yr wythnos 'ma.
7 Roedd hi lan drwy'r _____ yn edrych ar ôl ei merch dost.

5 Greetings at special times of the year

Blwyddyn Newydd Dda.   *Happy New Year.*
Pasg Hapus.   *Happy Easter.*
Nadolig Llawen.   *Happy Christmas.*

6 Wishing someone well on a particular occasion

Pob lwc gyda'r swydd newydd. *Best of luck with your new job.*
Brysiwch wella!   *Get well soon!*
Brysia wella!   *Get well soon!* (fam.)

7 Sympathising with someone

Roedd hi'n ddrwg 'da fi glywed eich bod chi wedi colli'ch swydd.	*I was sorry to hear that you had lost your job.*

8 Sending wishes in writing

Pob dymuniad da.	*Best wishes.*
Priodas ddedwydd i'r ddau ohonoch chi.	*A happy marriage to both of you.*
Dymuniadau gorau.	*Best wishes.*
Roedd hi'n flin 'da fi glywed am eich profedigaeth.	*I was sorry to hear of your bereavement.*
Llongyfarchiadau ar enedigaeth eich mab/merch.	*Congratulations on the birth of your son/daughter.*

9 Gwyliau banc *Bank holidays*

Dydd Gwener y Groglith	*Good Friday*
Sul y Pasg	*Easter Sunday*
Y Sulgwyn	*Whitsun*

10 Dyw hi ddim cynddrwg *It is not as bad*

In Units 6 and 7 you learnt how to form the comparative (-er), and superlative (-est). There is another degree of comparison **mor ... â** (*as ... as*). The word **â** causes the aspirate mutation and becomes **ag** in front of a vowel:

Dyw cwningen ddim mor drwm â cheffyl.	*A rabbit is not as heavy as a horse*
Dyw Tom ddim mor fyr ag Elen.	*Tom is not as short as Elen.*

These are the irregular adjectives:

da → cystal â   Dyw'r tywydd ddim cystal â ddoe.
   The weather is not as good as yesterday.
drwg → cynddrwg â Mae e cynddrwg â phawb arall.
   He is as bad as everyone else.

mawr → cymaint â	**Dyw y Drenewydd ddim cymaint ag Abertawe**.
	Newtown is not as big as Swansea.
bach → cyn lleied â	**Dyw e ddim cynlleied â hynny.**
	It is not as small as that.

Exercise 6

Read the two paragraphs that follow and then say whether the statements are true or false.

Aled James ydw i. Dw i'n dod o Gaerdydd ond dw i'n byw yn y gogledd nawr ym Mlaenau Ffestiniog. Hoffwn i symud yn ôl i'r de rhywbryd. Dw i'n dysgu mewn ysgol uwchradd. Dw i'n hoffi'r gwaith ond hoffwn i ddysgu mewn ysgol fwy. Dw i'n dri deg tair blwydd oed. Roeddwn i'n briod am ddeg mlynedd ond dw i wedi cael ysgariad nawr. Does dim plant 'da fi. Mae un brawd 'da fi, Siôn, sy'n bedwar deg mlwydd oed, ac un chwaer, Alys, sy'n ddau ddeg wyth mlwydd oed.

Mair Williams ydw i. Dw i'n dod o Lanrwst ond dw i'n byw yn y gorllewin nawr yn Nhregaron. Hoffwn i symud yn ôl i'r gogledd rhywbryd. Dw i'n gweithio mewn swyddfa yn Aberystwyth. Dw i'n casáu'r gwaith ac mae'n undonog iawn a hoffwn i gael swydd sy'n talu'n fwy a gweithio oriau llai. Dw i'n bedwar deg naw mlwydd oed. Dw i'n briod ers dau ddeg pum mlynedd ac mae tri o blant 'da fi. Mae dau frawd 'da fi, Steffan, sy'n bum deg pump, a Rhys sy'n bum deg tair, ac un chwaer, Glenys, sy'n bum deg un mlwydd oed.

1 Dyw Aled ddim mor hen â Mair.
2 Mae mwy o frodyr 'da Aled na Mair.
3 Mae Aled yn byw yn bellach i'r gogledd na Mair.
4 Dyw Mair ddim mor hapus ag Aled yn y gwaith.
5 Dyw chwaer Mair ddim mor hen â chwaer Aled.

Important dates in the Welsh calendar

Ionawr y Cynta'	Dydd Calan	New Year's Day
Y pumed ar hugain o fis Ionawr	Dydd Santes Dwynwen	Saint Dwynwen's Day
Y cynta' o fis Mawrth	Dydd Gŵyl Dewi	Saint David's Day
Yr unfed ar bymtheg o fis Medi	Dydd Owain Glyndŵr	Owain Glyndŵr's Day
Yr unfed ar ddeg ar hugain o fis Hydref	Calan Gaea'	Hallowe'en
Yr unfed ar ddeg o fis Rhagfyr	Dydd Llywelyn yr Ail	Llywelyn II's Day
Y pumed ar hugain o fis Rhagfyr	Dydd Nadolig	Christmas Day
Y chweched ar hugain o fis Rhagfyr	Gŵyl San Steffan	Boxing Day
Yr unfed ar ddeg ar hugain o fis Rhagfyr	Nos Galan	New Year's Eve

Factfile: Seasonal celebrations in Wales

On **Dydd Calan** (New Year's Day) in Wales, children walk from house to house collecting **calennig**, a small New Year's gift. The children recite a rhyme wishing the householders well and in exchange they receive money.

Dydd Owain Glyndŵr commemorates the last prince of Wales to have held an independent parliament, Owain Glyndŵr. He led an uprising against the English in 1400. In 1404, he summoned a Welsh parliament at Machynlleth, which was named the capital of an independent Wales. He held subsequent parliaments in Dolgellau and Harlech. But the tide turned against him from 1407 onwards and the rebellion ended in 1413. There is no record of Owain Glyndŵr after 1415; like Arthur and other legendary heroes, he disappeared.

Dydd Llywelyn yr Ail commemorates Llywelyn ap Gruffudd, who was proclaimed Prince of Wales in 1258 and who succeeded in uniting most of the country. His defeat and death in 1282 meant an end to an independent Wales and the beginning of English rule.

Can you now do the following?	Yes	No	If not, go to page
Ask someone when their birthday is			163
Give your date of birth			164
Give the date			164, 165, 166
Give a greeting for a particular time of year			168
Congratulate someone			168
Sympathise with someone			169
Send best wishes in writing			169

14 TREFNU'CH GWYLIAU
Arranging your holiday

In this unit you will learn how to:

■ book a journey
■ talk about future events
■ book a holiday
■ write letters in Welsh

Deialog 1

Jayne has succeeded in saving enough money for a trip to Ireland and goes to the travel agent to arrange the journey.

Jayne Bydda i'n gorffen y cwrs Cymraeg mewn tair wythnos a hoffwn i fynd i Iwerddon am bythefnos wedyn. Dw i erioed wedi bod i'r wlad lle cafodd fy hen hen fam-gu ei geni.

Asiant teithio Mae Iwerddon yn wlad hardd iawn, ac mae'n ddigon rhwydd ei chyrraedd o Gymru. Pryd yn union byddwch chi eisiau mynd?

Jayne Bydd y cwrs yn gorffen ar yr ugeinfed o fis Medi felly bydda i'n rhydd ar ôl hynny.

Asiant teithio Fyddwch chi eisiau teithio mewn awyren neu ar long?

Jayne Mae'n gas 'da fi deithio ar y môr, ond dw i wedi arfer â mynd mewn awyrennau. Fydd hi'n bosibl cael awyren o Gaerdydd, neu fydd rhaid i fi deithio ymhellach?

Asiant teithio Gallwch chi fynd o Gaerdydd i Ddulyn, maen nhw'n hedfan yn rheolaidd yno.

Jayne Faint bydd y daith yn ei chostio?

Asiant teithio	Naw deg o bunnau.
Jayne	Da iawn. Alla i brynu'r tocyn yma?
Asiant teithio	Gallwch. Faint o'r gloch byddwch chi eisiau gadael Caerdydd ac ar ba ddydd?
Jayne	Tuag amser cinio ar yr unfed ar hugain. Byddwn ni'n gorffen dysgu amser te ar yr ugeinfed a galla i fynd i lawr i Gaerdydd ac aros dros nos mewn gwesty.

1 Has Jayne been to Ireland before?
2 What reason does Jayne give for travelling by plane?
3 On what date will Jayne be travelling?

hen hen fam-gu (f.) *great great grandmother*	**ymhellach** *further*
rhwydd *easy*	**Dulyn** *Dublin*
	tua (AM) *about, approximately*

Points to notice

■ In Deialog 1, you will see further examples of the future tense of the verb-noun **gallu**:

galla i	*I can*
gelli di	*you can* (fam.)
gall e/hi	*he/she can*
gallwn ni	*we can*
gallwch chi	*you can* (fam.)
gallan nhw	*they can*
Gallan nhw ei wneud e yfory.	*They can do it tomorrow.*

■ As with all verbs in Welsh, the question and negative forms mutate softly:

Allwn ni fynd?	*Can we go?*
Allan nhw ddim aros.	*They can't stay.*

■ Also in Deialog 1 you will see examples of the future tense of the verb-noun **bod**. Here are the forms:

bydda i	*I will be*
byddi di	*you will be* (fam.)

bydd e/hi	*he/she will be*
byddwn ni	*we will be*
byddwch chi	*you will be*
byddan nhw	*they will be*

■ Once again there is a soft mutation on question and negative forms:

Fyddwch chi'n mynd yn y car?   *Will you be going in the car?*

Fyddan nhw ddim yn hapus.   *They will not be happy.*

■ Questions are answered with the appropriate form of the person without the accompanying pronoun: **Fydd e'n iawn? Bydd**.

An answer is made negative by **na** which is followed by a soft mutation: **Fyddan nhw yno? Na fyddan**.

Exercise 1

You have just planned a weekend away with your friends. Your work colleague, Ioan, is eager to find out more. Answer his questions.

Ioan   I ble byddi di'n mynd 'te?
Chi   *Tell him you're going to Dublin.*
Ioan   Pryd byddi di'n mynd?
Chi   *Tell him you will be going in a fortnight.*
Ioan   Fyddi di'n mynd wrth dy hunan?
Chi   *Tell him no, you will be going with your best friend and two other friends who work in Bangor.*
Ioan   Am faint byddwch chi'n mynd?
Chi   *Tell him we are going for a weekend. Say, 'We will be leaving from Holyhead on Friday evening and coming back to Wales on Monday morning'.*
Ioan   Ble byddwch chi'n aros?
Chi   *Say, 'We will be staying in a hostel (hostel) outside Dublin'.*
Ioan   Wyt ti'n edrych ymlaen at y daith?
Chi   *Tell him yes, you can't wait for Friday.*

Deialog 2

 Mrs Williams has phoned a hotel to arrange a short stay there. Listen to the tape before reading the dialogue. After listening to the tape a few times answer the following questions.

Derbynydd	Bore da, Gwesty'r Castell.
Mrs Williams	Bore da, bydda i yn yr ardal ar fusnes yr wythnos nesa' a dw i'n ffonio i weld a oes ystafell ar gael.
Derbynydd	Pryd yn union hoffech chi gael ystafell?
Mrs Williams	Bydd eisiau ystafell am ddwy noson, bydda i'n cyrraedd ar y pymthegfed ac yn gadael ar yr ail ar bymtheg ar ôl brecwast.
Derbynydd	Ystafell sengl byddwch chi ei heisiau?
Mrs Williams	Ie, a hoffwn i gael teledu yn yr ystafell ac ystafell ymolchi.
Derbynydd	Mae teledu ymhob un o'n hystafelloedd. Mae ystafell rydd 'da ni. Fyddwch chi eisiau pryd gyda'r nos?
Mrs Williams	Bydda, ar yr pymthegfed a'r unfed ar bymtheg.
Derbynydd	Pris yr ystafell yw pedwar deg punt ac mae hynny'n cynnwys brecwast. Cost cinio gyda'r nos yw un deg naw punt.
Mrs Williams	Oes maes parcio 'da'r gwesty?
Derbynydd	Oes. Os oes car 'da chi, gallwch ddefnyddio'n garej ni hefyd.
Mrs Williams	Da iawn, allwch chi gadw ystafell i fi, os gwelwch yn dda?
Derbynydd	Galla, ga' i'ch enw llawn chi, os gwelwch yn dda.

1 How many nights does Mrs Williams hope to stay?
2 Will she have a television in her room?
3 How much does the evening meal cost?

---

derbynydd (m.) **-ion** *receptionist*   **gyda'r nos** *in the evening*
busnes (m.) **-au** *business*   **cynnwys** *to include*
a (SM) *whether*   **cadw ystafell** *to reserve a room*
ar gael *available*
ystafell ymolchi (f.) **ystafelloedd**
  ymolchi *bathroom*

Points to notice

■ **a** (SM) (*whether*) is often omitted in everyday speech but the mutation it causes remains:

Dw i ddim yn siŵr eto a fydd cyfarfod heno. *I'm not sure yet whether there will be a meeting tonight.*

Dw i ddim yn siŵr eto fydd cyfarfod heno.

■ **os oes car 'da chi**. In the present tense, **os** is followed by either **ydy/yw** or **oes**. **Oes** is used with indefinite nouns and **ydy/yw** with definite nouns:

os yw'r car 'da chi	*if you have the car*
os yw car eich tad 'da chi	*if you have your father's car*
os oes car 'da chi	*if you have a car*

The forms after the imperfect and future are **os oedd** and **os bydd**. **Os bydd** is often used where you would use the present tense in English:

Os bydd hi'n braf, bydd pawb yn mynd i'r traeth. *If it is fine (will be fine), everyone will go to the seaside.*

Exercise 2

Connect the correct halves of these sentences together.

1 Os bydd hi'n stormus
2 Os bydd Ceri'n gyrru
3 Os byddwch chi'n rhedeg bob dydd
4 Os byddan nhw'n yfed 10 peint o lager
5 Os bydda i'n siarad Cymraeg bob dydd
6 Os byddwch chi yn yr ardal
7 Os bydd diwrnod rhydd 'da fi

bydda i'n rhugl cyn hir.
bydda i'n mynd i lan y môr.
byddwch chi'n heini.

dewch am goffi.

bydda i yn y tŷ trwy'r dydd.

byddan nhw'n cysgu'n sownd.
fydd Tom a Matthew ddim yn mynd.

Exercise 3

When you thoroughly understand Deialog 2, read the following
statements and say whether each is true or false.

1 Mae Mrs Williams yn dod i'r ardal ar wyliau.
2 Bydd hi'n cael cinio yn y gwesty yn y nos ar yr ail ar bymtheg.
3 Mae hi'n aros wrth ei hunan yn y gwesty.
4 Bydd bil Mrs Williams yn saith deg wyth punt.

1 Asking for a room

Dyn ni'n chwilio am westy am y penwythnos.	*We are looking for a hotel for the weekend.*
Oes lle 'da chi ar ôl?	*Do you any vacancies?*
Oes carafán 'da chi ar gyfer teulu o bump?	*Do you have a caravan for a family of five?*
Dyn ni'n chwilio am ystafell ddwbl.	*We are looking for a double room.*
Dw i eisiau ystafell sydd â golygfa o'r môr.	*I want a room with a sea view.*
Dyn ni eisiau ystafell ar gyfer dau oedolyn a babi.	*We want a room for two adults and a baby.*

2 Asking for details

Ydy trydan yn gynwysiedig yn y pris?	*Is electricity included in the price?*
Erbyn pryd bydd rhaid i ni adael yr ystafell?	*By what time will we have to leave the room?*
Ydy cŵn yn cael mynd i mewn i'r ystafelloedd?	*Are dogs allowed in the rooms?*
Oes cyfleusterau gwarchod plant ar gael?	*Are there childminding facilities?*
Faint o'r gloch mae'r drysau'n cau yn y nos?	*What time do the doors close at night?*
Faint yw'r blaendal?	*How much is the deposit?*
Oes modd llogi'r bwthyn am ddeg diwrnod?	*Is it possible to rent the cottage for ten days?*

| Fydd rhaid i fi brynu nwy ar ben hynny? | *Will I have to buy gas on top of that?* |
| Gwelais i eich hysbyseb yn y papur. | *I saw your advertisement in the paper.* |

lle (m.) **-oedd** *room*
ar gyfer *for*
golygfa (f.) **golygfeydd** *view*
cynwysiedig *included*
gwarchod (gwarchod-) *to babysit, to guard*
cau (cae-) *to close*

blaendal (m.) **-iadau** *deposit*
llogi (llog-) *to hire, to book*
bwthyn (m.) **bythynnod** *cottage*
nwy (m.) **-on** *gas*
trydan (m.) *electricity*

Exercise 4

Listen to the tape. Aled has phoned Mr Jones to book a holiday. Choose the correct answer from the options given.

1 Aled is phoning to arrange a) a seaside holiday b) a golfing holiday c) a caravaning holiday
2 There will be a) 5 people b) only himself c) 2 adults and a child on the holiday
3 Aled has a) a big car b) a dog c) a tent
4 His holiday will be from a) July 22–July 29 b) August 6–August 13 c) March 12–March 26
5 The holiday will cost a) £790 b) £400 c) £310
6 He has to a) write to confirm the booking b) change the dates c) buy holiday insurance

Exercise 5

Read the advertisements and say whether the statements that follow are true or false.

Gwersyll Sŵn y Môr

Gwersyll hardd mewn 50 erw o goed. Mae cawodydd, siop, caffi ac ystafell gêmau ar y safle. Gall y carafannau moethus gysgu 4/8. Mae'r gwersyll gyferbyn â'r traeth ac mae bws i'r dre' bob hanner awr.

Pabell £5.00 y noson

Carafán £10.00 y noson

Carafán sefydlog £190 yr wythnos.

Fferm Troedyrhiw

Ffermdy cysurus mewn 100 erw wrth droed y mynydd. Gallwch chi wylio'r teulu wrth eu gwaith a helpu i fwydo'r anifeiliaid a godro Bess y fuwch.

Mae lle i 7 o bobl aros ac mae lolfa ac ystafell ymolchi ar gyfer gwesteion. Mae'n bosib merlota o'r fferm a physgota ar yr afon. Mae'n bosib archebu pryd o fwyd cartre' gydar'r nos.

Gwely a brecwast £16.00 y noson.

Plas Pontfechan

Mae golygfa fendigedig o'r môr o'r rhan fwya' o ystafelloedd y gwesty moethus pum seren 'ma. Mae ystafelloedd sengl, dwbl a theulu ar gael â theledu lliw, a chyfleusterau gwneud te a choffi ymhob ystafell. Mae gan bob ystafell ei hystafell ymolchi ei hunan ac mae cyfleusterau i'r anabl. Mae adloniant gyda'r nos ac mae grwpiau byw yn canu bob nos Wener. Mae bwyty ardderchog yn y gwesty lle gallwch chi fwyta gyda'r nos.

Pris: £60.00 y noson.

Hafdre

Bwthyn hunan-arlwyol ar gyfer 6 o bobl. Mewn ardal dawel a chymuned naturiol Gymraeg. Tair milltir o'r pentre'. Cegin fawr â stôf nwy. Lolfa gyda theledu lliw a fideo. Cyfleusterau pysgota a merlota gerllaw.

£290 yr wythnos.

gwersyll (m.) -oedd   *camp site*
erw (f.) -au   *acre*
safle (m.) -oedd   *site*
moethus   *luxurious, luxury*
sefydlog   *static*
ffermdy (m.) ffermdai   *farmhouse*
bwydo (bwyd-)   *to feed*
godro (godr-)   *to milk*
buwch (f.) buchod   *cow*
lolfa (f.) lolfeydd   *lounge*
gwestai (m.) gwesteion   *guest*

pysgota (pysgot-)   *to fish*
y rhan fwya'   *most*
adloniant (m.) adloniannau
   entertainment
byw   *live*
hunan-arlwyol   *self-catering*
cymuned (f.) -au   *community*
cegin (f.) -au   *kitchen*
â (AM)   *with*
milltir (f.) -oedd   *mile*

1 Mae'n ddrutach aros yn Fferm Troedyrhiw am chwe noson nac i aros ym Mhlas Pontfechan am chwe noson.
2 Mae ystafell ymolchi gan bob ystafell ym Mhlas Pontfechan.
3 Mae Fferm Troedyrhiw ar bwys y môr.

4 Mae Hafdre ynghanol pentre'.
5 Mae'n bosib i deulu aros yn yr un ystafell ym Mhlas Pontfechan.
6 Mae'n bosib archebu pryd o fwyd gyda'r nos yn Hafdre.
7 Mae rhaid mynd i'r dre' i brynu bwyd yng ngwersyll Swn y Môr.

3 Writing to book a holiday

Hoffwn i gael manylion am   *I would like to have details*
   y safle carafannau.   *about the caravan site.*
Wnewch chi anfon manylion   *Will you send me details?*
   ata i?
Amgaeaf flaendal o ...   *I enclose a deposit of ...*
llety llawn   *full board*
yn gywir   *yours sincerely,*
                                          yours faithfully

Exercise 6

Write your own letter booking a holiday replacing the underlined
words in the letter. You thank the letter writer for the details for
his/her bed and breakfast which came yesterday morning. Ask
him/her to reserve you a family room for your wife and you and
your two daughters. You will be staying five days, from September
3 until September 8. You would like the hotel owner to arrange bed
and breakfast and an evening meal. You enclose a deposit of £50.

                                                      Mr J Powell
                                              34, Stryd y Bont
                                                      Llandewi
                                                       Gwynedd
                                               30 Mawrth 1999

Annwyl Syr/Fadam,
Diolch am y manylion am eich <u>gwesty</u> a ddaeth <u>y bore 'ma</u>.
Hoffwn i i chi gadw <u>un ystafell ddwbl ar gyfer fy ngwraig</u>
<u>a fi ac un ystafell sengl ar gyfer ein mab</u>. Byddwn ni'n
aros <u>tair noson</u>, o 19 Ebrill—21 Ebrill a byddwn ni'n mynd
ar ôl brecwast ar yr ail ar hugain.
Hoffwn i i chi drefnu <u>llety llawn</u> i ni.
Amgaeaf flaendal o <u>gan punt</u>.
Yn gywir

James Powell

Points to notice

■ **Yn gywir** is the usual way to end a formal letter. If you are writing an informal letter, you would write **cofion**.

Deialog 3

Tom has an apology to make to Elen.

Tom   Efallai y bydda i'n hwyr i'r dosbarth bore yfory, achos os bydd y tywydd yn braf, bydda i'n mynd i'r parti 'na ar y traeth gyda Matthew heno.

Elen   Tom! Roeddwn i'n meddwl eich bod chi'n llawer rhy barchus i wneud rhywbeth fel hynny.

Tom   Fydda i ddim yn gwneud dim byd gwirion, a fydd Matthew ddim chwaith os bydda i 'na i gadw llygad arno fe.

Jayne Sut byddwch chi'n cyrraedd?

Tom   Byddwn ni'n mynd yng nghar Ceri.

Jayne Fyddwch chi'n yfed?

Tom   Bydda, bydd hi'n ddigon diogel i fi gael shandi neu ddau.

1 Why might Tom be late for class tomorrow?
2 How is he getting there?
3 Is he going to drink anything?

parchus *respectable*	**chwaith** *either*
gwirion *silly*	**diogel** *safe*

Deialog 4

Elen remembers that Tom and Matthew have been to a party and is keen to find out how it went.

Elen   Wel, sut aeth y parti neithiwr?

Matthew Roedd y parti'n wych, ond cawson ni daith erchyll. Fydda i byth yn gofyn i Ceri am lifft eto. Dw i erioed wedi gweld y fath yrru gwallgof yn fy myw. Roeddwn i'n falch iawn pan gyrhaeddon ni'n ddiogel heb gael ein stopio gan yr heddlu neu heb gael damwain. Roedd Ceri'n gyrru fel cath i gythraul.

Tom Dyna'r tro ola' i fi gael lifft gyda Ceri hefyd ond peidiwch â phoeni Matthew, bydd fy nghar i wedi cael ei drwsio erbyn y penwythnos. Byddwn ni'n gallu mynd i unrhywle byddwn ni ei eisiau heb ddibynnu ar Ceri byth eto.

1 Did Tom and Matthew enjoy the party?
2 What does Matthew say he will never do again?
3 Why will Tom and Matthew not need to ask Ceri for a lift again?

---

y fath (SM) *such* **gwallgof** *insane*	**fel cath i gythraul** *like a bat out of hell*

Points to notice

■ **Ola'** and **diwetha'**. There are two words for last. **Diwetha'** is used in the sense of the last in a list: **doedd dim lle y tro diwetha'**, *there was no room last time;* whereas **ola'** is used in the sense of final: **yr wythnos ola' ym mis Awst**, *the (last) final week in August.*

Deialog 5

Jayne, Matthew and Tom are talking to each other and come to an important decision.

Matthew Dw i a Tom wedi penderfynu galw 'ti' ar ein gilydd o hyn ymlaen.

Tom Dyn ni'n nabod ein gilydd ers tipyn erbyn hyn, dyn ni wedi gofyn cymaint o gwestiynau i'n gilydd yn y dosbarth fel fy mod i'n teimlo fel taswn i'n eich nabod chi a Matthew tu chwith allan.

Jayne Dw i'n teimlo yr un peth. Beth am i ni i gyd ddechrau defnyddio 'ti'?

Matthew Syniad da. Ti amdani 'te. Beth am ddiod fach i ddathlu?

1 What is the decision?
2 Why does Tom feel that he knows Matthew and Jayne very well?
3 What does Matthew suggest doing?

fel taswn i *as if I*	**ti amdani 'te** *'ti' it is then*
tu chwith allan *inside out*	

Factfile: The national parks of Wales

There are three national parks in Wales, namely the Snowdonia National Park, the Pembrokeshire Coast National Park and the Brecon Beacons National Park.

Snowdon (**Yr Wyddfa***)* itself is 3,650 ft high and is the highest mountain in Wales. Within the Snowdonia National Park there are many pretty villages such as Betws-y-Coed, spectacular waterfalls such as the Swallow Falls and lakes such as Llyn Tegid near Bala, the largest natural lake in Wales.

The Pembrokeshire Coast National Park includes the Pembrokeshire Coastal Path which is over 180 miles in length. Inland from the coast, the northern end of the Park includes the Preseli Hills whose famous bluestones are believed to have been used to build the inner ring of Stonehenge.

The third national park, the Brecon Beacons National Park contains the highest mountain in South Wales, namely **Pen Y Fan** at 2,907ft. Places of interest include Carreg Cennen Castle, near Llandeilo, the cathedral town of Brecon and Hay-on-Wye, the 'town of books', which has over 30 second-hand book shops.

Can you now do the following?	Yes	No	If not, go to page
Talk about the future			175
Book a room in a hotel			178
Ask about details of a hotel room			178
Write a letter confirming your booking			181

15 AIFF HI YN DY LE DI YFORY
She'll go instead of you tomorrow

In this unit you will learn how to:

■ use the future tense of the irregular verbs
■ use simple prepositions with various verbs
■ use a variety of prepositions consisting of more than one element such as **yn lle**

Deialog 1

Elen is considering taking her class to visit the National Botanical Gardens of Wales and telephones the Gardens for further information.

Elen   Bore da, roeddwn i'n meddwl dod â grŵp o ddysgwyr Cymraeg i'r Gerddi Botaneg. Fyddai'n bosib i rywun fynd â ni o gwmpas y lle?

Swyddog   Wrth gwrs, â phleser. Mae digon o bethau diddorol i'w gwneud yma. Af i â chi i'r tŷ gwydr yn gynta', y tŷ gwydr 'ma yw'r un mwya' yn Ewrop. Wedyn, cewch chi gyfle i weld planhigion o bob man yn y byd ac i ddarllen rhywbeth amdanyn nhw. Wedyn awn ni i weld rhai o'r gerddi gwahanol tu allan a dweda i dipyn amdanyn nhw.

Elen   Dw i wedi clywed bod arddangosfa 'da chi sy'n ymwneud â gwaith Meddygon Myddfai. Dyn ni wedi gwneud llawer o waith arnyn nhw yn y dosbarth.

Swyddog   Oes, mae gardd 'da ni lle dyn ni'n tyfu llawer o berlysiau, yr un perlysiau oedd yng ngherddi Rhiwallon a'i feibion. Ceisiwch ymweld â Myddfai pan ddewch chi i'r gerddi. Mae'n bentre', bach hyfryd ag eglwys hen iawn.

Elen   Wnewch chi anfon pecyn o wybodaeth ar y gerddi ata
              i? Hoffwn i ddangos y pamffledi i fy nosbarth a gofyn
              iddyn nhw am eu barn.
Swyddog   Wrth gwrs, ga' i eich cyfeiriad felly?

1 Why is the Glasshouse particularly significant?
2 Why is Elen interested in the Physicians of Myddfai?
3 Does she arrange to visit the Gardens?

tŷ gwydr (m.) **tai gwydr** *greenhouse*	**ymwneud â** (AM) *to pertain to*
planhigyn (m.) **planhigion** *plant*	**perlysieuyn** (m.) **perlysiau** *herbs*
pob man *everywhere*	**pecyn** (m.) **-nau** *package*
arddangosfa (f.) *exhibition*	**gwybodaeth** (f.) *information*
	dangos (dangos-) *to show*

Points to notice

■ In Unit 14 you learnt the future tense of regular verbs in Welsh.
Deialog 1 has examples of the irregular verbs which are listed
in full in the following table. As you can see, **mynd**, **gwneud**
and **cael** follow a similar pattern, while **dod** is slightly
different:

Mynd	Gwneud	Cael	Dod
af i	gwnaf i	ca' i	dof i
ei di	gwnei di	cei di	doi di
aiff e/hi	gwnaiff e/hi	caiff e/hi	daw e/hi
awn ni	gwnawn ni	cawn ni	down ni
ewch chi	gwnewch chi	cewch chi	dewch chi
ân nhw	gwnân nhw	cân nhw	dôn nhw

■ Once again question forms are expressed by using the
appropriate soft mutation on the verb where applicable.

Wnaiff e'r swper heno?	*Will he make the supper* *tonight?*
Gawn ni fynd i'r parti **nos yfory?**	*May we go to the party* *tomorrow night?*
Ddôn nhw cyn y Nadolig?	*Will they come before* *Christmas?*

■ As in the past tense, **dod** and **gwneud** mutate softly in the negative, whereas **cael**, like all other verb-nouns beginning with 't', 'c' or 'p', takes the aspirate mutation:

Chaiff e ddim amser heno.	*He won't get time tonight.*
Ddown ni ddim i'r	*We won't come to the*
cyngerdd nawr.	*concert now.*

■ Questions are answered with the appropriate form of the person without the accompanying pronoun. Note the soft mutation in the negative in the case of **gwneud** and **dod** and the aspirate in the case of **cael**:

Wnaiff e'r gwaith?	*Will he do the work?*
Gwnaiff/na wnaiff.	*Yes, he will/no, he won't.*
Ddôn nhw yn ôl?	*Will they come back?*
Dôn/na ddôn.	*Yes, they will come/no, they won't come.*
Ga' i fynd?	*May I go?*
Cewch/na chewch.	*Yes, you may/no, you may not.*

1 Dw i wedi bod yn meddwl amdanoch chi
I've been thinking about you

Deialog 1 contains a number of prepositions, including some which you are already familiar with such as **i**, **o**, and **ar**. **Am** declines in a similar way to **ar**:

amdana i	amdanon ni
amdanat ti	amdanoch chi
amdano fe	amdanyn nhw
amdani hi	

It is used to mean 'about', in the sense of 'concerning' or 'regarding', after a variety of verbs:

Meddwl:	**Dw i wedi bod yn meddwl amdanyn nhw.**	*I've been thinking about them.*
Siarad:	**Roedd e'n siarad am y parti am wythnosau.**	*He was talking about the party for weeks.*
Poeni:	**Peidiwch â phoeni amdanyn nhw.**	*Don't worry about them.*
Holi:	**Mae e wedi bod yn holi amdanon ni.**	*He has been inquiring about us.*
Clywed:	**Wyt ti wedi clywed amdano fe?**	*Have you heard about him?*
Breuddwyddio:		
	Bues i'n breuddwydio amdani hi neithiwr.	*I was dreaming about her last night.*
Anghofio:	**Roedd e wedi anghofio popeth amdanat ti.**	*He had forgotten everything about you.*

With other verbs **am** usually corresponds to 'for':

Chwilio:	**Chwilian nhw amdano fe yfory.**	*They will look for him tomorow.*
Aros:	**Roedd rhaid i fi aros am wythnos amdanyn nhw.**	*I had to wait for a week for them.*
Galw:	**Cewch chi alw amdani hi.**	*You may call for her.*
Gofalu:	**Mae e wedi bod yn gofalu amdani hi.**	*He has been looking after her.*

Exercise 1

Fill in the blanks using the correct form of **am**.

1 Bydd rhaid i fi feddwl _____ fe.
2 Clywais i ei fod wedi bod yn siarad _____ i.
3 Daeth e i'r swyddfa i holi _____ chi.
4 Dyna'r fenyw a oedd yn gofalu _____ ni pan oedden ni'n fach.
5 Dw i'n siŵr y bydda i'n breuddwydio _____ nhw yn fy nghwsg.
6 Bydd e wedi anghofio _____ ti erbyn hyn.
7 Dwedodd e y byddai fe'n aros _____ ni wrth y sgwâr.

2 Ysgrifenna i atoch chi yn fuan
I'll write to you soon

At is another preposition which follows the same pattern as **ar** and **am**:

ata i	**aton ni**
atat ti	**atoch chi**
ato fe	**atyn nhw**
ati hi	

It is generally used in the sense of 'to/towards' as with the following verbs:

Ysgrifennu:	**Ysgrifenna i atoch chi cyn hir.**	*I'll write to you before long.*
Mynd:	**Bydd yr arian yn mynd at y capel.**	*The money will go towards the chapel.*
Edrych ymlaen:	**Mae'r plant yn edrych ymlaen at y parti.**	*The children are looking forward to the party.*
Synnu:	**Mae pawb yn synnu aton ni.**	*Everyone is surprised at us.*
Dal:	**Daliwch ati!**	*Keep at it!*
Apelio:	**Dyw hynny ddim yn apelio ata i.**	*That doesn't appeal to me.*

Remember that in Deialog 1 Elen asks for information to be sent to her. Note that to send to a person is **anfon at**, but that **anfon i** is used when sending to a place:

Anfonwch y manylion ata i yfory.	*Send me the details tomorrow.*
Anfonodd e'r llythyr i'r adeilad anghywir.	*He sent the letter to the wrong building.*

---

anghywir *wrong, incorrect*

Exercise 2

You work in a small local library. Your line manager (**rheolwr**) is checking up on you at the end of a busy day. Can you say your part of the conversation in Welsh?

Rheolwr Dych chi wedi ysgrifennu at bawb ar y rhestr?
Chi   *Yes, I have written to all of them.*
Rheolwr Da iawn. Dych chi wedi anfon copi i'r Llyfrgell yng Nghaerfyrddin?
Chi   *Yes, and I've sent the letter to Mrs Roberts.*
Rheolwr Mae arni hi lawer o arian i'r Llyfrgell.
Chi   *I know. She's worried about it.*
Rheolwr Wel siaradwn ni'n fwy am y sefyllfa yfory. Nos da nawr.
Chi   *Her other letters are in the cupboard. I'll look for them tomorrow.*

rhestr (f.) **-i** *list*	**sefyllfa** (f.) **-oedd** *situation*

3 Dw i'n ymddiried ynddot ti *I trust you*

A limited number of verbs are followed by **yn** (*in*) which also declines:

ynddo i (*in me*)	**ynddon ni**
ynddot ti	**ynddoch chi**
ynddo fe	**ynddyn nhw**
ynddi hi	

Ymddiried:	**Dw i'n ymddiried ynddoch chi.**	*I trust you.*
Cydio:	**Cydiodd e yn y bag.**	*He took hold of the bag.*
Credu:	**Roedd hi'n anodd credu ynddyn nhw.**	*It was difficult to believe them.*
Gafael:	**Gafaelais i ynddi hi.**	*I grasped it.*

4 Dw i wedi dweud wrthot ti unwaith!
I've told you once!

As you saw in Unit 8, the verb-noun **dweud** is followed by the preposition **wrth** and means to tell to. Other verbs which are followed by **wrth** include:

Glynu:	**Mae e'n glynu wrth ei stori.**	*He is sticking to his story.*
Cyfaddef:	**Bydd rhaid iddi hi gyfaddef wrthon ni.**	*She will have to admit to us.*
Clymu:	**Clymon ni'r ceffylau wrthyn nhw.**	*We tied the horses to them.*

5 Dych chi ddim yn gallu ein stopio ni rhag mynd   *You can't stop us from going*

Rhag is a less commonly used preposition which also declines:

rhagddo i	**rhagddon ni**
rhagddot ti	**rhagddoch chi**
rhagddo fe	**rhagddyn nhw**
rhagddi hi	

It means 'from' when following verbs such as:

Stopio:	**Dych chi ddim yn gallu ei stopio e rhag mynd.**	*You can't stop him from going.*
Achub:	**Cawson nhw eu hachub rhag y tân.**	*They were saved from the fire.*
Rhybuddio:	**Mae rhaid i ti ei rhybuddio hi rhagddyn nhw.**	*You must warn her about them.*
Amddiffyn:	**Mae rhaid amddiffyn y tŷ rhag y dŵr.**	*The house must be protected from the water.*

Exercise 3

Rewrite the following sentences using the correct form of the preposition as shown in the example.

Chwiliais i *am y llyfr*. **Chwiliais i amdano fe.**

1 Cydiodd e *yn y bachgen*.
2 Roedd e wedi rhybuddio ni *rhag y plant*.
3 Dw i'n edrych ymlaen *at y cyngerdd*.
4 Mae'n anodd credu *yn y stori*.
5 Ydy e wedi apelio *at yr heddlu*?
6 Mae wedi cyfaddef *wrth yr athrawon*.
7 Gafaelodd *yn y ferch* a'i thaflu i'r llawr.
8 Roedd e'n breuddwydio *am y prawf*.

6 Dw i byth eisiau siarad â ti eto!

I don't want to speak to you ever again!

You have already met the preposition **â** on several occasions. Remember that it *never* declines. Other verbs that it follows include:

Ymladd â:	**Buodd Gareth yn ymladd â fe eto ddoe.**	*Gareth fought with him again yesterday.*
Cyffwrdd â:	**Doeddwn i ddim eisiau cyffwrdd â nhw.**	*I didn't want to touch them.*
Cymysgu â:	**Maen nhw'n poeni am gymysgu â ni.**	*They are worried about mixing with us.*

Deialog 2

Having received the brochures Elen discusses the Gardens with her class.

Elen	Wel, beth dych chi'n feddwl o'r gerddi ar ôl darllen y pamffledi? Mae'n hen bryd i ni gael trip arall dw i'n credu!
Jayne	Dof i gyda chi, mae'n edrych yn ddiddorol.
Matthew	Dof i hefyd. Gawn ni fynd y penwythnos 'ma?

Elen   Wel, mae rhaid i mi fynd i Gaerdydd eto dros y Sul,
              felly awn ni yr wythnos nesa' os yw pawb yn cytuno.
              Dych chi eisiau dod Tom?

Tom   Bues i yno llynedd gyda Chymdeithas Edward Llwyd,
              cyn iddyn nhw agor y lle yn iawn. Roedden nhw'n
              trefnu teithiau cerdded o gwmpas y safle i ddangos y
              datblygiadau diweddara'. Hoffwn i weld beth sy wedi
              cael ei wneud yno yn ystod y flwyddyn ddiwetha'.

Elen   Beth am fynd ddydd Mawrth nesa' 'te? Awn ni ar ôl i
              chi orffen yn y labordy iaith a down ni yn ôl erbyn
              amser swper. Ffonia i'r gerddi cyn cinio yfory.

1 What does Jayne think of the Gardens?
2 When does Matthew want to go?
3 Why is Tom particularly keen to see the Gardens?

---

hen bryd i *high time to*   **diweddara'** *latest*
cytuno (cytun-) *to agree*   **ar ôl i chi** *after you*
cyn iddyn nhw *before they*   **labordy iaith** (f.) **labordai iaith**
datblygiad (m.) **-au** *development*   *language laboratory*

Points to notice

■ A number of expressions of time are included in Deialog 2,
many of which you will already be familiar with. Do take
particular note of the following:

Past	Present	Future
ddoe	heddiw	yfory
bore ddoe	y bore 'ma	bore yfory
neithiwr	heno	nos yfory
yr wythnos diwetha'	yr wythnos 'ma	yr wythnos nesa'
llynedd	eleni	y flwyddyn nesa'

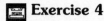 **Exercise 4**

Listen to the tape. Elen is going over a list of things she should have done during the last week. Certain things have not got done and she plans the following week with these in mind.

1 Did Elen go to see the doctor last week?
2 Did Elen return her library books?
3 Who is she intending to write to and when?
4 When is she going to phone the bus company?

Exercise 5

Read through or listen to Deialog 2 again and then answer the following questions in full sentences according to the example. Fydd Elen yn Llambed dros y Sul? **Na fydd, bydd hi yng Nghaerdydd dros y Sul**.

1 Ân nhw i'r gerddi ddydd Mercher?
2 Fuodd Tom yn y gerddi yr wythnos diwetha'?
3 Ân nhw yn syth ar ôl brecwast?
4 Gân nhw swper ar y ffordd yn ôl i'r coleg?
5 Fydd Elen yn ffonio'r gerddi brynhawn yfory?

 Deialog 3

The group arrive in the Gardens and are met by Geraint.

Geraint   Prynhawn da, Geraint ydw i, dw i'n mynd i fynd â chi o gwmpas y gerddi.
Elen   O, prynhawn da, roeddwn i'n disgwyl cwrdd â Leslie.
Geraint   Mae'r ffliw arno fe ar hyn o bryd mae arna i ofn, felly dw i yma yn ei le e.
Elen   Iawn, i ble awn ni gynta' 'te?
Geraint   Awn ni i'r tŷ gwydr. Mae llawer o bobl o gwmpas heddiw, felly peidiwch â chrwydro i ffwrdd os gwelwch yn dda.
Elen   Na wnawn. Ar eich ôl chi felly …
(They arrive at the greenhouse)
Geraint   Dyma ni. Cafodd y tŷ gwydr hardd yma ei gynllunio gan Syr Norman Foster. O'n cwmpas ni mae

planhigion o bob cornel o'r byd. Mae'r arddangosfa o'ch blaen chi yn disgrifio rôl y gwahanol blanhigion yn edrych ar ôl ein planed.

Matthew Beth rwyt ti'n feddwl o'r lle nawr Tom?

Tom Dw i'n falch bod Elen wedi trefnu'r daith yma ar ein cyfer ni. Maen nhw wedi gwneud llawer iawn o waith yma ers llynedd. Rhaid i fi ddweud wrth Glenys. Down ni yma eto cyn hir. Bydd hi wrth ei bodd.

1 Why is Leslie unable to meet them?
2 Is it a busy day at the Gardens?
3 What does the exhibition discuss?
4 Does Tom think his wife would enjoy a visit to the Gardens?

---

disgwyl (disgwyl-) *to expect*
crwydro (crwydr-) *to wander*

wrth ei bodd *in her element, delighted*

Points to notice

■ In all three dialogues in this unit you will have come across the compound preposition **o gwmpas**. A compound preposition is one that consists of two elements. As you have seen in earlier units in this course, **o** causes a soft mutation and therefore **cwmpas** becomes **gwmpas**.

---

7 Ga' i eistedd ar eich pwys chi?
May I sit beside you?

Compound prepositions are declined by placing personal pronouns in front of the second element:

ar bwys *near, beside*

ar fy mhwys i	*beside me, near me*	**ar ein pwys ni**	*beside us, near us*
ar dy bwys di	*beside you, near you*	**ar eich pwys chi**	*beside you, near you*
ar ei bwys e	*beside him, near him*	**ar eu pwys nhw**	*beside them, near them*

ar ei phwys hi *beside her, near her*

Ga' i eistedd ar ei phwys hi? *May I sit beside her?*
Dewch i eistedd ar fy mhwys i. *Come and sit beside me.*

8 Mae'r lle wedi cael ei gadw ar dy gyfer di.
The place has been kept for you.

Ar gyfer (*for*) can also mean 'in preparation for':

ar fy nghyfer i	*for me*	**ar ein cyfer ni**	*for us*
ar dy gyfer di	*for you*	**ar eich cyfer chi**	*for you*
ar ei gyfer e	*for him*	**ar eu cyfer nhw**	*for them*
ar ei chyfer hi	*for her*		

Mae'r parti ar ei chyfer hi. *The party is for her.*
Bydd rhaid i fi brynu llawer *I will have to buy lots of*
  o bethau ar gyfer y Nadolig. *things for Christmas.*

Exercise 6

Can you now say the following in Welsh?

1 No one came to sit beside her.
2 Will it be ready for them?
3 They were standing near us.
4 He did everything for you. (fam.)
5 When we arrived there was nothing for us.
6 Stand next to me!

9 Rhedon nhw ar eich ôl chi
They ran after you

Ar ôl means *after*:

ar fy ôl i	*after me*	**ar ein hôl ni**	*after us*
ar dy ôl di	*after you*	**ar eich ôl chi**	*after you*
ar ei ôl e	*after him*	**ar eu hôl nhw**	*after them*
ar ei hôl hi	*after her*		

Ar dy ôl di. *After you.*
Nage, ar eich ôl chi. *No, after you.*

10 Gwnes i fe er dy fwyn di *I did it for you*

Er mwyn means *for* or *for the sake of*:

er fy mwyn i	*for my sake*	**er ein mwyn ni**	*for our sake*
er dy fwyn di	*for your sake*	**er eich mwyn chi**	*for your sake*
er ei fwyn e	*for his sake*	**er eu mwyn nhw**	*for their sake*
er ei mwyn hi	*for her sake*		

Gwnes i fe er dy fwyn di.	*I did it for you.*
Gwnaeth e bopeth er mwyn	*He did everything for the sake*
y plant.	*of the children.*

Exercise 7

Answer according to the example given. Ydy e'n eistedd ar bwys y plant? (✓) **Ydy mae e'n eistedd ar eu pwys nhw.**

1 Brynaist ti ddillad newydd ar gyfer y briodas? (✗)
2 Oedd e wedi cyrraedd o flaen y lleill? (✓)
3 Wnaeth e fe er mwyn yr arian? (✓)
4 Ydy e'n byw ar bwys Janet? (✗)
5 Fydd lle ar eich cyfer chi? (✗)
6 Oedd Meri yn canu ar ôl y côr? (✓)

11 Mae e'n syth o'ch blaen chi
It is straight in front of you

O flaen means *in front, ahead*:

o fy mlaen i	*in front of me*	**o'n blaen ni**	*in front of us*
o dy flaen di	*in front of you*	**o'ch blaen chi**	*in front of you*
o'i flaen e	*in front of him*	**o'u blaen nhw**	*in front of them*
o'i blaen hi	*in front of her*		

Wyt ti'n gwybod beth sydd	*Do you know what's ahead*
o dy flaen di?	*of you?*
Pwy sy'n eistedd o'i flaen e?	*Who is sitting in front of him?*

12 Edrychwch ar bawb o'n cwmpas ni
Look at everyone around us

o fy nghwmpas i	*around me*	**o'n cwmpas ni**	*around us*
o dy gwmpas di	*around you*	**o' ch cwmpas chi**	*around you*
o'i gwmpas e	*around him*	**o'u cwmpas nhw**	*around them*
o'i chwmpas hi	*around her*		

Cerddais i o'i gwmpas e.   *I walked around it.*

13 Dw i'n teimlo bod pawb yn fy erbyn i
I feel everyone is against me

yn fy erbyn i	*against me*	**yn ein herbyn ni**	*against us*
yn dy erbyn di	*against you*	**yn eich erbyn chi**	*against you*
yn ei erbyn e	*against him*	**yn eu herbyn nhw**	*against them*
yn ei herbyn hi	*against her*		

**Mae e'n cystadlu yn ei
herbyn hi.**

He's competing against her.

**Roedd pawb yn eu
herbyn nhw.**

Everyone was against them.

14 Af i yn dy le di   *I'll go instead of you*

Yn lle is the preposition used to mean *in place of, instead of*:

yn fy lle i	*in my place,* *instead of me*	**yn ein lle ni**	*in our place,* *instead of us*
yn dy le di	*in your place,* *instead of you*	**yn eich lle chi**	*in your place,* *instead of you*
yn ei le e	*in his place,* *instead of him*	**yn eu lle nhw**	*in your place,* *instead of them*
yn ei lle hi	*in her place,* *instead of her*		

Ddaw neb yn ei le e.   *Nobody will come in his place.*
Daeth hi i ddysgu yn fy lle i.   *She came to teach in my place.*
**Hoffwn i ddim bod yn
dy le di.**

*I wouldn't like to be in your
place. (in your shoes)*

Exercise 8

Sara has won a great deal of money on the lottery and describes to her friend Pat how she has spent some of her winnings:

> Dw i wedi prynu tŷ mawr yn y wlad. Mae'r ty yn agos i lyn mawr ac mae digon o gaeau gwyrdd o'i gwmpas e i fy ngheffylau. Dw i wedi prynu car newydd yn lle fy Fiat bach. Dw i ddim yn gwybod beth sydd o fy mlaen i, felly dw i'n mynd i wario fy arian nawr.

Pat tells her partner Jeff all about Sara:

> Her new house is by a big lake. She has horses and there are enough fields around the house for them. She has sold her car and has bought a Porsche in its place. She says she doesn't know what's ahead of her, so she is going to spend her money now.

Can you say what she tells him in Welsh?

Exercise 9

Listen to Gaenor asking her friend Clare about her plans for the summer. After listening to the tape, answer the following questions.

1 For how long will Clare be going?
2 When will she go?
3 Why has she decided to go at that time?
4 To where will she go?
5 What will she do on her holidays?
6 Is she looking forward to her holidays?
7 With whom will she go?
8 How does Gaenor describe the city where Clare will stay?

Factfile: The National Botanic Garden of Wales

The National Botanic Garden of Wales opened in the year 2000. It is based in Llanarthne in Southern Camarthenshire. The main feature of the Garden is the domed Great Glasshouse which is the largest single-span glasshouse in Europe and contains a complete representation of the spectactular floras of the world. Linked to the glasshouse is the Bioverse, a hands-on interactive exhibition, designed to promote an understanding of plant life and an appreciation of the importance of plants to the world. Other special features of the Garden include a Genetic Garden which aims to raise public understanding of this controversial field. Another garden contains the herbs that were grown and used by the Physicians of Myddfai (see Unit 10) and an exhibition looks at their work within a world-wide context of traditional healing.

Can you now do the following?	Yes	No	If not, go to page
Use **am** and **at** with various verbs			187, 189
Use the prepositions **yn**, **wrth**, **rhag**, **â**			190, 191, 192
Say something happened, or will happen, at a particular time			193
Ask if you may sit beside someone			195
Use **ar gyfer**, **ar ôl**, **er mwyn**, **o flaen**, **yn lle** and **o gwmpas** in a sentence			196, 197, 198
Say that you feel that everyone is against you			198
Say that you wouldn't like to be in his place			198

16 YN Y BWYTY
In the restaurant

In this unit you will learn how to:

■ ask for things in a restaurant
■ give your opinion on the food you have eaten
■ talk in Welsh on the phone

Deialog 1

Elen, Jayne, Tom and Matthew decide to go for a meal in a local restaurant to celebrate the fact that Elen and her family have finally settled into their temporary home.

Elen   Mae'n braf dod allan ac anghofio'r holl bethau sy 'da fi i'w wneud yn y fflat newydd yng Nghaerdydd. Mae bocsys dros y lle i gyd a bydd rhaid i ni bacio popeth eto os cawn ni hyd i le yn y dyfodol agos. Mae'n neis iawn 'ma.

Matthew   Ydy. Mae'r awyrgylch yn gyfeillgar iawn. Gobeithio y bydd y bwyd yn dda.

Jayne   Beth am gael rhywbeth i'w yfed cyn edrych ar y fwydlen. Tala i am y rhain. Beth gymerwch chi?

Elen   Glasaid o sudd pînafal i fi, os gwelwch yn dda.

Tom   Beth am rywbeth cryfach, dych chi'n dathlu heno cofiwch. Mae'n well i fi gael sudd o ryw fath, mae'r car 'da fi.

Elen   Maen nhw'n gwerthu cwrw di-alcohol 'ma.

Tom   Ych a fi, mae'n gas 'da fi'r stwff 'na. Dw i'n credu y ca' i lasaid o sudd grawnffrwyth. Mae sudd pînafal yn rhy felys i fi.

Elen	Iawn, hanner seidr i fi 'te os gwelwch yn dda.
Jayne	Beth am bawb arall? Dw i'n credu y ca' i lasaid o win coch.
Matthew	Peint o chwerw, os gwelwch yn dda. Gobeithio bydd corgimychiaid 'da nhw. Dw i'n hoff iawn o fwyd y môr.

1 Why is Elen glad to be out?
2 Who is going to pay for the drinks?
3 Why is Tom drinking juice?

pacio (paci-) *to pack*	**di-alcohol** *non-alcoholic*
dyfodol *future*	**grawnffrwyth** (m.) **-au** *grapefruit*
awyrgylch (m.) **-oedd** *atmosphere*	**melys** *sweet*
bwydlen (f.) **-ni** *menu*	**corgimwch** (m.) **corgimychiaid**
pînafal (m.) **-au** *pineapple*	*prawn*
o ryw fath *of some sort*	

Points to notice

■ **glasaid o win coch**. When **-aid** is added on to a noun, it renders the meaning 'full of': **plataid o sglodion**, *a plateful of chips*, **llwyaid o sigwr**, *a spoonful of sugar*, **potelaid o laeth**, *a bottle of milk*, etc.

Exercise 1

Listen to the tape. Someone is placing an order at the bar. Which of these drinks listed do they order?

hanner peint o lager
peint o chwerw
peint o lager di-alcohol
wisgi mawr
brandi
peint o seidr sych
gwin gwyn
gwin coch
glasaid o sieri

Exercise 2

Look at the starter menu of the restaurant in which Elen and her class are eating. After reading through the menu, answer the questions that follow. You don't have to understand everything.

Bwydlen

Tafarn Cefn Hafod, Gorsgoch
01570 434480 neu 434238

SAIG GYNTAF

MADARCH MEWN GARLLEG:
Madarch ffres mewn saws garlleg a hufen gyda bara ffres
COCTÊL CORGIMWCH:
Corgimwch mewn 'mayonnaise' gyda salad a bara ffres
COCTÊL MELON A GRAWNWIN:
Peli o felon a hancesi o rawnwin wedi eu gorchuddio â gwin sinsir
CAWL:
Cawl traddodiadol Cymreig wedi ei weini â chaws a bara ffres
CEBAB BWYD Y MÔR:
Cebab pysgodyn gwyn a chorgimwch wedi ei weini â bara ffres a salad
SUDD FFRWYTHAU:
Sudd o'ch dewis – oren, pînafal, tomato neu rawnffrwyth
MAYONNAISE WY:
Wy wedi ei ferwi a'i weini gyda salad a bara ffres
PORC BARBECIW:
Asennau o borc wedi eu gweini ar salad gyda bara ffres

1 Which would you not choose if you wanted to avoid alcohol?
2 Which item would you choose if you wanted a traditional Welsh dish?
3 What choice would you have if you wanted sea food?
4 Which phrase corresponds to 'a juice of your choice'?

Deialog 2

The friends look at the menu and try to decide what to order.

Jayne   Gawn ni weld y fwydlen, os gwelwch yn dda? Diolch.

Elen   Dw i wedi penderfynu beth dw i ei eisiau am fy saig
gynta', y madarch mewn garlleg. Dw i'n dwlu ar
fadarch, yn enwedig rhai ffres.

Matthew Dw i'n mynd i fod yn draddodiadol am unwaith a
dewis y cawl. Bwyd Cymreig.

Tom   Dw i ddim eisiau dim byd mawr fel saig gynta', dw
i ddim eisiau bod yn rhy lawn fwyta y brif saig ond
dw i wedi cael sudd unwaith felly dw i'n credu ca'
i'r wy.

Jayne   Rhywbeth ysgafn dw i ei eisiau hefyd, y melon a
grawnwin i fi.

Tom   Pa fath o win gawn ni? P'un sy'n well 'da pawb, gwin
gwin neu win coch?

Elen   Mae'n well 'da fi win gwyn.

Tom   Gwin gwyn amdani 'te. Gawn ni weld y rhestr win, os
gwelwch yn dda?

1 Why does Tom decide on an egg for his starter?
2 What does Jayne decide to order?
3 What type of wine do they choose in the end?

---

saig (f.) seigiau   *course (of a meal)*   garlleg (m.) *garlic*
madarchen (f.) madarch   traddodiadol *traditional*
   mushroom   cawl (m.) -iau *soup*

Points to notice

■ **Cymreig** is an adjective used to describe things pertaining to
Wales whereas **Cymraeg** is used to describe objects in the
Welsh language:

llyfr Cymraeg   a book in Welsh
caws Cymreig   cheese made in Wales

Exercise 3

You are in a restaurant with your friend Siôn. You are discussing what to eat for your starter. Fill in your side of the dialogue.

Siôn Mae'n well i ni gael rhywbeth ysgafn i ddechrau, mae llawer o ddewis 'da nhw.

Chi *Say, you think you'll have the orange juice.*

Siôn Mae digon o sudd oren 'da ti yn yr oergell gartre', dylet ti ddewis rhywbeth na fyddet ti'n ei fwyta gartre. Dw i'n credu y ca' i'r madarch mewn garlleg.

Chi *Tell him you'll have the melon and grapefruit cocktail.*

Gweinydd Dych chi'n barod i archebu'r bwyd?

Chi *Say, yes, we are and may we have ... and then give the order, beginning with Siôn's order. Ask for two glasses of water and ask to see the wine menu please.*

---

oergell (f.) **-oedd** *fridge*

Deialog 3

The friends are chatting over their starter. Tom is worried that Matthew is taking his forthcoming interviews too lightly.

Tom Ond mae rhaid dy fod di wedi gwneud rhyw fath o baratoi Matthew. Elli di ddim cerdded i mewn i gyfweliad heb feddwl am beth rwyt ti eisiau ei ddweud ymlaen llaw.

Matthew Does dim llawer y galla i ei wneud. Dw i wedi astudio manylion y swyddi'n ofalus iawn.

Jayne Ond mae rhaid i ti wneud mwy na hynny. Mae iaith y corff yn bwysig iawn mewn cyfweliad. Sut rwyt ti'n eistedd a beth rwyt ti'n ei wneud gyda dy ddwylo.

Elen Dw i'n gwybod am lyfr da iawn, does dim copi 'da fi a dw i ddim yn cofio'r teitl chwaith, ond Michael Bird yw'r awdur.

Tom *How to Survive an Interview* yw'r teitl. Mae'n llyfr da iawn, cer i'r siop lyfrau y peth cynta' bore yfory. Sut mae'r madarch Elen? Maen nhw'n edrych yn flasus iawn.

Elen Maen nhw'n flasus dros ben a dyw'r garlleg ddim yn rhy gryf chwaith.

1 What has Matthew studied carefully?
2. Has Elen got the book Matthew needs?
3 What does Elen say about her mushrooms?

> **paratoi (parato-)** *to prepare*
> **ymlaen llaw** *beforehand*
>
> **dros ben** *extremely*

Exercise 4

Matthew has made a list of everything he wants to do before the interview. Match the verbs to the items on the list and then write sentences as if Matthew were telling Tom what he is going to do. The first one has been done for you. **tocyn trên → prynu. Pryna i docyn trên**.

fy esgidiau	golchi
siwt	cyrraedd
crys	paratoi
y manylion eto	glanhau
yn gynnar	prynu
atebion	edrych ar
fy ngwallt	prynu
tocyn trên	golchi

Exercise 5

Have a look at the menu for the main course. After reading through the menu, answer the question that follows. You don't have to understand everything.

Which Welsh phrases correspond to the following words and phrases?

cooked	smoked salmon
filled with garlic sauce	fried tomato
grilled	and covered with breadcrumbs
soaked in mint	

Y BRIF ARLWY

PRYDAU WEDI EU GRIDYLLU

STÊC FFOLEN 10 owns:
gyda madarch ffres, cylchoedd winwnsyn a thomatos wedi'u gridyllu

GAMWN 10 owns:
*gyda madarch ffres, cylchoedd winwnsyn, wy wedi ei ffrio,
pînafal a thomatos wedi'u gridyllu*

2 OLWYTHEN CIG EIDION:
*gyda madarch ffres, cylchoedd winwnsyn, tomato wedi ei gridyllu
a saws mintys*

GLODDEST YR HAFOD:
*Cyfuniad o gamwn, stêc syrlwn, golwythen cig mochyn, selsig,
wy wedi ei ffrio, madarch, tomato a chylchoedd winwnsyn wedi eu ffrio*

GOLWYTH CIG OEN MINTYS:
*2 olwythen wedi eu mwydo mewn mintys gyda madarch,
cylchoedd winwnsyn a thomato wedi ei gridyllu*

PRYDAU CYW IÂR

CYRRI CYW IÂR:
*Darnau o gyw iâr wedi eu coginio mewn saws cyrri cartre' gyda reis neu ddewis o
datws*

'KIEV' CYW IÂR:
Brest cyw iâr wedi ei lanw â saws garlleg a'i orchuddio â briwsion bara

'CHASSEUR' CYW IÂR:
*Darnau o gyw iâr wedi eu coginio mewn saws madarch, tomato, winwns a gwin
gwyn*

PRYDAU PYSGOD

LLEDEN:
wedi ei gridyllu a'i gorchudio â briwsion bara

FFILED O HADOG:
wedi ei ridyllu a'i orchuddio â briwsion bara a phupur

EOG Y TARTH:
eog wedi ei gochi

PENFRAS:
wedi ei ridyllu a'i orchuddio â briwsion bara

SGAMPI:
wedi eu ffrïo a'u gorchuddio â briwsion bara

Gweinir y prydau pysgod gyda saws tartar a lemwn

PASTAI GIG EIDION AC AREN:
Darnau o gig eidion ac aren mewn grefi wedi eu gorchuddion â 'puff pastry'

LASAGNE:
Cig eidion briw rhwng haenau o basta a saws caws

Deialog 4

Having enjoyed their starter, the group discuss what they will have for their main course.

Gweinydd	Dych chi'n barod i archebu?
Tom	Dw i'n credu ein bod ni.
Elen	Wel dw i'n gwybod beth dw i'n mynd i'w gael – eog y tarth, dw i'n hoff o unrhywfath o bysgod. Pa lysiau sy'n dod gyda'r eog?
Gweinydd	Moron, brocoli, blodfresych, pys a thatws rhost a thatws wedi'u berwi.
Matthew	Mae'n anodd penderfynu, mae cymaint o ddewis. Hoffwn i gael pryd wedi ei ridyllu ond dw i ddim yn siŵr p'un ohonyn nhw.
Gweinydd	Mae stêc syrlwyn gyda ni hefyd, ac mae brest o gyw iâr rhost.
Matthew	Mae Gloddest yr Hafod yn swnio'n hyfryd– paradwys ar blât. Dw i ddim wedi cael cig moch ers tro.
Elen	Sut gallwch chi feddwl am fwyta yr holl fwyd 'na ar ôl y powlennaid enfawr o gawl dych chi newydd ei fwyta?
Matthew	Dw i'n hoffi fy mwyd Elen, ond dw i ddim mor hoff o winwns. Alla i gael y gloddest heb yr winwns?
Gweinydd	Wrth gwrs. Os dych chi'n hoffi cig mochyn, mae'n bosib gael dwy olwythen a saws afal, madarch a thomato.
Matthew	Dych chi'n fy nhemtio nawr, dw i'n credu y ca' i'r golwyth yn lle y gloddest.

1 How does the waiter ask if they are ready to order?
2 Why is Matthew unable to decide what to order at first?
3 Which bit of his meal does Matthew not want and why?

---

gweinydd (m.) **-ion** *waiter*
moronen (f.) **moron** *carrots*
gridyllu (gridyll-) *to grill*
gloddest (m.) **-au** *feast*
paradwys (f.) **-au** *paradise*

cig mochyn (m.) **cigoedd mochyn**
  ham
golwythen (f.) **golwythion** *chop*
yn lle *instead of*

○ **Deialog 5**

The waiter turns to Jayne and Tom. Jayne has made up her mind but Tom needs to look at another menu before deciding what he will order.

Jayne	Ydy'r cig oen yn dod o Gymru?
Gweinydd	Ydy, mae'n cig ni i gyd yn gynnyrch Cymreig.
Jayne	Wel ga' i'r cig oen 'te, dw i eisiau cefnogi'r ffermwyr. Alla i gael y pryd heb y tatws rhost?
Gweinydd	Gallwch.
Tom	Dw i ddim yn bwyta llawer o gig, oes prydau llysieuol ar gael?
Gweinydd	Oes, mae'r rhestr ar y tudalen nesa', uwchben y melysfwyd.
Tom	Dw i'n gweld. Ga' i omlet os gwelwch yn dda.
Gweinydd	Beth hoffech chi yn yr omlet?
Tom	Caws a thomato, os gwelwch yn dda.

1 What doesn't Jayne want with her meal?
2 What does Tom order?
3 Do either Tom or Jayne order ham?

---

cig oen (m.) *lamb*
cynnyrch (m.) **cynhyrchion** *produce*
cefnogi (cefnog-) *to support*
cig (m.) **-oedd** *meat*

llysieuol *vegetarian*
tudalen (m.) **-nau** *page*
uwchben *above*
melysfwyd (m.) *dessert*

Exercise 6

Connect the correct replies from the right column to the question on the left.

Beth hoffech chi i'w yfed?	Does dim corgimychiaid ar ôl, hoffech chi fadarch yn eu lle?
Pa bwdinau sy 'da chi?	Moron a phanas os gwelwch yn dda.
Ga' i gorgimychiaid i ddechrau?	Pastai gig eidion ac aren dw i'n meddwl.
Beth hoffech chi am y prif bryd?	Dof i â'r fwydlen i chi.
Pa lysiau hoffech chi?	Dim ond sudd, os gwelwch yn dda.

pastai (f.) **pasteiod** *pie*	**aren** (f.) **-nau** *kidney*
cig eidion (m.) *beef*	**panasen** (f.) **panas** *parsnip*

MELYSFWYD

PAFLOFA:
Meringue wedi ei lanw â mafon a hufen iâ a'i orchuddio â hufen ffres

BLAS YR HAUL:
Cyfuniad o eirin gwlanog, hufen iâ blas mefus, saws mefus, cnau, hufen ffres a waffer

HUD YR HWYR:
Cyfuniad o geirios, hufen iâ blas mefus a siocled, saws mefus, cnau, hufen ffres, waffer a siocled mints

ENFYS YR HAFOD:
Cyfuniad o bînafal, banana, 3 math o hufen iâ, saws mafon, cnau, hufen ffres a waffer

SALAD FFRWYTHAU FFRES:
Gyda hufen iâ neu hufen ffres

CACEN GAWS:
Mefus, mwyar neu flas lemwn

TARTEN YR HAFOD:
Afal, rhiwbob neu gwsberen

Exercise 7

All the members of Elen's group chose different desserts. Decide what each member ate by reading the menu and the clues given in the passage.

Matthew didn't feel like ice cream and was quite full after his large starter and main course. He loves strawberries. Jayne felt like treating herself and her dessert was very colourful and had two different kinds of fruit in it. Elen's dessert consisted of both ice cream and fresh cream. It also had nuts. Elen hates cherries. Tom is allergic to nuts and his dessert had one scoop of vanilla ice cream and fresh cream.

mafonen (f.) **mafon** *raspberry*	**cneuen** (f.) **cnau** *nut*
blas (m.) **-au** *taste, flavour*	**hud** (m.) *magic*
cyfuniad (m.) **-au** *combination*	**ceiriosen** (f.) **ceirios** *cherry*
eirinen wlanog (f.) **eirin**	**enfys** (f.) **-au** *rainbow*
gwlanog *peach*	**mwyaren** (f.) **mwyar** *blackberry*
mefusen (f.) **mefus** *strawberry*	**tarten** (f.) **-nau** *pie (sweet), tart*

Deialog 6

While eating dessert, Elen gives her group an invitation and Matthew makes a promise.

Jayne   Dw i ddim yn credu y bydda i'n bwyta eto am amser hir. Roedd y bwyd yn fendigedig, roedd y cig oen yn dyner iawn. Bydd rhaid i fi nofio am hanner awr ychwanegol yfory ar ôl bwyta'r pwdin 'na. Sut roedd eich bwyd chi Elen?

Elen   Yn flasus iawn, roedd yr eog yn ffres iawn ac wedi cael ei goginio'n dda iawn. Bydd rhaid i fi ddod â Rob a'r merched yma rywbryd.

Tom   Mwynheais i'r bwyd yn fawr iawn, ond mae'n drueni nad oedd mwy o ddewis llysieuol. Wedi dweud hynny, roedd yr omlet yn flasus iawn.

Elen   Beth am ddod draw i weld fy fflat newydd cyn mynd i weld y ddrama nos yfory?

Matthew   Syniad da.

Tom   Dych chi'n dod i weld y ddrama Matthew? Ro'n i'n meddwl y byddet ti'n paratoi ar gyfer y cyfweliadau. Cofia am y llyfr.

Matthew   Af i i'r siop y peth cynta' bore yfory Tom, dw i'n addo. Ond alla i ddim symud modfedd nawr. Beth am i ni gael coffi cyn mynd? Yn ôl y fwydlen, dyn ni'n gallu cael coffi gwirod o'n dewis ein hunain.

1 Why does Jayne think she should swim for an extra half hour tomorrow?
2 What does Tom regret about the meal?
3 What does Matthew promise to do?

---

tyner *tender*
ychwanegol *extra*
trueni (m.) *pity*
rhywbryd *sometime*

byddech chi *you would*
modfedd (f.) **-i** *inch*
yn ôl *according to*
gwirod (m.) **-ydd** *spirit, liquor*

1 Describing a meal

Roedd y gacen gaws yn felys iawn.	*The cheesecake was very sweet.*
Roedd y cyrri'n boeth a sbeisi iawn.	*The curry was very hot and spicy.*
Doedd y pysgod ddim yn ffres.	*The fish was not fresh.*
Roedd blas gwael arno fe.	*It had a nasty taste.*
Roedd e wedi cael ei goginio gormod.	*It had been overcooked.*
Roedd y llysiau'n feddal iawn.	*The vegetables were very soft.*
Doedd dim llawer o flas ar y cig eidion.	*The beef did not have a lot of flavour.*

 Exercise 8

Listen to the tape and answer the following questions. Megan and her friend Bleddyn are on their way to visit friends and decide to stop for a meal.

1 What does Bleddyn suggest they do for lunch?
2 What type of eating establishment do they choose in the end?
3 Where is it?
4 What do they drink with their meal?
5 Do they both order the same thing?
6 Who pays?
7 How much is the bill?
8 Will they go again?

Deialog 7

True to his word, Matthew visits a local bookshop to find a book to help him with his interview. Listen to the tape before answering the questions that follow.

Siopwr	Ga' i'ch helpu chi?
Matthew	Mae cyfweliad 'da fi ddydd Llun a dw i'n chwilio am lyfr am sgiliau cyfweld.
Siopwr	Oes llyfr arbennig 'da chi mewn golwg?

Matthew	Oes, mae fy ffrindiau wedi awgrymu *How to Survive an Interview* gan Michael Bird. Oes copi 'da chi?
Siopwr	Nac oes, yn anffodus. Hoffech chi i fi archebu copi o'r llyfr? Bydd e 'ma mewn dau ddiwrnod. Ffonia i chi pan gyrhaeddiff e; beth yw'ch rhif ffôn chi?
Matthew	Does dim ffôn 'da fi. Dw i'n aros yn yr ardal dros dro. Galwa i i mewn dydd Mercher. Faint yw'r llyfr?
Siopwr	Naw punt naw deg naw ceiniog?
Matthew	Iawn, tala i pan ddaw'r llyfr.

1 Who wrote the book?
2 How long will Matthew have to wait for the book?
3 What is Matthew's phone number?
4 When will Matthew pay?
5 How much change will Matthew get from £10.00?

---

sgil (f.) **-iau** *skill*
cyfweld *to interview*
awgrymu (awgrym-) *to suggest*

gan (SM) *by*
dros dro *temporary, temporarily*

---

2 Speaking on the phone

Asking for someone

Hoffwn i siarad â Megan os gwelwch yn dda.	*I would like to speak to Megan please.*
Helo, John sy'n siarad, ydy Ian i mewn?	*Hello, John speaking, is Ian in?*
David sydd 'ma, ga' i siarad â Lisa?	*David here, may I speak to Lisa?*
Ydy Gethin ar gael?	*Is Gethin available?*
Allwch chi fy rhoi i drwyddo i Mr Davies?	*Can you put me through to Mr Davies?*

Responding to a request to speak to someone

Does neb i mewn ar hyn o bryd.	*There is no one in at the moment.*

Rhoa i chi drwyddo.	*I'll put you through.*
Daliwch y lein.	*Hold the line.*
Does dim ateb.	*There is no answer.*
Mae ei ffôn yn brysur.	*His/her phone is engaged.*
Ga' i gymryd neges. Mae hi ar y lein arall.	*May I take a message? She is on the other line.*
Wnewch chi ddweud hynny eto?	*Will you say that again?*

Telling someone they have a caller

| Mae galwad i chi. | *There is a call for you.* |
| Mae Mr Huws ar y lein. | *Mr Huws is on the line.* |

Exercise 9

Matthew phones the college where he will be going for an interview. He needs to explain that he won't be able to arrive before ten o'clock. Fill in the receptionist's side of the conversation.

Derbynnydd	*Good afternoon, can I help you?*
Matthew	Matthew Williams sy'n siarad. Allwch chi fy rhoi i drwyddo i swyddfa Mr Evans os gwelwch yn dda?
Derbynnydd	*Hold the line for a minute, please. I'll put you through.*
Matthew	Diolch.
Derbynydd	*His line is busy at the moment, do you want to wait?*
Matthew	Alla i ddim, dw i'n galw o focs ffôn.
Derbynydd	*Do you want to leave him a message?*
Matthew	Dyna'r peth gorau.

Factfile: Traditional Welsh foods

Cawl is only one of many traditional Welsh dishes. Many use ingredients such as leeks, fish, ham, lamb, oatmeal and cheese. Lots of traditional Welsh dishes, like pikelets, small thick pancakes, are cooked on a griddle or bakestone. Other specialities include **cawl cennin** (leek soup) and **bara lawr** (laver bread), an edible seaweed which comes mainly from the Gower Peninsula. It is usually eaten hot mixed with oatmeal and bacon. **Pice ar y maen** (Welsh cakes) are small currant cakes cooked, like pikelets, on a bakestone or griddle. **Bara brith**, which literally means speckled bread, is a spicy currant loaf served with butter. **Lobscows**, a thick broth, is a traditional North Walian dish and is thought to be the reason why Liverpudlians are nicknamed 'Scousers'. **Teisen lap**, a moist sponge cake, was taken down the mines as part of a miner's lunch pack because it does not crumble easily.

There are many initiatives nowadays such as **Blas ar Gymru** (*Taste of Wales*) which emphasise the quality of food produced in Wales and encourage eating establishments to include traditional recipes and dishes in their menus.

Can you now do the following?	Yes	No	If not, go to page
Order a meal			201, 204, 208
Understand the main items of a menu			203
Describe a meal			212
Ask for someone on the phone			213
Deal with a request to speak to someone on the phone			213

17 DISGRIFIO'CH TŶ A'CH ARDAL
Describing your house and your area

In this unit you will learn how to:

■ describe your home and ask about a house you wish to buy
■ describe the area in which you live and ask about another area
■ understand the main details on an advertisement for a house

Deialog 1

Matthew, Jayne and Tom have reached Elen's flat in Cardiff and are invited in.

Elen Dewch i mewn, mae'r tegell newydd ferwi. Awn ni i'r gegin.

Jayne Melyn! Mae'r lliw'n ofnadwy, ych a fi! Byddai'r lliw 'ma'n rhoi pen tost i fi. Mae'n llawer rhy lachar.

Elen Mae'r lliw tipyn bach yn llachar i gegin mor fach, mae rhaid i fi ddweud. Ond mae lliwiau llachar yn ffasiynol iawn nawr, cofiwch. A dim ond dros dro byddwn ni yma.

Tom Ond mae'r fflat yn ganolog iawn, dyw hi ddim yn bell o ganol y ddinas.

Elen Mae'n gyfleus iawn i ni, mae'n ddigon agos i'r siopau heb fod yn rhy bell allan. Mae'n well 'da fi fyw ar gyrion y ddinas. Beth am ddod i weld gweddill y fflat?

1 What is the colour of Elen's kitchen?
2 Does Jayne like the colour?
3 Is the kitchen large?
4 Is Elen's flat far from the city centre?

---

tegell (m.) **-au** *kettle*
berwi (berw-) *to boil*
byddai *would*
llachar *bright*

canolog *central*
cyfleus *convenient*
ar gyrion *on the outskirts of*

---

1 Describing the location of your house

Mae fy fflat ynghanol y dre'.   *My flat is in the middle of town.*

Mae e ar gyrion tre' brysur.   *It is on the outskirts of a busy town.*

Mae e mewn ardal wledig.   *It is in a rural area.*

Mae e ar lan y môr.   *It is by the seaside.*

Mae e ger y siopau.   *It is near the shops.*

Mae e mewn pentre glan
  y môr tawel.   *It is in a quiet seaside village.*

Exercise 1

Eifion, Alys, Owain and Siwan are describing their homes. After reading each description, say whether the four statements that follow are true or false.

Eifion   Dw i'n byw mewn hen fwthyn. Does dim trydan 'da fi.

Alys   Dw i'n byw dwy filltir o ganol dinas fawr mewn tŷ teras Fictoraidd. Mae'r stryd yn brysur iawn ac mae llawer o draffig.

Owain   Dw i'n dwlu ar y môr, a dyna'r peth cynta' dw i'n ei weld wrth agor llenni fy ystafell wely yn y bore. Mae fy nhŷ'n fawr iawn a dw i'n rhedeg gwely a brecwast yma yn ystod yr haf.

Siwan   Dw i'n byw ar fferm ynghanol y wlad. Mae pentre' bach tawel tua phum milltir o'r ffermdy.

1 Eifion lives in a large modern house in the country.
2 Alys lives in a terrace house on the outskirts of a large city.
3 Owain lives in a house by the seaside.
4 Siwan lives in a cottage in a rural area, not far from the village.

Deialog 2

 After coffee Elen takes her friends on a guided tour of her flat.

Elen	Mae dwy ystafell wely 'da ni. Dyma ystafell wely'r merched. Bydd rhaid i chi gau eich llygaid i'r llanast. Mae'r plant yn anniben iawn. Dyn nhw byth yn rhoi pethau i gadw. A dyma'n hystafell wely ni. Mae'n llawn o focsys ar hyn o bryd fel y gallwch chi ei weld.
Matthew	Mae golygfa hyfryd 'da chi.
Elen	A dyma'r ystafell fyw a rhagor o focsys. Ac yn olaf – yr ystafell ymolchi. Does dim cawod 'da ni yn anffodus, dim ond bath.
Tom	Mae'n dwym iawn yn y fflat.
Elen	Mae'r gwres canolog wedi bod ymlaen drwy'r dydd.

1 How many bedrooms are there in Elen's flat?
2 What are there a lot of in Elen's bedroom?
3 What does Tom notice about the flat?

llanast (m.) *mess*	**rhoi i gadw** *to tidy up, to put away*
anniben *untidy*	**gwres canolog** (m.) *central heating*

Exercise 2

Here are some details of houses which have been placed in a **papur bro** or local community newspaper. After reading the advertisements answer the questions that follow. Don't worry if you don't understand everything.

a)

> **Ar werth**. Tŷ teras yng nghanol Aberteifi. Tair ystafell wely, lolfa a chegin fawr. Ffenestri dwbl a gwres canolog olew. Gardd fach a iard. Grant ar gael i lagio'r nenfwd. £78,000.
>
> Ffôn 01239 672348

b)

Tŷ pâr ar werth. Ynghanol pentre'. Gwag ers dwy flynedd ar ôl marwolaeth y perchennog. Dwy ystafell wely, cegin, lolfa. Dim gwres canolog. Trydan. Garej. Grant ar gael i'w foderneiddio.

c)

Bwthyn ar werth mewn ardal dawel. Gwres canolog a ffenestri dwbl lan llofft. Caniatâd cynllunio i estyn y tŷ. Gardd fawr. Garej a gweithdy. 14 erw hefyd ar werth ar wahân.

d)

Ar werth. Tŷ ar ei ben ei hun ynghanol tre'. Gardd. Garej. Gwres canolog. Siopau, canolfan hamdden ac ysgolion gerllaw.

e)

Ar werth. Hen ficerdy. Yn cael ei ddefnyddio fel cartre' hen bobl ar hyn o bryd. Un deg chwech o ystafelloedd gwely. Yn sefyll mewn 3 erw. 3 garej. Tŷ gwydr.

f)

Fflat ar werth. Ar lan y môr. Cegin. Tair ystafell. Gwres canolog. Parcio tu allan i'r tŷ. Gardd fach o flaen y tŷ.

Which house would suit you if you:

1 Wanted to live by the sea?
2 Wanted to live in a rural area?
3 Wanted a house to modernise?
4 Wanted to buy a business?
5 Wanted to buy land?
6 Wanted an empty house?
7 Wanted a house in the middle of a village?

ar werth *for sale*
lolfa (f.) lolfeydd *lounge*
olew (m.) *oil*
nenfwd (m.) nenfydau *ceiling*
tŷ pâr (m.) tai pâr *semi-detached house*
gwag *empty*
marwolaeth (m.) -au *death*
perchennog (m.) perchnogion *owner*

lan llofft *upstairs* (in North Wales you will hear **i fyny'r grisiau**)
caniatâd cynllunio *planning permission*
estyn (estynn-) *to extend*
gweithdy (m.) gweithdai *workshop*
ar wahân *separate*
tu allan *outside*

Which of the following statements, based on these advertisements, are true, and which are false?

1 Mae tŷ (d) yn y dre'.
2 Mae eisiau llawer o waith ar dŷ (b).
3 Mae mwy o ystafelloedd gwely 'da tŷ (e) na thŷ (f).
4 Mae gwres canolog trydan 'da tŷ (a).
5 Mae mwy o dir 'da tŷ (e) na thŷ (c).

2 Asking about the area where someone lives

Pa fath o le yw Llandewi?   *What sort of place is Llandewi?*
Dych chi'n byw mewn ardal wledig?   *Do you live in a rural area?*

3 Describing the area in which you live

Dw i'n byw mewn ardal fynyddig.   *I live in a mountainous area.*

Dw i'n byw mewn ardal ddinesig.   *I live in an urban area.*

Mae hi'n faestref dawel.   *It is a quiet suburb.*
Mae hi'n dre' hanesyddol.   *It is a historic town.*
Mae hi'n dre' brifysgol.   *It is a university town.*
Mae hi'n dre' farchnad.   *It is a market town.*
Mae hi'n ardal boblog iawn.   *It is a very populated area.*

Exercise 3

Listen to Elfed describing his house and the area where he lives. After you have listened to the tape several times and are sure that you understand everything, answer the following questions.

1 Where does Elfed live?
2 Near which building does Elfed live?
3 How old is his home?
4 On what floor does he live?
5 How many rooms does he have?
6 Does he have a garden to himself?
7 Does Elfed like his home?
8 In what type of house did he live before moving?

Deialog 3

Mr Evans has gone to an estate agent (**asiant tai**) to look for a suitable house.

Mr Evans	Dw i'n chwilio am dŷ ym mhentre' Llandewi, neu yn yr ardal gyfagos.
Asiant tai	Hyd at faint o arian roeddech chi'n meddwl ei wario?
Mr Evans	Dw i ddim eisiau mynd dros wyth deg mil.
Asiant tai	Sawl ystafell wely dych chi ei heisiau?
Mr Evans	O leia' tair, ond yn ddelfrydol hoffwn i gael hen ysgubor bydda i'n gallu ei hadnewyddu.
Asiant tai	Mae tri thŷ ar werth yn y pentre'. Beth am hwn? Mae e'n wag ac mae eisiau llawer o waith arno fe. Tŷ carreg yw e ac mae e dros gan mlwydd oed.
Mr Evans	Faint o ystafelloedd sydd yno?
Asiant tai	Pum ystafell wely ac ystafell ymolchi lan llofft. Lawr staer mae cegin, pantri, ystafell fwyta, lolfa, a stydi. Hen ficerdy yw e, ac mae gardd fawr iawn 'da fe. Mae garej dwbl a siediau yn yr ardd. Mae'r perchennog wedi ymfudo ac mae'r allweddi gyda ni. Hoffech chi fynd i weld y tŷ?
Mr Evans	Hoffwn, mae'n swnio'n addawol iawn.

1 How many bedrooms does Mr Evans want?
2 Up to what amount of money is he willing to spend on a house?
3 Does the house the estate agent offers him have a garden?

delfrydol *ideal*
ysgubor (f.) **-iau** *barn*
adnewyddu (adnewydd-) *to renovate*

carreg (f.) **cerrig** *stone*
lawr staer *downstairs*
ymfudo (ymfud-) *to emigrate*
allwedd (f.) **-i** *key*

Exercise 5

You have phoned an estate agent to ask about details of houses in the area. The estate agent has given you the details of some houses but none has been suitable. He is about to give you the details of another house. Fill in your side of the conversation.

Asiant tai Mae tŷ arall 'da ni yn yr ardal. Mae e ar werth am chwe deg pum mil o bunnau.

Chi *How many bedrooms are in the house?*

Asiant tai Tair, ac mae stydi lan llofft hefyd. Bydd modd i chi ei droi'n ystafell wely arall.

Chi *Is there central heating in the house?*

Asiant tai Oes, mae gwres canolog nwy: mae tanc propane tu allan i'r tŷ.

Chi *Is there double glazing in the house?*

Asiant tai Dim ond lawr staer. Mae'r tŷ wedi cael ei foderneiddio yn ddiweddar: mae cegin newydd yno ac mae'r tŷ mewn cyflwr da.

Chi *Is there a garden and a garage?*

Asiant tai Mae gardd fach yn y cefn ond does dim garej 'da'r tŷ. Mae digon o le i barcio car o flaen y tŷ.

Chi *Is there someone living there?*

Asiant tai Oes, mae'r perchennog a'i deulu'n byw yno. Hoffech chi i fi drefnu i chi weld y tŷ?

Chi *Yes, I would like to see the house tomorrow. I'll be free all day.*

modd (m.) **-au** *way, means*
yn ddiweddar *recently*

cyflwr (m.) **cyflyrau** *condition*

Factfile: Papurau bro

Papurau bro are Welsh language community newspapers. The first papur bro, **Y Dinesydd** (*The Citizen*), was launched in Cardiff in 1973 and since then more and more regions have begun to publish their own paper. In the early 1970s not many regional newspapers included items in Welsh, and one of the reasons for establishing **papurau bro** was to present news and other features in Welsh. Another aim was to increase the number of people reading Welsh material. The **papurau bro** soon achieved a wide readership and are now read by over 100,000 people. There are over 50 **papurau bro** in regions throughout Wales, and there are even areas in England which boast a Welsh language community newspaper – **Yr Angor** (*The Anchor*) serves the Welsh-speaking community in Liverpool. The titles of the papers often reflect the dialect of the area they cover, for example **Papur Fama** (**fama = y fan yma**) in Mold. Most of the papers concentrate on local news and community issues, and are organised by committees of local people who usually write most of the articles. Most of the titles are published monthly and are given financial aid by the Welsh Language Board.

Can you now do the following?	Yes	No	If not, go to page
Describe the location of a house			217
Understand the details of a house for sale			218, 219
Describe an area			220
Ask about a house you intend to buy			221

BETH BYDDECH CHI'N EI WNEUD?
What would you do?

In this unit you will learn how to:

■ say someone would do something
■ use 'if' in the conditional tense
■ express desire to do something
■ say what someone could do
■ express obligation

Deialog 1

William, a friend of Tom's, has recently won over a million pounds on the lottery. Elen and Tom and his classmates discuss what they would do with such a large sum of money.

Tom	Ffoniodd fy ngwraig Glenys neithiwr gyda newyddion diddorol. Mae William, un o'n ffrindiau, wedi ennill dros filiwn o bunnau ar y loteri.
Elen	Miliwn o bunnau! Dyna braf! Dw i'n gwybod beth byddwn i'n ei wneud â miliwn o bunnau.
Jayne	Beth byddech chi'n ei wneud?
Elen	Byddwn i'n prynu tŷ mawr yn y wlad, gyda phwll nofio a digon o dir i gadw o leia' dau geffyl. Byddwn i'n prynu car newydd i fi ac un i Rob hefyd. Byddwn i'n trefnu gwyliau drud i'r teulu i gyd – mordaith efallai. Dyw fy rhieni erioed wedi teithio dros y dŵr. Bydden ni'n mwynhau pob ceiniog o'r arian!
Tom	Byddai mordaith yn apelio at Glenys hefyd dw i'n credu. Mae'n apelio'n fawr ata i.
Jayne	Dw i ddim yn gwybod beth byddwn i'n ei wneud â swm mawr o arian fel hynny; byddai rhaid i fi feddwl

yn hir ac yn galed cyn penderfynu. Byddwn i'n
buddsoddi tipyn ac yn rhoi tipyn i Haf wrth gwrs, a
phrynu tŷ yng Nghymru efallai. Beth amdanat ti
Matthew; beth byddet ti'n ei wneud taset ti'n ennill
arian mawr?

Matthew   Wel dw i ddim yn siŵr, ond fyddwn i ddim mor
awyddus i gael swydd ag ydw i nawr. Wedi dewud
hynny, dw i erioed wedi prynu tocyn loteri, felly does
dim llawer o obaith 'da fi!

1 Would Elen buy any animals if she were lucky enough to win a
lot of money?
2 What would Jayne do with her winnings?
3 Does Matthew buy a lottery ticket regularly?

---

tir (m.) **-oedd** *land*	**buddsoddi (buddsodd-)** *to invest*
mordaith (f.) **mordeithiau** *cruise*	**awyddus** *eager*

Points to notice

■ Deialog 1 contains several examples of the conditional tense
(would) of the verb **bod**. The forms in full are:

byddwn i	*I would*	**bydden ni**	*we would*
byddet ti	*you would*	**byddech chi**	*you would*
byddai fe	*he would*	**bydden nhw**	*they would*
byddai hi	*she would*	**byddai'r teulu**	*the family would*

Byddai fe wrth ei fodd.	*He would be in his element.*
Bydden nhw'n siomedig iawn.	*They would be very disappointed.*

■ Once again note the soft mutation in the negative and question
forms:

Fyddet ti ddim yn gallu mynd.	*You wouldn't be able to go.*
Fydden nhw'n fodlon i chi ddod?	*Would they be willing for you to come?*

■ Questions are answered with the appropriate form of the person without the accompanying pronoun.

Fyddai hi ar gael?	*Would she be available?*
Byddai.	*Yes, (she would).*
Fydden ni'n hwyr?	*Would we be late?*
Na fydden.	*No, (we wouldn't).*

1 Taset ti'n ennill arian mawr
If you won a lot of money

As you have already seen, **os** is used with the present, future and past tenses.

os ydy e'n gwybod	*if he knows*
os roedd e'n gwybod	*if he knew*
os bydd e'n gwybod	*if he knows/if he will know*

However in the conditional the following forms are used:

taswn i	*if I were*	**tasen ni**	*if we were*
taset ti	*if you were*	**tasech chi**	*if you were*
tasai fe	*if he were*	**tasen nhw**	*if they were*
tasai hi	*if she were*	**tasai'r plant**	*if the children were*

os dw i'n mynd	*if I go*
taswn i'n mynd	*if I were to go*
os dyn nhw'n gwybod y cyfeiriad	*if they know the address*
tasen nhw'n gwybod y cyfeiriad	*if they were to know the address*

Exercise 1

Link the statements on the left with the appropriate comments on the right.
a) Byddwn i'n gwisgo menig   tasai rhywun yn ysmygu
b) Byddet ti'n chwaraewr rygbi da tasai fe'n ennill llawer o arian
c) Byddech chi'n chwerthin   tasai peswch arna i
d) Byddwn i'n mynd at y meddyg taset ti'n gwybod faint o
                                                       galorïau oedd yn y pwdin

e) Byddech chi'n deall popeth   taset ti'n ymarfer bob wythnos
f) Bydden nhw wedi cyrraedd   tasech chi'n gwybod y gwir
    erbyn hyn
g) Byddai e wedi gadael   tasen nhw'n gwybod y ffordd
    ei swydd
h) Byddwn i'n agor y ffenest   tasai hi'n oer iawn

Exercise 2

Listen to the tape as other members of Elen's class say what they would do with a million pounds. Fill in the grid as appropriate.

	Teithio	Buddsoddi	Gwario	Elusen
John				
Pat				
Lee				

elusen (f.) *charity*

2 Useful expressions using the conditional tense

Fyddech chi mor garedig ag   *Would you be so kind as to*
agor y drws?   *open the door?*
Fyddech chi gystal â chau'r   *Would you be so good as to*
ffenest?   *shut the window?*

Exercise 3

Complete the following sentences according to the example. Chi / ymweld â / Caernarfon / y castell. **Tasech chi'n ymweld â Chaernarfon byddech chi'n gweld y castell**.

a) Fe / mynd i / Caerffili / y castell
b) Hi / ymweld â / Tyddewi / yr Eglwys Gadeiriol
c) Fi / mynd i / Caerdydd / Stadiwm y Mileniwm

d) Nhw / ymweld â / Patagonia / siaradwyr Cymraeg
e) Ti / mynd i / gogledd Cymru / mynyddoedd mawr
f) Ni / ymweld â / Llundain / Palas Buckingham

📖 Deialog 2

Tom visits his friend William to celebrate William's success.

Tom Llongyfarchiadau William, hoffwn i fod yn dy esgidiau di!

William Diolch Tom, mae rhaid i fi ddweud dw i wedi bod yn lwcus iawn. Mae'n braf meddwl nad oes rhaid i fi fynd yn ôl i'r gwaith yr wythnos nesa'.

Tom Fyddwn i ddim yn dychwelyd i'r swyddfa ar ôl y cwrs Cymraeg tasai ddim rhaid i fi. Beth rwyt ti'n bwriadu ei wneud nawr 'te William?

William Hoffai Luned fynd i Ganada i weld ei chwaer. Bydden ni'n siŵr o gael amser gwych a byddai'n braf ei gweld hi a'i gŵr eto ond mae ofn hedfan arna i.

Tom Fyddai'n bosib i chi gwrdd â nhw rhywle yn Ewrop? Gallech chi fynd â'r car wedyn.

William Gallen. Bydd rhaid i ni ystyried y posibiliadau i gyd cyn penderfynu beth fyddai orau. Dw i eisiau prynu car newydd beth bynnag. A dweud y gwir dw i wedi gweld BMW hyfryd yn y garej yn Heol y Dderwen. Hoffet ti ei weld e? Gallen ni fynd nawr i gael cip arno fe taset ti'n dymuno.

Tom Hoffwn i, ond mae Glenys wedi gwahodd ein cymdogion draw i swper heno, felly mae'n well i fi fynd. Gallwn i alw heibio i'r garej yfory efallai cyn i fi fynd yn ôl i Lambed. Dw i eisiau prynu un neu ddau o lyfrau i ffrind ar y cwrs o'r siop lyfrau Cymraeg yn Heol Y Dderwen.

1 Why is William not keen to go to Canada?
2 Why does Tom suggest William meets his wife's family in Europe?
3 What reason does Tom give for being unable to go to see the car that afternoon?
4 Tom intends stopping in Heol y Dderwen tomorrow anyway – what does he intend buying?

dychwelyd (dychwel-) *to return*
Ewrop (f.) *Europe*
ystyried (ystyri-) *to consider*
posibiliad (m.) **-au** *possibility*
cael cip *to have a quick look*

dymuno (dymun-) *to wish*
gwahodd (gwahodd-) *to invite*
cymydog (m.) **cymdogion**
  neighbour
cyn i fi fynd *before I go*

Points to notice

■ You have already seen I/you would like and I/you could in
earlier units. Here are the complete conditional tense forms of
the two verbs **hoffi** and **gallu**:

hoffwn i	*I would like*	**hoffen ni**	*we would like*
hoffet ti	*you would like*	**hoffech chi**	*you would like*
hoffai fe/hi	*he/she would like*	**hoffen nhw**	*they would like*

**Hoffen ni fynd yno
un diwrnod.**

*We would like to go there
  some day.*

gallwn i	*I could*	**gallen ni**	*we could*
gallet ti	*you could*	**gallech chi**	*you could*
gallai fe/hi	*he/she could*	**gallen nhw**	*they could*

Allech chi ddim gofyn eto.   *You could not ask again.*

■ As you have seen with other tenses, questions are answered
with the appropriate form of the person without the
accompanying pronoun.

Hoffai fe ddod?
Na hoffai.
Allen nhw ddod?
Gallen.

Would he like to come?
No, he would not like to.
Could they come?
Yes, they could.

Exercise 4

Complete the sentences in accordance with the example. Tasai digon o arian 'da fi (gallu mynd i Awstralia) **Tasai digon o arian 'da fi gallwn i fynd i Awstralia**.

1 Tasai'r amser 'da fe (hoffi gwneud y gwaith)
2 Tasai ein rhieni ddim yno (gallu cael amser da)
3 Tasai'r arian 'da hi (hoffi dod nos yfory)
4 Tasai eu mam yn cytuno (gallu aros y nos)
5 Tasai dy athrawes yn fodlon (gallu mynd i'r Eistedddfod)

Exercise 5

A friend of Jayne's who has learnt Welsh is coming to Wales. Jayne invites her to visit her on the Welsh course. Read Jayne's letter and answer the questions that follow in Welsh in full sentences.

Annwyl Sandy

Dw i'n anfon gair byr atat ti i dy wahodd di i aros gyda fi ar y cwrs yn Llambed ddiwedd mis Awst. Byddwn i'n falch iawn taset ti'n gallu dod yma am rai dyddiau. Byddai'n gyfle hefyd i ti ymarfer dy Gymraeg!

Wyt ti wedi bod yn yr ardal hon erioed? Mae digon o bethau i'w gwneud yma. Gallen ni fynd i Aberystwyth i siopa am y dydd, neu folaheulo ar y traeth yng Nghei Newydd. (Mae'r tywydd yn gallu bod yn braf yma weithiau!) Hoffwn i fynd i'r Amgueddfa Wlân yn Nhrefach Felindre hefyd ac efallai gallen ni fynd i'r Amgueddfa yn Sain Ffagan un prynhawn. Dw i'n dy gofio di'n dweud pa mor ddiddorol oedd y lle. Dw i ddim eisiau colli gormod o wersi, ond efallai y byddai hi'n bosib i fi golli diwrnod neu ddau, taswn i'n dweud wrth Elen ein tiwtor fy mod i'n mynd i siarad Cymraeg â thi drwy'r amser!

Dere! Byddai'n hyfryd dy weld di a bydden ni'n cael llawer o hwyl!

Cofion gorau

                     Jayne

1 Pam mae Jayne yn ysgrifennu at Sandy?
2 Pryd hoffai Jayne weld Sandy yn dod i Lambed?
3 Beth gallen nhw ei wneud (a) yn Aberystwyth (b) yng Nghei Newydd?
4 Ydy Jayne wedi bod yn Sain Ffagan erioed?
5 Fyddai Jayne yn colli gwersi yn ystod ymweliad Sandy?

---

amgueddfa wlân (f.)　　　　　**bolaheulo (bolaheul-)** *to*
amgueddfeydd gwlân　　　　　　*sunbathe*
wool museum

Deialog 3

Tom gives Jayne the books he got her in the bookshop in Heol y Dderwen.

Jayne　　Diolch am y llyfrau Tom. Faint sy arna i ti?

Tom　　Tri deg punt os gweli di'n dda. Yn anffodus dw i ddim yn filiwnydd fel William …

Jayne　　Dyna ti a diolch eto. Dylet ti ddarllen y llyfr coch 'ma Tom, mae'n esbonio hanes y Mabinogi.

Tom　　Diolch am y cynnig ond bydda i'n mynd yn ôl i'r gwaith cyn hir a fydd dim amser 'da fi i ddarllen am bleser wedyn. Cofia pa mor hir bues i'n darllen y llyfr am hanes Cymru. Nawr te taswn i'n filiwnydd …

Jayne　　Ddylet ti ddim bod wedi mynd i weld William Tom. Does dim diben bod yn genfigennus. Dylet ti drïo cael hyd i fwy o amser. Dylen ni i gyd ymlacio'n fwy a dweud y gwir.

Tom　　Haws dweud na gwneud!

Elen　　Beth am ddarllen llyfr i ddysgwyr yn eich amser rhydd? Mae llawer o ddewis erbyn hyn.

Matthew　　Dylwn i ddarllen mwy o lyfrau Cymraeg dw i'n gwybod. Dw i'n darllen nofel ffugwyddonol i ddysgwyr ar hyn o bryd. Mae'n eitha' da. Hoffwn i weld mwy o lyfrau arswyd yn y Gymraeg.

Elen　　Dylet ti ystyried ysgrifennu un rywbryd.

Matthew　　Dylwn efallai – yn seiliedig ar y cwrs 'ma!

1 How much did Jayne's books cost?
2 What does Elen suggest and why?
3 What sort of novel is Matthew reading at the moment?

miliynydd (m.) **-ion** *millionaire*	**cenfigennus** *jealous*
esbonio (esboni-) *to explain*	**haws dweud na gwneud!**
cynnig (m.) **cynigion** *offer*	*easier said than done!*
diben (m.) *point, purpose*	**seiliedig** *based*

Points to notice

■ Ought / should is expressed in Welsh using the verb **dylai**. The forms in full are:

dylwn *i*	I ought to/ should	**dylen ni**	we ought to/ should
dylet ti	you ought to/ should	**dylech chi**	you ought to/ should
dylai fe/hi	he/she ought to/ should	**dylen nhw**	they ought to/ should

Dylwn i fynd nawr efallai.   *I ought to go now maybe.*
Dylech chi ofyn iddi hi.   *You should ask her.*

■ As you can see from Deialog 3, 'should have' is expressed by adding **bod wedi**: **Dylet ti fod wedi dweud wrthon ni.** *You should have told us.*

■ Once again note the soft mutation in the negative and question forms:

Ddylen ni ddim bod wedi   *We shouldn't have laughed.*
   chwerthin.
Ddylwn i ddweud rhywbeth? *Should I say something?*

■ Questions are answered with the appropriate personal form without the accompanying pronoun:

Ddylen ni ofyn am help?   *Should we ask for help?*
Dylen.   *Yes, we should.*
Ddylech chi orffen heno?   *Should you finish tonight?*
Dylwn.   *Yes, I should.*

Factfile: Welsh literature

The earliest Welsh poem is believed to have been composed in the seventh century, but, unfortunately, only the work of two poets **Aneirin** and **Taliesin** has survived the centuries. One of the best-known Welsh poets, **Dafydd ap Gwilym**, who composed in the fourteenth century, is remembered mainly for his love and nature poetry. Present-day poets such as **Menna Elfyn** and **Myrddin ap Dafydd** write on a wide variety of themes in both free and strict metre verse.

Like most Celtic nations, the Welsh delight in storytelling. By the eleventh century, the tradition of story telling was well established as a means of entertainment. The **Mabinogion** is seen by many as perhaps Wales' greatest contribution to European literature. The title was first used by Lady Charlotte Guest in her 1849 translation of 12 medieval Welsh tales. Its appealing stories and carefully defined characters have been a source of inspiration for Welsh poets and artists ever since. The nineteenth century saw a great literary boom and many dictionaries, grammar books, newspapers and journals as well as hundreds of books, were published, including the pioneering novels of **Daniel Owen**. The twentieth century was a period of development in all fields of literature. Among the best known present-day writers are **Mihangel Morgan**, **Gwyneth Carey** and **Sonia Edwards**.

Can you now do the following?	Yes	No	If not, go to page
Say you would do something			225
Use 'if' with the various forms of would			226
Say you could do something			229
Say you would like to do something			229
Say you should do something			232

19 | FAINT O'R GLOCH MAE'R TRÊN NESA'?
What time is the next train?

In this unit you will learn how to:

■ tell the time in Welsh
■ ask the time something will take place
■ understand the main details of a job advertisement

 Deialog 1

Matthew phones the local railway station to order his ticket.

Matthew Bore da. Allwch chi ddweud wrtha i pryd mae'r trên cynta' i Gaerdydd os gwelwch yn dda?

Tocynnwr Galla, dych chi'n mynd yn ystod yr wythnos neu dros y Sul?

Matthew Dydd Llun nesa' bydda i'n mynd. Mae rhaid i fi fod yng Nghaerdydd erbyn hanner awr wedi un ar ddeg o'r gloch ond yn ddelfrydol, hoffwn i fod yno rhyw awr ynghynt.

Tocynnwr Mae trên bob pum deg munud o hanner awr wedi saith ymlaen.

Matthew Mae hanner awr wedi saith braidd yn gynnar; faint o'r gloch mae'r trên ugain munud wedi wyth yn cyrraedd Caerdydd?

Tocynnwr Am hanner awr wedi deg; mae'n aros yn Abertawe am ddeg o'r gloch i gwrdd â thrên arall.

Matthew Ga' i archebu tocyn dwy ffordd am y trên 'na, os gwelwch yn dda?

Tocynnwr Cewch. £8.00 yw pris y tocyn; sut dych chi eisiau talu?

Matthew Dych chi'n derbyn Switch?

Tocynnwr Ydyn. Beth yw'r rhif, a phryd mae'r cerdyn yn dod i ben?

Matthew	5648414931720185962, ac mae'n dod i ben ddiwedd mis Chwefror.
Tocynnwr	Beth yw'ch enw chi?
Matthew	Matthew Williams.
Tocynnwr	Gallwch chi gasglu'r tocyn ar y dydd.
Matthew	Diolch.

Answer the questions in Welsh. There is no need to write in full sentences.

1 I ble mae Matthew yn mynd?
2 Pa mor aml mae'r trenau'n mynd?
3 Pam dyw Matthew ddim eisiau mynd ar y trên 7.30?
4 Sut mae e'n talu?
5 Ydy'r tocyn yn rhatach na deg punt?
6 Fydd rhaid i Matthew brynu tocyn i ddod yn ôl?

---

dros y Sul *over the weekend*	**ugain** *twenty*
hanner awr wedi *half past*	**tocyn dwy ffordd** (m.) **tocynnau**
ynghynt *earlier*	**dwyffordd** *return ticket*
braidd *rather*	**deerbyn (derbyni-)** *to accept*

Points to notice

■ The Welsh word for o'clock is **o'r gloch.** When telling the time on the hour, the traditional numbers are used for 11 (**un ar ddeg**) and 12 (**deuddeg**).
Mae'n un ar ddeg o'r gloch *It is 11 o'clock*
Mae'n ddeuddeg o'r gloch *It is 12 o'clock*

■ Like the weather, time is feminine and therefore **hi** is used in sentences such as 'It is three o'clock' – **Mae hi'n dri o'r gloch.** In everyday conversation, this is contracted to **Mae'n dri o'r gloch.**

■ The Welsh word for 'past' in relation to time is **wedi. Mae'n ddeg munud wedi tri,** *It is ten past three.*

■ **Am** is also used with expressions of time to mean 'at':
Am faint o'r gloch? *At what time?*
Cyrhaeddais i am hanner awr wedi deuddeg. *I arrived at half past twelve.*

1 Faint o'r gloch yw hi? *What time is it?*
(past the hour)

Mae'n dri o'r gloch.	*It is three o'clock.*
Mae'n bum munud wedi tri.	*It is five past three.*
Mae'n ddeg munud wedi tri.	*It is ten past three.*
Mae'n chwarter wedi tri.	*It is a quarter past three.*
Mae'n ugain munud wedi tri.	*It is twenty past three.*
Mae'n bum munud ar hugain wedi tri.	*It is twenty five past three.*
Mae'n hanner awr wedi tri.	*It is half past three.*

Points to notice

■ Note that the traditional numbers are also used when saying 'twenty past' (**ugain munud wedi**) and 'twenty five past' (**pum munud ar hugain wedi**).

2 Faint o'r gloch yw hi? *What time is it?*
(to the hour)

Mae'n bum munud ar hugain i bedwar.	*It is twenty five (minutes) to four.*
Mae'n ugain munud i bedwar.	*It is twenty to four.*
Mae'n chwarter i bedwar.	*It is a quarter to four.*
Mae'n ddeg munud i bedwar.	*It is ten to four.*
Mae'n bum munud i bedwar.	*It is five to four.*
Mae'n hanner nos.	*It is midnight.*
Mae'n hanner dydd.	*It is midday.*

Points to notice

■ Note that there is a soft mutation after **i**: **Mae hi'n ugain munud i ddeuddeg**

Exercise 1

Look at the times on the clocks and then listen to the tape. You will hear somebody reading the time on the six clocks. The times are not given in the right order. Decide which clock time is which, then write the correct letter in the spaces provided.

Time	Clock
1	
2	
3	
4	
5	
6	

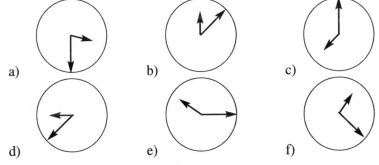

a)   b)   c)

d)   e)   f)

When you've finished the exercise, try saying the times indicated on the clocks. You can check to see if you are right by listening to the tape again.

3 Asking what time something happens

Faint o'r gloch dych chi'n mynd i'r gwaith bob dydd?	*What time do you go to work every day?*
Am faint o'r gloch mae'r drysau'n agor?	*At what time do the doors open?*
Pryd bydd e'n cyrraedd?	*When will he arrive?*

4 Giving an unspecified time

Bydda i yno mewn tair awr a hanner.	*I will be there in half an hour.*
Mae hi bron pum munud ar hugain i chwech.	*It is almost twenty five to six.*
Mae hi'n chwarter wedi saith ar ei ben.	*It is quarter past seven exactly.*
Aethon ni rhwng chwech a saith o'r gloch.	*We went between six and seven o'clock.*
Cyrhaeddwn ni erbyn un ar ddeg.	*We will arrive by eleven o'clock.*

Points to notice

■ **Awr** is feminine and therefore the feminine forms of the numbers are used **dwy awr, tair awr, pedair awr.**

■ The Welsh word for minute, **munud**, is feminine in South Wales and masculine in North Wales:

North Wales	South Wales
un munud	**un funud**
dau funud	**dwy funud**
tri munud	**tair munud**

Deialog 2

Ieuan has arrived at Delyth's house as they are going to a dinner party together. When Delyth answers the door she is far from ready.

Ieuan Dwyt ti ddim yn barod eto! Cofia ein bod ni i fod i gyrraedd tŷ Steffan erbyn hanner awr wedi saith.

Delyth Mae digon o amser 'da ni, dim ond pum munud wedi chwech yw hi.

Ieuan Pum munud wedi chwech! Delyth, mae hi bron yn saith, a bydd hi'n cymryd o leia' ugain munud i gyrraedd tŷ Steffan. Os bydd tagfa byddwn ni'n hwyrach byth.

Delyth Mae'n bum munud wedi chwech, yn ôl y cloc uwchben y tân beth bynnag. Rhaid bod y cloc ar ôl.

Ieuan   Ar ôl – does dim sŵn yn dod ohono fe. Mae e wedi sefyll. Cer i newid tra ffonia i Steffan i ddweud y byddwn ni'n hwyr.

1 At what time were Ieuan and Delyth supposed to be at Steffan's house?
2 What time does Delyth say it is?
3 What is the actual time?
4 Why does Ieuan phone Steffan?

ar ôl *slow (clock or watch)*	**hwyrach byth** *later than ever*
tagfa (f.) **tagfeydd** *traffic jam*	**sefyll (saf-)** *to stop (of a clock or watch)*

Points to notice

■ **Byddwn ni'n hwyrach byth**, *We will be later than ever*. To express phrases like 'colder than ever', 'earlier than ever' in Welsh, **byth** is used with the comparative degree of the adjective. You met the comparative degree in Unit 6:

Bydd hi'n oerach byth pan ddaw'r gaea'.	*It will be colder than ever when winter comes.*
Mae prisiau tai'n uwch byth yng Nghaerdydd.	*House prices are higher than ever in Cardiff.*

Deialog 3

Teleri has gone to her local railway station (**gorsaf reilffordd**) to buy a train ticket at the ticket office (**swyddfa docynnau**).

Teleri   Alla i gael tocyn unffordd ar y trên nesa' i Fachynlleth, os gwelwch yn dda?

Tocynnwr   Dosbarth cynta' neu ail ddosbarth?

Teleri   Ail ddosbarth os gwelwch yn dda; oes pris gostyngedig i fyfyrwyr?

Tocynnwr   Oes cerdyn 'da chi?

Teleri   Nac oes.

Tocynnwr   Mae arna i ofyn y bydd rhaid i chi dalu'r pris llawn felly. Pris y tocyn yw un deg chwe phunt saith deg pum ceiniog. Mae'r trên yn aros ar blatffform tri. Bydd e'n gadael yr orsaf am ddeg munud wedi

pedwar, ac yn cyrraedd Machynlleth am hanner awr
wedi pump.

1 To where does Teleri want to go?
2 Does she buy a first class ticket?
3 On which platform is the train?
4 At what time will it reach its destination?

tocyn unffordd (m.) **tocynnau unffordd** *one way ticket*	**gostyngedig** *reduced* **platfform** (m.) **-au** *platform*

Exercise 2

Look at the electronic noticeboard on Carmarthen Railway Station.
Read it through and then answer the questions that follow.

Ymadawiadau
Pen y daith   **ww**

10.00 Hendygwyn

10.34 Hendygwyn

10.38 Manceinion   ar amser

10.38 Aberdaugleddau

10.55 Doc Penfro

11.34 Portsmouth

Amser nawr 10:14:18

Mae'r trên nesaf ar y platfform hwn yn terfynu yma.

---

pen y daith (m.) *destination* **Hendygwyn** *Whitland* **Manceinion** *Manchester*	**Aberdaugleddau** *Milford Haven* **ar amser** *on time*

1 Which will be the next train into the station?
2 Which train will the following people be catching?
   a) Bydd fy nhrên yn gadael yr orsaf ymhen ugain munud.
   b) Mae trên arall yn gadael yr orsaf ar yr un pryd, ond mae'n mynd i Loegr.
   c) Mae fy nhrên yn gadael yr orsaf ar ôl un ar ddeg o'r gloch.
   d) Cyrhaeddais i'r orsaf yn hwyr a gadawodd y trên un deg pedair munud yn ôl. Bydd rhaid i fi aros ugain munud i ddal yr un nesa'.
   e) Bydd hi bron yn un ar ddeg pan aiff fy nhrên o'r orsaf.
   f) Bydda i'n teithio i'r gogledd.

Exercise 3

Listen to the announcement made in a railway station. After listening to the tape, answer the questions.

1 What is the destination of the first train mentioned?
2 Which platform will it be arriving at?
3 Where is the train standing at Platform 2 going?
4 Will the train stop at Aberystwyth?
5 Which travellers will change trains?

Deialog 4

Monday has arrived and Matthew is travelling to Cardiff for his interview. He starts chatting to Pedr, a fellow traveller.

Matthew Dyn ni wedi bod yn aros yn hir iawn; faint o'r gloch yw hi?

Pedr Mae'n ugain munud wedi naw; roedd y trên i fod i adael yr orsaf 'ma am 9.00. Byddwn ni'n hwyr yn cyrraedd Caerdydd, a dw i i fod mewn cyfarfod am un ar ddeg.

Matthew Mae'n bwysig fy mod i'n cyrraedd yn weddol fuan. Mae cyfweliad 'da fi a dw i ddim yn hollol siŵr ble mae'r lle.

Pedr Dw i wedi bod yn teithio ers hanner awr wedi pump. Byddai hi wedi bod yn well i fi fynd yn y car. Dyw'r trenau 'ma byth yn brydlon. Fyddwn ni ddim yn cyrraedd tan un ar ddeg fel hyn.

(Matthew and Pedr hear an announcement)
Dyn ni'n ymddiheuro am yr oedi, byddwn ni'n cychwyn
eto ymhen pum munud.

Matthew　Cawn ni weld.

1　How late is the train?
2　Why is Pedr going to Cardiff?
3　When was he supposed to reach Cardiff?
4　When will the train be starting out again?

yn weddol　fairly	**oedi (oed-)**　to delay
buan　soon	**cawn ni weld**　we'll see
prydlon　punctual	**cychwyn (cychwynn-)**　to start

Deialog 5

Matthew has eventually reached Cardiff and is sitting down in the interview room for the job of manager of a public house. He is being interviewed by the area manager of the brewery, Mrs Hughes.

Mrs Hughes　Bore da Mr Williams, diolch am ddod. Dych chi wedi teithio'n bell. Gawsoch chi daith bleserus i Gaerdydd?

Matthew　Wel do a naddo, roedd y trên yn hwyr yn cyrraedd y brifddinas ond roedd dros hanner awr 'da fi cyn dod yma.

Mrs Hughes　Faint o brofiad sy 'da chi mewn gweithio tu ôl i bar?

Matthew　Bues i'n gweithio mewn tafarn fawr yn Llundain am ddwy flynedd; fi oedd yn gyfrifol am y bar pan anafodd y rheolwr ei gefn.

Mrs Hughes　Pam gadawoch chi'r dafarn?

Matthew　Gwerthwyd y dafarn i fragdy mawr a daethon nhw â'u staff eu hunain.

Mrs Hughes　Beth dych chi'n ei hoffi am swydd rheolwr?

Matthew　Cwrdd â phobl, cymdeithasu, a threfnu digwyddiadau.

Mrs Hughes　Cyn i ni fynd ymlaen, af i â chi o gwmpas y dafarn.

1 For how long was Matthew waiting before the interview?
2 For how long did he work in the pub in London?
3 What happened to the manager of the pub in London?
4 Why did Matthew lose his job?
5 Why would Matthew like to be manager?
6 Where are Mrs Hughes and Matthew going now?

taith (f.) **teithiau** *journey*	**cymdeithasu (cymdeithas-)**
profiad (m.) **-au** *experience*	*to socialise*
tu ôl i (SM) *behind*	**cyn i ni fynd** *before we go*
bragdy (m.) **bragdai** *brewery*	

Exercise 4

Look at the three job advertisements (don't worry if you don't understand everything) and then answer the questions that follow.

1

Bragdy Cwrw'r Ceffyl Du

Gwahoddir ceisiadau ar gyfer swydd

YSGRIFENYDD/ YSGRIFENYDDES

Bydd y sawl a benodir yn gweithio i'r Rheolwr.
Cyflog ar y raddfa:
£10,884–£11,646
Am ragor o fanylion, cysylltwch â'r Rheolwr,
Bragdy Cwrw'r Ceffyl Du
Heol Taf
Caerdydd
CF23 1JB
(Tel. 01222 834821)
Dyddiad cau ar gyfer derbyn ceisiadau: **4 Rhagfyr**

2

DYSGU CYMRAEG YN Y WLADFA

Cynigir cyfle i dri pherson i ymuno â chynllun dysgu'r Gymraeg yn nhalaith Chubut yr Ariannin. Edrychir am athrawon brwdfrydig ac egnïol a fydd yn gallu gweithio wrth eu hunain ac fel aelodau o dîm. Bydd rhaid iddyn nhw fod wedi dysgu Cymraeg fel ail iaith i oedolion am o leiaf dwy flynedd. Bydd yr athrawon hefyd yn cyfrannu i'r bywyd cymdeithasol a diwyllannol Cymreig yn ogystal â chynnal dosbarthiadau.

Manylion pellach oddi wrth Dafydd Williams,
Cymdeithas Cymru-Patagonia
23, Ffordd y Tabernacl
Y Bala

3

LLYFRAU MENAI

Gwahoddir ceisiadau am y tair swydd erbyn 7 Medi 2000

GOLYGYDD

i weithio ar lyfrau Cymraeg i oedolion. Mae'r gallu i drin iaith yn gywir yn hanfodol. Cyflog i'w drafod yn ôl profiad.

SWYDDOG PROSIECT LLYFRAU I BLANT

(Swydd tri diwrnod yr wythnos, £12,000 pro rata)

Cynigir cytundeb 15 mis i berson deallus ac egnïol sy'n gweinyddu a chyfathrebu'n effeithiol.

CYNORTHWY-YDD SWYDDFA

(Swydd ran-amser; oriau a chyflog i'w trafod)

Gofynnir am sgiliau ysgrifenyddol da a pharodrwydd i ymgymryd â dyletswyddau gweinyddol a chlerigol mewn swyddfa sy'n gweithredu trwy gyfrwng y Gymraeg.

Ceir manylion llawn am y swyddi trwy gysylltu â:

Llyfrau Menai, Llanddaron, Ynys Môn

Ffôn: 01715 236974

Mae Llyfrau Menai wedi ymrwymo i roi cyfle cyfartal i bawb

---

1 What type of job is being advertised in 1?
2 By which date must applications be in for job 1?
3 What type of person is required in job 2?
4 Is any previous experience required for job 2?
5 Where can you get further details for job 3?
6 How many jobs are available in advertisement 3?
7 As well as teaching classes, what else will the applicant be expected to do in advertisement 2?
8 Where is Bragdy'r Ceffyl Du?

Factfile: Welsh language radio

The first radio station set up in Cardiff in February 1923 broadcast very few programmes in Welsh. By the end of the 1920s there was a demand for more hours of broadcasting in Welsh and the situation improved somewhat in 1935 with the setting up of a studio in Bangor. By 1937, with the opening of the Penmon transmitter, Wales was considered a separate region by the BBC, which meant that Wales possessed the beginnings of a national broadcasting system. There was now far greater opportunity for Welsh medium broadcasting. During the 1940s and 1950s, before the development of Welsh television programmes, Welsh radio was extremely popular. The next expansion came about in 1979 with the introduction of VHF, when **Radio Cymru** and **Radio Wales** became two separate stations, one Welsh medium, the other English. It is now possible to hear Welsh on Radio Cymru from 6.30 in the morning until midnight. Commercial radio stations such as **Radio Ceredigion** and **Swansea Sound** also produce Welsh medium programmes and many radio stations produce Welsh programmes specifically aimed at Welsh learners.

Can you now do the following?	Yes	No	If not, go to page
Say what the time is in Welsh			236
Ask what time something begins			237
Buy a train ticket and ask for details of train arrivals and departures			239

20 | ACHOS FY MOD I'N OER
Because I'm cold

In this unit you will learn how to:

■ give a reason why you are doing something
■ decline the preposition 'rhwng'
■ use the nominative clause after conjunctions

Deialog 1

Jayne   Rwyt ti'n ôl! Sut aeth y cyfweliad? Wyt ti'n credu y cei di'r swydd?

Matthew   Nac ydw, dw i ddim yn credu fy mod i wedi gwneud cystal ag y gallwn i.

Tom   Paid â phoeni, cofia fod dau gyfweliad arall 'da ti.

Elen   Erbyn pryd dych chi'n meddwl y byddwch chi'n clywed?

Matthew   Dw i ddim yn credu y bydda i'n clywed cyn dydd Iau. Dw i eisiau anghofio am y cyfweliad nawr a chanolbwyntio ar fy nghyfweliad nesa'.

Jayne   Mae rhaid bod siawns 'da ti o gael un o'r swyddi.

Matthew   Cawn ni weld.

1 Does Matthew think that he will get the job?
2 What does Tom remind Matthew?
3 Does Matthew think he will have found out whether he was successful by Friday?

cystal ag y gallwn i *as well as I could*	**canolbwyntio (canolbwynti-)** *to concentrate*

Points to notice

■ You have already seen the nominative, or 'that' clause, expressed using **bod** in the present and imperfect tense and **y** in the future and conditional tense in Unit 9;

Clywais i ei fod e'n gwella.   *I heard that he is getting better.*
Clywais i ei fod e wedi gwella. *I heard that he had got better.*
Clywais i y bydd e'n gwella.   *I heard that he will get better.*
Clywais i y byddai fe'n gwella. *I heard that he would get better.*

■ **Mae rhaid bod siawns 'da ti o gael un o'r swyddi**, *You must have a chance of getting one of the jobs.* In Welsh, a sentence like 'You must have a chance' 'He must be very proud' 'Someone must know' is expressed using **mae rhaid** + a nominative clause: **Mae rhaid ei fod e'n falch iawn, Mae rhaid bod rhywun yn gwybod.**

Exercise 1

Tom, Elen, Matthew, Marc and Jayne all saw different films over the weekend. Compose sentences based on the information given in the grid. The first one has been done for you.

Gwelodd Tom *Pulp Fiction* dros y penwythnos, roedd e'n meddwl ei bod hi'n dreisgar iawn.

Tom	*Pulp Fiction*	Treisgar
Elen	*Titanic*	Rhamantus
Matthew and Marc	*The Bird Cage*	Doniol iawn
Jayne	*Star Wars*	Plentynnaidd

treisgar *violent*	**doniol** *funny*
rhamantus *romantic*	**plentynnaidd** *childish*

Exercise 2

Can you now say the following in Welsh?

1 I think that you will be fluent before long.
2 He said that he had learnt French in an evening class.
3 I hear that you were hoping to move to another area.
4 Do you think that she should retire?
5 We thought that her children were in the nursery school.
6 Who said that our car had broken down?
7 I said that they should go to see the optician.
8 They think that it will be stormy tomorrow.
9 Does he think that he will arrive before twenty to eight?
10 They said that they would prefer to stay in a hotel in the country.

Deialog 2

Glyn is 80 years old and has just done a bungee jump. He is being interviewed by a reporter from the Welsh television channel, S4C.

Gohebydd	Wel Glyn, y cwestiwn amlwg yw Pam?
Glyn	Achos fy mod i'n hoffi gwneud pethau tipyn yn wahanol i'r arfer, ac er fy mod i wedi neidio o awyren gyda pharasiwt, dw i erioed wedi gwneud naid bynji. Dw i hefyd yn hoffi trïo codi arian i achosion da, felly roeddwn i'n gweld bod hyn yn gyfle da, i wneud hynny.
Gohebydd	Sut roedd y profiad felly?
Glyn	Dw i ddim yn cofio llawer amdano fe a dweud y gwir. Doedd dim amser 'da fi i deimlo'n nerfus gan fod popeth drosodd mor gyflym. Roedd hi'n waeth i fy ngwraig achos ei bod hi ar y ddaear ac yn gallu gwylio popeth. Roedd pob munud yn teimlo fel awr iddi hi.
Gohebydd	Dych chi wedi codi llawer o arian?
Glyn	Ydw – dw i'n meddwl fy mod i a fy ffrind wedi codi saith cant o bunnau rhyngddon ni. Roedd hi'n drueni nad oedd mwy o bobl wedi dod i'n gweld ni ar y dydd ond dyna fe.
Gohebydd	Hoffech chi wneud naid arall?
Glyn	Hoffwn, yn bendant. Dw i'n gobeithio y bydda i'n ddigon iach y flwyddyn nesa' i'w wneud e ond, wedi

dweud hynny, mae Elsie fy ngwraig wedi dweud na
ddaw hi byth eto i fy ngweld i yn neidio. Roedd
unwaith yn ddigon iddi hi. Mae hi wedi cael llond bol
ohono i a fy syniadau gwirion. Mae hi'n credu ei bod
hi'n amser i fi roi'r gorau i bethau fel hyn. Efallai ei
bod hi'n iawn.

Gohebydd   Wel yn bersonol, dw i'n gobeithio y bydda i yn ôl yma
y flwyddyn nesa' Glyn, yn siarad â chi unwaith eto.
Diolch yn fawr am y sgwrs a llongyfarchiadau.

Glyn   Diolch yn fawr.

1 Has Glyn ever done a bunjee jump before?
2 Did Glyn's wife enjoy watching him jump?
3 Does Glyn intend to jump again?

---

gwahanol *different*
arfer (m.) *custom, usual*
neidio (**neid-**) *to jump*
naid (f.) **neidiau** *jump*
achos (m.) **-ion** *cause*

daear (f.) *ground, earth*
pendant *definite*
iach *healthy*
rhoi'r gorau i (SM) *to give up*
personol *personal*

Points to notice

■ **Rhyngddon ni.** As you saw in Unit 15, prepositions decline in
Welsh. **Rhyngddon ni** is an example of another preposition
which declines. The full forms are:

rhyngddo i *between me*   **rhyngddon ni** *between us*
rhyngddot ti *between you*   **rhyngddoch chi** *between you*
rhyngddo fe *between him*   **rhyngddyn nhw** *between them*
rhyngddi hi *between her*

■ As you can see in Deialog 2, other particles of speech are
followed by **bod**:

Achos (*because*): **Achos fy mod i'n hoffi gwneud pethau
tipyn yn wahanol i'r arfer.** *Because I like doing things that are
slightly different from the norm.*

Er (*although*): **Er fy mod i wedi neidio o awyren gyda pharasiwt.**
Although I have jumped from an aeroplane with a parachute.

Gan (*since*): **Gan fod popeth drosodd mor gyflym.** *Since
everything is/was over so quickly.*

Efallai (*perhaps*): **Efallai ei bod hi'n iawn.** *Perhaps she is right.*

Exercise 3

Give reasons for the questions below, following the example given.
Pam mae'r bachgen yn crïo? (mae e ar goll). **Mae e'n crïo achos ei fod e ar goll.**

1 Pam maen nhw'n mynd ar ddeiet? (maen nhw wedi bwyta gormod dros y Nadolig)
2 Pam dych chi'n cerdded adre'? (dw i wedi colli'r bws)
3 Pam mae'r dosbarth yn hapus? (mae'r cwrs yn dod i ben yfory)
4 Pam mae hi'n gwisgo cot fawr? (mae hi'n rhewi tu allan)
5 Pam dych chi'n mynd ar long trwy'r amser? (dyn ni ddim yn hoffi hedfan)
6 Pam mae John yn crynu? (mae ofn arno fe)

Exercise 4

Match the correct halves of the sentences.

Er ei bod hi'n bwrw glaw	es i ddim i weld y gêm
Er fy mod i'n hoffi rygbi	fydden ni byth yn gwneud naid bynji
Er bod cefn tost 'da fe	rwyt ti'n dal i ysmygu
Er bod cyfweliad 'da hi yfory	dyn nhw ddim yn heini iawn
Er ein bod ni'n hoffi parasiwtio	aiff e ddim at y meddyg
Er dy fod di'n gwybod ei fod e'n beryglus	dyw hi ddim wedi paratoi'n dda
Er eu bod nhw'n chwarae sboncen	dyn nhw ddim yn gwisio cot

 Deialog 3

Eifion Llŷr, the actor, has been invited on to the television programme *Nabod ein Pobl.* The presenter invites questions from the audience. **A, B** and **C** represent different members of the audience

Cyflwynydd	Mae Eifion yn barod i ateb eich cwestiynau. Ga' i'r cwestiwn cynta' os gwelwch yn dda?
A	Beth fydd eich prosiect nesa'?
Eifion	Bydda i'n dechrau ffilmio cyfres deledu newydd yn y gwanwyn. Cyfres gomedi fydd hi a dw i'n gobeithio y bydd hi'n boblogaidd ymhlith pobl ifainc gan y bydd hi'n ymdrin â bywyd myfyrwyr

	mewn coleg yng Nghymru.
B	Dych chi'n credu y byddwch chi'n mynd yn ôl i gyflwyno rhaglenni plant?
Eifion	Nac ydw, er fy mod i wedi mwynhau'r profiad o gyflwyno rhaglenni plant ac wedi dysgu llawer am y busnes, dw i'n credu ei bod hi'n amser i fi symud ymlaen.
C	Beth yw'ch hoff ran?
Eifion	Ces i lawer o hwyl yn actio draw yn America pan ges i ran yn y ffilm *A Welshman in Washington*. Ar ôl i fi wneud y ffilm 'na ces i lawer o sylw yn y wasg. Gobeithio na fydd rhaid i fi aros yn hir cyn cael rhan debyg.

1 When will Eifion be filming the television series?
2 Why won't Eifion be returning to presenting children's programmes?
3 What is Eifion's favourite part?

---

cyfres (f.) **-i** *series*
poblogaidd *popular*
ymhlith *among*
ymdrin â (AM) *to deal with*

cyflwyno (cyflwyn-) *to present*
gwasg (f.) *press*
tebyg *similar*

Points to notice

■ **Gobeithio na fydd rhaid i fi aros yn hir cyn cael rhan debyg,** *I hope that I won't have to wait long before getting a similar part.* **Na** introduces a negative 'that' clause. **Na** becomes **nad** in front of a vowel and is followed by the conjugated form of the verb.

Gobeithio nad yw e'n hwyr.	*I hope that he is not late.*
Dwedon nhw nad oedd e'n hwyr.	*They said that he was not late.*
Efallai na fydd e'n cyrraedd tan heno.	*Perhaps he will not arrive until tonight.*
Gan na fydden nhw yno.	*Since they wouldn't be there.*

■ Often in everyday speech you will hear a 'that' clause negated using **ddim**:

Gobeithio ei fod e ddim yn hwyr.	*I hope that he isn't late.*
Dwedon nhw ei fod e ddim yn hwyr.	*They said that he wasn't late.*

Factfile: S4C

A few Welsh language television programmes were shown at non-peak periods in the 1950s and the number rose somewhat after the establishment of **BBC Wales** in 1962. Demand for such programmes increased, and when in 1974 the BBC agreed in principle to the setting up of a fourth channel in Wales, it was agreed that this should be a Welsh channel.

The Conservative government elected in 1979, however, decided that it would be better to improve the then current Welsh medium provision. This created much discontent among protest groups such as **Cymdeithas yr Iaith** (Welsh Language Society). Gwynfor Evans, the President of Plaid Cymru, the Welsh political party, said he would go on hunger strike unless the government changed its mind. Fearing this would cause uproar in Wales, it gave way on September 17, 1980 and on November 1, 1982 **Sianel Pedwar Cymru** or **S4C** broadcast for the first time.

S4C now produces, on average, about 40 hours of programmes a week in Welsh and most of these are at peak times. In November 1998 a new digital television station, **S4C Digidol** (*digital*) began broadcasting 12 hours a day in Welsh. S4C is now available throughout Europe by means of satellite. A number of small independent companies produce a variety of programmes for S4C, many of which are enjoyed by non-Welsh speakers through English subtitles on Sbectel 888. Simplified Welsh subtitles are available on 889.

Can you now do the following?	Yes	No	If not, go to page
Use the 'that' clause in a sentence			247
Use a negative 'that' clause			251
Give a reason why something is happening (because ...)			249

21 | TI OEDD EISIAU DOD!
You wanted to come!

In this unit you will learn how to:

■ express emphasis
■ say you could have done something
■ accuse someone of doing something
■ deny something
■ accept the blame
■ say you own something

Deialog 1

Tom and his wife Glenys are out for a drive in the country when they realise that they are lost.

Tom   Wel, ti oedd eisiau dod.
Glenys   Doeddwn i ddim yn gwybod dy fod di eisiau mynd mor bell a gweld cymaint o leoedd.
Tom   Dy gar di yw e; dy gyfrifoldeb di yw sicrhau bod digon o betrol ynddo fe.
Glenys   Sut roeddwn i i fod i wybod y bydden ni'n crwydro hanner Ceredigion mewn un prynhawn? Ti anghofiodd y map.
Tom   Does dim diben eistedd fan hyn yn ffraeo. Af i i chwilio am yr orsaf betrol agosa'.

1 In whose car are they?
2 What has Tom forgotten?
3 Where does Tom intend going?

---

cyfrifoldeb (m.) **-au** *responsibility*   **crwydro (crwydr-)** *to wander*
sicrhau (sicrha-) *to make sure*   **ffraeo (ffrae-)** *to argue*

Points to notice

■ **Ti oedd eisiau dod** (_You_ wanted to come) You saw the structure of the basic Welsh sentence in Unit 1:

Verb	Subject	Yn	Verb-noun/ Adjective
mae	**Gethin**	**yn**	**chwarae/hapus**

You have also seen that the link word **yn** is not used with prepositions: **Mae Richard o flaen y tŷ**.

It is possible to place any of the parts of a sentence at the beginning of that sentence for emphasis. Compare the two sentences: **Mae hi'n canu** and **Canu mae hi.** The first sentence uses the traditional sentence structure and no emphasis is implied. The second sentence stresses that she is singing.

Ffraeo roedden nhw	_They were arguing_
Ar y llawr maen nhw	_They are on the floor_
Yfory dôn nhw	_They will come tomorrow_

A sentence in which one of the parts is emphasised is known as an emphatic sentence.

■ As you can see from these examples, the link word **yn** is not used in an emphatic sentence.

■ If the subject or the object of a sentence is placed first, the verb of that sentence is always in the third person singular.

Fi aeth i'r cyfarfod.	_I went to the meeting._
Gwen a Gethin fwytodd y siocledi.	_Gwen and Gethin ate the chocolates._
Nhw dorrodd y ffenest.	_They broke the window._

■ As you can see from the examples above, when the subject or object of a sentence is placed first, the verb following them is softly mutated.

■ In the present tense, **sydd (sy)** is used to emphasise the subject.

| **Tom sy'n briod â Glenys.** | _Tom is married to Glenys._ |
| **Titanic sy'n cael ei dangos heno.** | _Titanic is being shown tonight._ |

Exercise 1

Rewrite the sentences, placing the underlined word or words at the beginning of the sentence. Remember that if the subject or object is stressed, the verb will be mutated and in the third person. Two examples have been done for you. Roeddwn i'n mynd <u>bob dydd,</u> **Bob dydd roeddwn i'n mynd.** Roeddwn <u>i</u>'n mynd bob dydd, **Fi oedd yn mynd bob dydd.** (The subject comes first and therefore the third person is used.)

1 Mae hi'n byw <u>ynghanol y dre'</u>.
2 Dylen <u>nhw</u> fynd yn syth.
3 Roedden nhw'n <u>ffraeo</u>.
4 Fyddech <u>chi</u>'n dweud wrth y plant?
5 Mae <u>William</u> wedi ennill y loteri.
6 Do'n <u>i</u> ddim yn gallu canu.
7 Maen nhw <u>wedi blino</u>.
8 Cawson nhw eu geni <u>yng ngogledd Cymru</u>.
9 Cafodd <u>e</u> ei eni yn y de.
10 Byddan nhw <u>yn y bar</u>.
11 Prynais i <u>bapur</u>.
12 Mae <u>hi</u>'n byw gyferbyn â'r parc.

Deialog 2

Eirian has arranged to meet Ceri, who eventually arrives late. Eirian is not happy.

Eirian   Ble rwyt ti wedi bod? Chwarter i un dwedon ni on'd ife?
Ceri   Ie, mae'n ddrwg 'da fi. Dw i'n gwybod fy mod i'n hwyr iawn.
Eirian   Gallet ti fod wedi ffonio. Dw i wedi bod yn aros ers dros awr.
Ceri   Wnes i ddim sylweddoli ei bod hi mor hwyr.
Eirian   Dylet ti fod wedi meddwl. Nid dyma'r tro cynta' i fi aros yn hir amdanat ti.
Ceri   Mae rhaid bod cloc y Castell yn anghywir. Efallai ei fod e ar ôl.
Eirian   Dwyt ti erioed wedi bod yn y Castell eto!
Ceri   Dim ond galw i mewn am hanner awr gwnes i.

Eirian Galw i mewn wir! Paid â disgwyl i fi gredu hynny! Nid ddoe ces i fy ngeni.

1 At what time had Ceri and Eirian arranged to meet?
2 Has Ceri ever been late before?
3 What is Ceri's excuse?

> **wir** *indeed*

Points to notice

■ The replies to emphatic questions are **ie** (*yes*) and **nage** (*no*):
Chi wnaeth y llanast 'ma? Ie, mae'n ddrwg 'da fi.
Chi ddaeth â'r bwyd?   Nage, Elen ddaeth â fe.

■ **On'd ife** is a 'tag' which can be added to an emphatic sentence. It translates as 'isn't it', 'wasn't it', 'won't they' etc., depending on the tense of the sentence.
Hi aeth i'r dafarn on'd ife?   *She went to the pub didn't she?*
Pontypridd enilliff on'd ife?   *Pontypridd will win won't they?*
Ni ddylai benderfynu on'd ife? *We should decide shouldn't we?*

■ Emphatic sentences are negated using **nid**:

Nid dydd Mawrth mae hi'n dod. *She's not coming on Tuesday.*
Nid wrth y tân roedden nhw.   *They weren't by the fire.*

In everyday conversation you will also hear **dim**: **Dim wrth y tân roedden nhw.**

■ You have already seen 'I should have' in Unit 18. **Bod wedi** is also used with **gallu**, and **hoffi** to say 'I could have', 'he would have liked to' etc.:
Gallech chi fod wedi ffonio. *You could have phoned.*
Hoffwn i fod wedi dysgu   *I would have liked to have*
** Eidaleg.**   *learnt Italian.*

Exercise 2

Connect the correct response to the appropriate sentence on the left.

a) Cwympodd e i mewn i'r afon.

b) Does dim rhaid i ti fynd nawr.

c) Arnyn nhw mae'r bai.

d) Es i i Sbaen ar fy ngwyliau diwetha'.

e) Mae hi wedi rhoi'r gorau i ysmygu.

f) Mae e wedi cael ei arestio.

g) Mae rhywun wedi torri i mewn i fy nhŷ.

Dylet ti fod wedi cloi'r ffenest.

Ddylai fe ddim bod wedi dwyn yr arian.

Hoffwn i fod wedi mynd gyda ti.

Gallech chi fod wedi dweud wrtha i ynghynt.

Gallwn i fod wedi dweud hynny wrthot ti.

Dylai hi fod wedi gwneud hynny flynyddoedd yn ôl.

Hoffwn i fod wedi gweld hynny.

Exercise 3

Owain shares a house with some friends. He returns one day to find that there have been several mishaps during the day. Listen to him explaining on the tape what has happened. There were four incidents, all brought about by different people. What were the incidents and who was responsible for them? After you have decided where the blame lies in each case answer the questions.

1 How does Owain describe the house?
2 Who made the most mess?
3 What will Owain have to do because of Lyn?
4 Has Rhodri ever done the action described before?

1 Accusing someone of doing something

Chi wnaeth hyn? *Did you do this?*
Arno fe mae'r bai. *He is to blame.*
Chi fwytodd y bwyd i gyd. *You ate all the food.*
Ti gollodd yr allweddi. *You lost the keys.*
Fe sy'n gyfrifol am hyn. *He is responsible for this.*

2 Denying something

Nid arna i roedd y bai.	*It wasn't my fault.*
Dw i'n gwybod dim byd amdano fe.	*I know nothing about it.*
Doeddwn i ddim yno ar y pryd.	*I wasn't there at the time.*
Nid fi wnaeth e.	*I didn't do it.*

3 Accepting blame for something

Arna i mae'r bai.	*I'm to blame.*
Dylwn i fod wedi dweud wrthoch chi'n syth.	*I should have told you straight away.*
Dylwn i fod wedi bod yn fwy gofalus.	*I should have been more careful.*
Doeddwn i ddim yn bwriadu ei wneud e.	*I didn't intend to do it.*
Doedd e ddim yn fwriadol.	*It wasn't intentional.*

Exercise 4

Can you now say the following in Welsh? (Put the underlined words at the beginning of the sentence.)

1 You should have been more careful. (fam.)
2 We knew nothing about it.
3 <u>She</u> broke the window didn't she?
4 You should have thought about that before now.
5 <u>They</u> are to blame.
6 It wasn't our fault.
7 I would have liked to have seen her face.
8 Did <u>he</u> do this?

Exercise 5 Byth ac erioed

Remembering that **byth** is used with the present tense, the imperfect tense, the future tense and the conditional tense and that **erioed** is used with the past tense and with **wedi**, fill in the gaps in the sentences.

1 Dw i _____ wedi ystyried symud i ardal arall.
2 Dwyt ti _____ wedi bod yn Ewrop.
3 Wna i _____ priodi eto.
4 Fydda fe _____ yn buddsoddi ei arian yn y cwmni 'na.
5 Doedden ni _____ wedi ystyried y posibiliad.
6 Allwn i _____ mynd yn ôl.
7 Doedden nhw _____ yn hapus.
8 Awn ni _____ yno eto.
9 Enilliff hi _____ mo'r loteri.
10 Welais i _____ mohono fe'n iawn.
11 Fyddwn i _____ yn awgrymu hynny.

Deialog 3

Jayne sees Matthew and Marc returning from the pub. They both seem very happy.

Jayne   Matthew! Roeddwn i'n meddwl mai dydd Gwener oedd diwedd y cwrs. Dych chi'ch dau'n edrych fel tasech chi wedi bod yn dathlu'n barod.

Matthew Dathlu dyn ni wedi bod yn ei wneud. Clywais i y bore 'ma fy mod i wedi cael y swydd gyda'r coleg addysg bellach yn y gogledd. Ches i mo'r swydd yn y dafarn; aeth y swydd i rywun oedd yn gweithio yno'n barod.

Jayne   Llongyfarchiadau, roeddwn i'n meddwl mai'r swydd 'na y byddet ti'n ei chael.

Marc   Dw i ddim yn gallu dy ddychmygu di fel athro Matthew; fyddai swydd fel 'na ddim yn fy siwtio i, ond os mai dyna beth rwyt ti eisiau ei wneud …

Jayne   Pryd mae'r swydd yn dechrau?

Matthew Mewn pythefnos, ond fydda i ddim yn dechrau dysgu tan fis Hydref.

1 Why have Matthew and Marc been celebrating?
2 How does Marc say 'if that's what you want to do?'
3 What will Matthew be doing in October?

---

dychmygu (dychmyg-) *to imagine*

Points to notice

■ You should now be familiar with the nominative or 'that' clause. Emphatic sentences use the word **mai** to introduce the nominative clause.

Emphatic sentence:

Fe atebodd y ffôn.	*He answered the phone.*
Dw i'n gwybod mai fe atebodd y ffôn.	*I know that he answered the phone.*
Roeddwn i'n credu mai dydd Gwener oedd diwedd y cwrs.	*I thought that Friday was the end of the course.*

■ In South Wales, you will hear the word **taw** instead of **mai**.

Exercise 6

Look at the differences between these two sentences: Roeddwn i'n meddwl **bod** eich brawd yn byw yno (*I thought that your brother lived there*) and Roeddwn i'n meddwl **mai** eich brawd oedd yn byw yno (*I thought that your brother lived there*).

There is no emphasis in the first sentence, whereas the second sentence emphasises the fact that your brother (and not your sister, for example) lived there.

Fill in the gaps in the sentences with either **bod** or **mai**.

1 Dw i'n gobeithio _____ Matthew gaiff y swydd.
2 Dw i'n credu _____ nhw fyddai'r gorau.
3 Clywais i _____ Eifion wedi cael swydd newydd.
4 Clywais i _____ Eifion oedd wedi cael swydd newydd.
5 Dwedodd e _____ y caws yn yr oergell.
6 Oeddech chi'n gwybod _____ ei thad yn dod yfory?
7 Roeddwn nhw'n meddwl _____ ei modryb hi oedd yn dod yfory.
8 Mae'n bosib _____ Eifion a Jane'n mynd i golli eu swyddi.
9 Dw i'n siŵr _____ pawb yn mynd i fod yno.
10 Roedd hi'n mynnu _____ hi oedd yn iawn.

Deialog 4

Matthew has found a dictionary. It is not his, so he wants to find out who owns it so that he can return it.

Matthew Oes rhywun yn gwybod pwy sy biau'r geiriadur 'ma? Mae rhaid fy mod i wedi ei roi e yn fy mag gyda fy llyfrau eraill ddoe. Wnes i ddim sylwi arno fe tan y bore 'ma. Nid fi sy biau fe.

Jayne Oes enw tu mewn iddo fe?

Matthew Nac oes, dw i wedi edrych yn barod.

Tom Dw i'n credu mai fy ngeiriadur i yw hwnna. Dw i'n cofio dod â fe i'r dosbarth ddoe, ond doeddwn i ddim yn gallu cael hyd iddo fe yn unman neithiwr. Ga' i ei weld e? . . .
Ie, fi sy biau hwn. Dyma fy nodiadau i gyd yng nghefn y llyfr.

Jayne Dw i ddim yn deall pobl sy'n ysgrifennu mewn llyfrau.

1 Where did Matthew find the dictionary?
2 Is there a name inside the dictionary?
3 What has Tom done that Jayne doesn't like?

---

nodyn (m.) **nodiadau** note

Points to notice

■ **Fi sy biau'r llyfr 'na** *I own that book.* **Piau** is an emphatic way of expressing ownership and is only used in emphatic sentences. **Pwy sy biau'r sbectol 'ma?** *Who owns these glasses?* **Nhw oedd biau'r car 'na.** *They owned that car.*

Exercise 7

Ask who owns the following objects and give the appropriate answer. The first one has been done for you.

1 tŷ   nhw   **Pwy sy biau'r tŷ 'na? Nhw sy' biau fe.**
2 arian   y plant
3 ffrog   gwraig Mr Evans
4 allweddi   Steffan
5 dryll   lleidr
6 tabledi   y meddyg
7 buwch   y ffermwr
8 car mawr   perchennog y gwesty

 Deialog 5

The friends are chatting at the barbecue and make plans to keep in touch.

Tom   Wel, byddi di'n dechrau ar y gwaith yn y gogledd yr wythnos nesa' Matthew. Wyt ti'n edrych ymlaen ato fe?

Matthew Ydw, ond mae can mil o bethau 'da fi i'w gwneud cyn i fi ddechrau.

Jayne   Rhag ofn i fi anghofio yfory, hoffwn i gael cyfeiriadau pawb. Byddai hi'n braf tasen ni'n gallu cadw mewn cysylltiad. Os bydd unrhywun ohonoch chi draw yn America, mae croeso i chi aros gyda fi a Haf.

Tom   Ffonia i ti mewn mis Matthew, cawn ni sgwrs yn Gymraeg. Tybed fydd dy acen wedi newid ar ôl i ti fod yn y gogledd am fis?

Jayne   Fyddwch chi'n dysgu ar y cwrs y flwyddyn nesa' Elen?

Elen   Gobeithio y ca' i'r cyfle, chi yw'r grŵp gorau dw i erioed wedi ei ddysgu.

Tom   Hoffwn i gynnig llwncdestun i Elen a diolch iddi hi ar ran y grŵp am ei holl waith caled yn ystod y cwrs.

Pawb   I Elen.

1 What will Matthew be doing next week?
2 What does Jayne invite everyone to do?
3 Will Elen be teaching on the course next year?
4 How does Tom propose a toast to Elen?

---

rhag ofn *in case*
cysylltiad (m.) **-au** *contact*
tybed *I wonder*

acen (f.) **-ion** *accent*
llwncdestun (m.) **-au** *toast*
ar ran *on behalf of*

Points to notice

■ **Ar ôl i ti fod yn y gogledd am fis. Ar ôl** (*after*), **cyn** (*before*), **erbyn** (*by*), **ers** (*since*), **nes** (*until*) and **wrth** (*as*) are all time conjunctions. A verb-noun can be used directly after them:

Ar ôl archebu bwyd, talais i am fy niod.
After ordering food, I paid for my drink.

Cyn edrych ar y fwydlen.
Before looking at the menu.

Erbyn i'r cwch hwylio o'r porthladd.
By the time the boat sailed from the port.

Ers adnewyddu'r bwthyn.
Since renovating the cottage.

■ As you can see from the sentence **Erbyn i'r cwch hwylio o'r porthladd**, if you want to say, after I order food, before he looks at the menu, before the builder renovates the cottage etc., the pattern used is time conjunction + **i** + subject:

Ble aiff e ar ôl iddo fe adael?
Where will he go after he leaves?

Dere â dy gwpan cyn i'r tegell ferwi.
Bring your cup before the kettle boils.

Ar ôl i ti roi dy bethau i gadw.
After you put your things away.

■ Other phrases following this same pattern are **rhag ofn** and **er mwyn**:

rhag ofn i fi anghofio
in case I forget

er mwyn i bawb weld
in order for everyone to see

Exercise 8

Match up the two halves to make complete sentences.

1 Ar ôl i fi fynd am dro   rhag ofn i chi anghofio
2 Wrth iddyn nhw yrru drwy'r   roedd y bws wedi mynd
   wlad

3 Agorodd e'r ffenest

4 Llenwais i'r tegell

5 Gwnewch e nawr

6 Buodd e farw

7 Erbyn iddo fe gyrraedd yr
orsaf

8 Chei di mohono fe

9 Paid â gwneud dim byd

cyn i'r ambiwlans gyrraedd

er mwyn i fi gael paned o de

gwelon nhw lawer o bethau
diddorol

nes i ti dalu'r bil

nes i ti drafod y peth gyda dy
rieni

er mwyn iddo fe weld yn well

dw i'n cael cinio

Exercise 9

Change these sentence according to the example given. Aethon
nhw am dro (since) **Ers iddyn nhw fynd am dro.**

1 Atebodd e'r llythyr. (after)
2 Datgelwn ni'r gyfrinach. (until)
3 Croesan nhw'r heol. (before)
4 Cafodd hi ei boddi. (in case)
5 Daw'r gwaith i ben. (after)
6 Rhedodd e i ffwrdd. (as)
7 Gohiriodd e'r prawf. (before)
8 Cwrddiff e â'r prifathro. (since)
9 Ca' i ddolur. (in case)
10 Gwylltiodd e. (after)

Points to notice

■ Phrases such as **ar ôl i fi gyrraedd** etc., which follow the
pattern time conjunction + **i** + subject + verb-noun are known
as adverbial clauses. These types of clauses cannot show
tense, and rely on the preceding clause e.g.:

Caewch y drws wrth i chi adael.   *Close the door as you
                                        leave.*

Caeodd e'r drws wrth iddo   *He closed the door as
fe adael.*   *he left.*

Factfile: Welsh cultural icons

The **harp** is considered to be the national instrument of Wales and is used to accompany **penillion** singing (or **cerdd dant**) – the harp plays a melody and the singer sings in counterpoint to it. The national symbol of Wales is a matter of debate. According to some it is the **leek**, but others insist that it is the **daffodil**. Both are worn on St David's Day and at international rugby matches. Another item associated with Wales are the **love spoons** (**llwyau caru**), intricate wooden spoons traditionally carved during the winter months by young farm labourers to give to their sweethearts.

Can you now do the following?	Yes	No	If not, go to page
Stress an element in a Welsh sentence			254
Say that you would have liked to have done something			256
Accuse someone of doing something			257
Deny or accept blame for something			258
Ask who owns something			262
State that something belongs to you			262

APPENDIX 1
Regional variations

The Welsh Language(s)

As is the case with other languages, not everyone who speaks Welsh speaks the language in exactly the same way. Such regional differences add colour and variety, although increased mobility and mass communications during the twentieth century have led to greater standardisation of the language. In spite of this the myth that South Walian Welsh is very different to North Walian Welsh still exists. This is a psychological problem rather than a rational inability to understand one another and is based on various reasons such as:

1 Certain differences in individual words

Here are a few of the most common.

South Wales	North Wales	English
allwedd	agoriad	*key*
bant	i ffwrdd	*away*
bord	bwrdd	*table*
cer!	dos!	*go!* (fam.)
cadno	llwynog	*fox*
dere!	tyrd!	*come!* (fam.)
fe, e	fo, o	*he, him*
gallu	medru	*to be able*
gyda/'da	efo	*with*
lan	i fyny	*up*
llaeth	llefrith	*milk*
llefain	crïo	*to cry*
mam-gu	nain	*grandmother*
mas	allan	*out*
menyw	dynes	*woman*

merch	geneth	*girl*
moyn	eisiau	*to want*
nawr	rŵan	*now*
pert	del	*pretty*
tad-cu	taid	*grandfather*
taw	mai	*that* (in emphatic sentences)
twym	cynnes	*warm*
winwns	nionod	*onions*

2 The construction with 'gan'

As noted in Unit 3 personal forms of the preposition **gan** are used in North Wales to denote possession rather than **gyda/'da**:

Mae gen i gath ddu.	*I've got a black cat.*
Oes gen ti gi?	*Have you got a dog?*
Mae gynno fo un mab.	*He's got one son.*
Mae gynni hi dair merch.	*She's got three daughters.*
Mae gynnon ni ardd fawr.	*We've got a big garden.*
Oes gynnoch chi lefrith?	*Have you got milk?*
Mae gynnyn nhw ddigon o bres.	*They've got enough money.*

As you can see from these examples, the object possessed comes after **gan** and takes the soft mutation.

Accents

Obviously there isn't a line across Wales where people stop speaking North Walian Welsh and start speaking South Walian Welsh! The language changes gradually in mid Wales as you move from one area to the next. At the same time there are, of course, certain minor differences between West and East Wales. Here are a few general points to help you recognise the various accents of Wales.

North-west Wales

The ending **-au** is pronounced **-a**, e.g. **llyfrau > llyfra** (*books*).
U is pronounced in the back of the throat, e.g. **du** (*black*).

North-east Wales

The ending **-au** is pronounced **-e** at the end of words, e.g. **pethau > pethe** (*things*), **dyna > dene** (*that is*).

South-east Wales/Northern Powys

The letter **-â > -ê** e.g. **tân > tên** (*fire*).

Glamorgan/Swansea Valley

The letters **d, b** and **g** change to **t, p** and **c**, e.g. **cadw > catw** (*to keep*), **stabal > stapal** (*stable*), **agor > acor** (*to open*).

The ending **-odd > -ws** e.g. **collodd > collws** (*he lost*).

South/West Wales

The ending **-au** is pronounced **-e** at the end of words e.g. **gorau > gore** (*best*).

ae > a e.g. **cae > ca** (*field*).

oe > o e.g. **roedd e > ro'dd e** (*he was*).

Pembrokeshire

oe > we in words of one syllable, e.g. **coed > cwed** (*trees*).

These differences should not cause you any great difficulty and you will find that many Welsh speakers are bilingual within their own language, using the form or dialect appropriate to the situation. As your knowledge of the language improves you will learn to do likewise.

APPENDIX 2
How to say 'yes' and 'no' in Welsh

It has been said that one of the most difficult things about Welsh is learning how to say yes and no. If you think about it logically however, you shouldn't have any problems – answering yes to a question simply depends on what word the question started with. In the case of **he/she/they** the verb is repeated in the answer without the pronoun. Note that there is no mutation in the reply.

Ydy e'n dod heno?	*Is he coming tonight?*	**Ydy.**	*Yes (he is).*
Oedd hi'n gallu canu?	*Was she able to sing?*	**Oedd.**	*Yes (she was).*
Fyddan nhw yno?	*Will they be there?*	**Byddan.**	*Yes (they will be).*

Naturally, with **you/I/us**, the reply will contain the appropriate personal form of the verb in the question.

Wyt ti'n hapus?	*Are you happy?*	**Ydw.**	*Yes (I am).*
Ga' i helpu?	*May I help?*	**Cewch.**	*Yes (you may).*
Allen ni fynd?	*Could we go?*	**Gallech.**	*Yes (you could).*

No in reply to questions such as the ones we have just seen is expressed by placing **na** in front of the appropriate yes answer. **Nac** (pronounced **nag**) is placed in front of words beginning with a vowel. Note the soft/aspirate mutation after **na**.

Ddaw e'n ôl yfory?	*Will he come back tomorrow?*	**Na ddaw.**	*No (he won't).*
Dych chi'n hoffi'r cwrs?	*Do you like the course?*	**Nac ydw.**	*No (I don't).*
Oes ceffyl 'da nhw?	*Have they got a horse?*	**Nac oes.**	*No (they haven't).*
Ga' i ofyn iddo fe?	*May I ask him?*	**Na chei.**	*No (you may not).*

There are exceptions however! All questions in the past tense, including those using **bod** the verb to be, are replied either with **do** meaning yes or **naddo** meaning no, regardless of the person concerned.

Fuon nhw yn y dref neithiwr?	*Were they in town last night?*	**Do.**	*Yes.*
Fuodd e yn Aberystwyth?	*Was he in Aberystwyth?*	**Naddo.**	*No.*
Aethoch chi i'r parc?	*Did you go to the park?*	**Do.**	*Yes.*
Wnest ti lawer o waith?	*Did you do much work?*	**Naddo.**	*No.*

Emphatic questions which identify someone or something do not begin with a verb and use **ie** for yes and **nage** for no in all cases.

Mair wyt ti?	*Are you <u>Mair</u>?*	**Ie.**	*Yes.*
Ar y llawr mae e?	*Is it <u>on the floor</u>?*	**Ie.**	*Yes.*
Athro oeddet ti?	*Were you <u>a teacher</u>?*	**Nage.**	*No.*

KEY TO THE EXERCISES

Unit 1

Deialog 1 1 Tiwtor y cwrs Cymraeg 2 Dysgwr ydw i 3 Nerfus.

Exercise 1 a) Bore da b) Prynhawn da c) Bore da d) Noswaith dda e) Prynhawn da f) Noswaith dda g) Bore da h) Noswaith dda i) Prynhawn da

Exercise 2 a) Sut dych chi? b) Sut rwyt ti? c) Sut dych chi? d) Sut dych chi? e) Sut rwyt ti? f) Sut dych chi? g) Sut rwyt ti? h) Sut dych chi? i) Sut dych chi? j) Sut rwyt ti?

Exercise 3 Matthew bore (morning) iawn (all right) Jayne bore (morning) eitha' da (quite good) Tom noswaith (evening) nerfus (nervous) Elen noswaith (evening) da iawn (very well)

Exercise 4 a) Da iawn b) Dim yn dda c) Eitha' da d)Nerfus

Deialog 2 1 America 2 Wales 3 Aberystwyth

Exercise 5 1 Bontypridd, Gaerdydd, Ddinbych 2 Rydlewis, Donypandy, Lanelli 3 Went, Fedwas, Fachynlleth

Deialog 3 1 Dych chi'n hapus? 2 Os gwelwch yn dda 3 No

Exercise 6 1 Nac ydw 2 Ydy 3 Ydw 4 Ydy 5 Ydy 6 Nac ydw 7 Nac ydy 8 Nac ydy

Deialog 4 1 Yes 2 Yes

Deialog 5 1 Ga' i? Hoffwn i gael 2 A large black coffee without sugar

Unit 2

Deialog 1   1 Dw i'n siarad Gwyddeleg yn rhugl   2 He wants to be able to speak to his mother in Welsh   3 At an evening class

Exercise 1   1 Dim un dau dau dau saith wyth chwech tri pedwar pump   2 Dim un dau tri naw chwech tri pedwar naw dau un 3 Dim un pump saith dim pedwar wyth tri saith dau un   4 Dim un naw saith dim chwech dau un tri pump pedwar   5 Dim un tri wyth pedwar dau naw pedwar saith tri wyth

Exercise 2

1 **Ysgrifenyddes** Bore da, Canolfan Dysgu Cymraeg.

Andrew   Bore da, Andrew Williams sy'n siarad.

Ysgrifenyddes   Beth yw'ch enw chi eto?

Andrew   Andrew Williams. Dw i'n byw yn Aberystwyth ac dw i'n dysgu Cymraeg yn y coleg. Hoffwn i ddod ar gwrs Cymraeg yn yr haf. Ga' i'r manylion os gwelwch yn dda.

Ysgrifenyddes   Wrth gwrs, ond mae Mr Evans, y trefnydd, yn dysgu nawr, ga' i'ch rhif ffôn chi? Bydd Mr Evans yn ffonio ar ôl y dosbarth.

Andrew   Diolch. Dyma'r rhif: dim un saith saith tri tri naw pump wyth un chwech.

Ysgrifenyddes   Dim un saith saith tri tri naw pump wyth un chwech. Ydy'r rhif yn iawn?

Andrew   Ydy. Diolch yn fawr.

Ysgrifenyddes   Hwyl.

2 **Ysgrifenyddes** Bore da, Canolfan Dysgu Cymraeg.

Brenda   Bore da, Brenda Smith sy'n siarad.

Ysgrifenyddes   Beth yw'ch enw chi eto?

Brenda   Brenda Smith. Dw i'n byw yn Felinfach ac dw i'n dysgu Cymraeg yn Aberaeron. Hoffwn i ddod ar gwrs Cymraeg yn yr haf. Ga' i'r manylion os gwelwch yn dda.

Ysgrifenyddes   Wrth gwrs, ond mae Mr Evans, y trefnydd, yn cael cinio nawr, ga' i'ch rhif ffôn chi? Bydd Mr Evans yn ffonio ar ôl tri.

Brenda	Diolch. Dyma'r rhif, dim un naw pedwar pedwar dau wyth pedwar chwech un dau.
Ysgrifenyddes	Dim un naw pedwar pedwar dau wyth pedwar chwech un dau. Ydy'r rhif yn iawn?
Brenda	Ydy. Diolch yn fawr.
Ysgrifenyddes	Hwyl.
3 **Ysgrifenyddes**	Bore da, Canolfan Dysgu Cymraeg.
Sandra	Bore da, Sandra Morris sy'n siarad.
Ysgrifenyddes	Beth yw'ch enw chi eto?
Sandra	Sandra Morris. Dw i'n byw yn Llanelli ac dw i'n dysgu Cymraeg ar gwrs yn y gwaith. Hoffwn i ddod ar gwrs Cymraeg yn yr haf. Ga' i'r manylion os gwelwch yn dda.
Ysgrifenyddes	Wrth gwrs, ond mae Mr Evans, y trefnydd, yn gweithio nawr, ga' i'ch rhif ffôn chi? Bydd Mr Evans yn ffonio ar ôl pump.
Sandra	Diolch. Dyma'r rhif: dim un naw saith pump tri naw chwech un saith dau.
Ysgrifenyddes	Dim un naw saith pump tri naw chwech un saith dau. Ydy'r rhif yn iawn?
Sandra	Ydy. Diolch yn fawr.
Ysgrifenyddes	Hwyl.

Exercise 3   a) Glyn   b) Ifan ac Ann   c) Ifan   d) Morys   e) Gwenda

Exercise 4   You have won the top line

Deialog 2   1 In Cardiff   2 Yes, he thinks it is very interesting but they are very busy at the moment   3 16, Walter Street   4 Move from London

Exercise 5   1 e   2 c   3 d   4 g   5 b   6 f   7 a

Exercise 6   Statements 1, 3, 5, 7 and 8 are untrue

Unit 3

Deialog 1 1 4 and 7   2 She comes from a big family herself   3 It doesn't pay very well   4 No, he is an only child

Exercise 1 Mae ci 'da fi   Mae cath 'da ti   Mae car 'da fe Mae tŷ 'da hi   Mae ffôn 'da ni   Mae arian 'da chi   Mae beic 'da nhw

Exercise 2 Oes ci 'da fi?   Oes cath 'da ti?   Oes car 'da fe? Oes tŷ 'da hi?   Oes ffôn 'da ni?   Oes arian 'da chi?   Oes beic 'da nhw?

Exercise 3 1 Oes, mae car 'da nhw   2 Nac oes, does dim ci 'da fi   3 Oes, mae arian 'da ni   4 Oes, mae cath 'da John   5 Nac oes, does dim plant 'da fi *or* Nac oes, does dim plant 'da ni   6 Nac oes, does dim llyfr 'da hi

Exercise 4 1 True   2 False   3 True   4 False   5 False   6 True   7 False   8 True   9 False   10 True

Deialog 2 1 His son got engaged over the weekend   2 Yes   3 28

Exercise 5 Mae Sally'n bedwar deg dwy oed   Mae Bob yn un deg tair oed.   Mae Gwyn yn dair oed   Mae Gwenda'n naw deg wyth oed   Mae Tony'n chwe deg pedair oed   Mae Alan yn saith deg tair oed   Mae Lisa'n ddau deg saith oed   Mae Sam yn bum deg naw oed

Exercise 6 1 Gwyn   2 Bethan   3 Angela   4 Jane   5 Lisa   6 David   7 David   8 Lisa   9 Oes, Jane   10 Nac oes   11 Oes, Angela   12 Oes, Gethin a Rhys   13 Nac oes, un mab ac un ferch   14 Nac oes   15 Oes, Gethin a Rhys

Exercise 7 Gethin single   Megan divorced, 2 sons and a daughter   Gareth widowed, two daughters   Mair married, no children

Deialog 3 1 Dragons, over 20   2 No   3 He thinks it is silly

Exercise 8 1 Mae pedwar deg pump o lyfrau 'da Clare   2 Mae naw deg naw o stampiau 'da John   3 Mae dau ddeg un o recordiau 'da Tina   4 Mae tri deg un o longau 'da Gwyn   5 Mae wyth deg saith o stampiau 'da Clare   6 Mae naw deg o lyfrau 'da Tina

Exercise 9 Sawl ci sy 'da Sarah? Mae tri chi 'da hi   Sawl cwningen sy 'da Megan? Mae pedair cwningen 'da hi   Sawl ceffyl sy 'da Linda? Mae un ceffyl 'da hi

Unit 4

Deialog 1 1 Every week   2 The children   3 No, but they ask for one every day

Exercise 1 1 Dw i'n hoffi siwgr a choffi cryf du   2 Mae e'n ddiddorol iawn   3 Dyn nhw ddim yn brysur   4 Dyn ni'n chwarae pêl-droed yfory?   5 Dyn nhw'n dysgu Cymraeg mewn dosbarth nos?   6 Ydy e'n nerfus?   7 Dwyt ti ddim yn mynd i'r sinema eto! 8 Dyn ni'n hoffi chwaraeon   9 Dyw e ddim yn casglu llongau   10 Dyn nhw'n mwynhau'r nofio?

Exercise 2 1 Michael – rhedeg – ddwywaith yr wythnos 2 Owen – chwarae tennis – bob penwythnos   3 Catrin – merlota – yn aml   4 Gwen – darllen – bob dydd

Deialog 2 1 A little   2 Cricket   3 His local rugby team

Exercise 3 2 Nac oes, does dim diddordeb 'da Catrin mewn rhaglenni cwis   3 Nac oes, does dim diddordeb 'da Sonia mewn rhaglenni chwaraeon   5 Ydy, mae Byron yn hoffi rhaglenni chwaraeon   6 Ydy, mae Catrin yn hoffi operâu sebon.

1 Mae'n well 'da Sonia raglenni cwis   2 Mae'n gas 'da Byron raglenni cwis   3 Mae Catrin yn eitha' hoff o raglenni chwaraeon 4 Dyw Sonia ddim yn hoffi'r newyddion na rhaglenni chwaraeon 5 Mae'n gas 'da Catrin raglenni cwis   6 Mae Byron yn eitha' hoff o'r newyddion, ond mae'n well 'da fe raglenni chwaraeon ac operâu sebon   7 Dyw Catrin ddim yn hoffi'r newyddion o gwbl, mae'n well 'da hi raglenni chwaraeon ac operâu sebon

Deialog 3 1 No, every Wednesday night   2 No, they don't win very often   3 No, but she is interested in history

Exercise 4 1 yes   2 yes   3 Matthew   4 Elen   5 melyn

Unit 5

Deialog 1 1 No, he doesn't like looking at children performing 2 Three   3 In a pub in the town

Exercise 1 1 False   2 False   3 False   4 False   5 True   6 True   7 False

Exercise 2 1 A play   2 He has promised to have dinner with his parents   3 Three – John, Thomas and Sali

Exercise 3 1 Nac ydy   2 Ydw (or Ydyn)   3 Hoffwn   4 Nac ydyn (or nac ydych)   5 Nac oes   6 Ydych (or wyt)   7 Na hoffwn 8 Cewch   9 Oes   10 Na chewch

Exercise 4 1 No   2 Nine degrees Celsius, 49 degrees Fahrenheit   3 No, it will be raining in north Wales   4 Heavy rain and strong winds   5 Yes

Exercise 5 Mae Tyddewi yn y de-orllewin   Mae Aberystwyth yn y gorllewin   Mae Harlech yn y gogledd-orllwein   Mae Caerdydd yn y de-ddwyrain   Mae Wrecsam yn y gogledd-ddwyrain   Mae Abertawe yn y de   Mae Conwy yn y gogledd

Unit 6

Deialog 1 1 Five   2 Next Saturday night   3 Blue

Exercise 1 a) Dw i'n chwilio am biano   Dw i'n chwilio am frechdanau   Dw i'n chwilio am lyfr   Dw i'n chwilio am gar Dw i'n chwilio am deledu   b) Alla i gael piano?   Alla i gael brechdanau?   Alla i gael llyfr?   Alla i gael car?   Alla i gael teledu?

Exercise 2 a) drowsus du   b) cylchgronau ffugwyddonol   c) gwahoddiadau priodas   d) brechdan gaws   e) sudd oren ffres   f) siwt frown

Exercise 3 Ydw, dw i eisiau siwt dywyll i briodas   Nac ydw, oes rhagor o siwtiau 'da chi?   Dydd Sadwrn nesa'   Ydw, diolch yn fawr

Deialog 2 1 On the left   2 It is too tight, and it doesn't suit her 3 Black

Exercise 4 1 Maen nhw'n costio tri deg pum punt   2 Mae hi'n costio pum deg chwe phunt naw deg naw ceiniog   3 Mae e'n costio chwe mil pum cant wyth deg o bunnau   4 Mae hi'n costio dau gant pum deg wyth punt wyth deg dwy geiniog   5 Mae hi'n costio un deg chwe phunt dau ddeg pum ceiniog   6 Mae e'n costio chwe deg pum mil pedwar cant pum deg wyth o bunnau   7 Mae e'n dri deg dwy geiniog   8 Mae e'n costio un fil pedwar deg tair o bunnau

Deialog 3 1 Dw i ddim eisiau talu cymaint â hynny   2 £40.00 3 Yes, she's got plenty of change

Exercise 5 1 Beic coch £158 rhesymol iawn   2 Cyfrifiadur £3, 743 rhatach yn siop Mr Evans   3 Pedwar tocyn i'r opera £232 eitha' rhesymol   4 Tŷ yn Llundain £238,000 drud iawn

Deialog 4 1 They are local potatoes   2 Yes   3 No, there are none left

Exercise 6 1 punt, wyth deg pedair ceiniog y dwsin   2 un deg pum ceiniog yr un   3 dwy bunt, chwe deg wyth ceiniog y bag   4 tair punt, wyth deg naw ceiniog y botel   5 chwe deg tair ceiniog y cilo

Exercise 7 dwsin o wyau clos £1.95   dau gilo o datws £1.25 pum can gram o gaws £2.50   pum can gram o winwns 56c

Exercise 8 1 False   2 True   3 False   4 True

Deialog 5 1 One (Jayne)   2 After court cases   3 They are going to St Davids 4 The First Secretary of the National Assembly

Unit 7

Deialog 1 1 He doesn't come from the area   2 No   3 No, you walk down lots of steps to reach it

Exercise 1 1 gyferbyn â   2 ynghanol   3 drws nesa' i   4 rhwng   5 ar gornel 6 gyferbyn â   7 ar y dde, ar y chwith

Exercise 2 1 Gorsaf yr Heddlu   2 Canolfan Siopa Dewi Sant 3 Y Garej   4 Y Siop Chwaraeon

Exercise 3 1 Mae'r ganolfan siopa yn y Stryd Fawr   2 Mae'r ganolfan hamdden drws nesa' i'r siop chwaraeon   3 Mae'r eglwys tu ôl i'r ysgol gynradd   4 Mae'r ysgol uwchradd drws nesa' i'r ysgol gynradd   5 Mae'r coleg ar y dde   6 Mae'r cylchfan ynghanol y dre'

Exercise 4 a) Trïwch y rhain   b) Gwisgwch eich cot   c) Darllenwch *Teach Yourself Welsh*   d) Ewch i'r siop fwyd   e) Ewch i'r banc   f) Peidiwch â gyrru   g) Cerddwch i'r gwaith   h) Edrychwch ar y manylion   i) Dewch i mewn

Exercise 5 1   Wnewch chi ganu os gwelwch yn dda?   2 Wnewch chi gasglu'r plant os gwelwch yn dda?   3 Wnewch chi newid y tâp os gwelwch yn dda?   4 Wnewch chi dalu'r bil os gwelwch yn dda?   5 Wnewch chi beidio â chroesi'r stryd brysur os gwelwch yn dda?   6 Wnewch chi ddewis rhywbeth arall os gwelwch yn dda?   7 Wnewch chi ddod gyda'ch tad?   8 Wnewch chi helpu'ch brawd os gwelwch yn dda?   9 Wnewch chi eistedd i lawr os gwelwch yn dda?   10 Wnewch chi fynd i'r siop wyliau os gwelwch yn dda?

Deialog 2 1 At least three hours   2 Buy postcards and presents for her family   3 Five o'clock

Exercise 6 1 Mae Tom yn fwy rhugl na Matthew. Tom yw'r mwya' rhugl   2 Mae Caernarfon yn fwy na Blaenau Ffestiniog. Caernarfon yw'r fwya'   3 Mae Jayne yn fwy nerfus nag Elen. Jayne yw'r fwya' nerfus   4 Mae Sam yn waeth na Dan. Sam yw'r gwaetha'   5 Mae Mair yn fwy egnïol nag Alis. Mair yw'r fwya' egnïol   6 Mae ceffyl yn gryfach na chwningen. Ceffyl yw'r cryfa' 7 Mae Dan yn well na Sam. Dan yw'r gorau

Exercise 7 1 Mae rhaid i chi fod yn dawel   2 Mae rhaid i chi roi'r llyfrau i gyd yn ôl ar y silff   3 Mae rhaid i chi beidio â bwyta yn y llyfrgell   4 Mae rhaid i chi beidio ag yfed yn y llyfrgell   5 Mae rhaid i chi beidio ag ysmygu yn y llyfrgell

Unit 8

Deialog 1 1 His wife 2 He thinks it is pretty 3 She was looking at houses

Exercise 1 **Nos Wener** **Ffion** Helpodd hi'r plant gyda'r gwaith ysgol **Cynon** Coginiodd e swper **Rhodri** Teithiodd e i'r de i weld ei rieni
Dydd Sadwrn **Ffion** Siaradodd hi â gohebydd o Radio Cymru **Cynon** Gwyliodd e'r gêm pêl-droed ar y teledu **Rhodri** Ymlaciodd e yn yr ardd
Dydd Sul **Ffion** Peintiodd hi'r tŷ **Cynon** Gorffennodd e lyfr **Rhodri** Teithiodd e yn ôl o'r de

Exercise 2 a) Do, atebais i fe'r bore 'ma b) Do, ffoniais i nhw'r bore 'ma c) Do, anfonais i nhw'r bore 'ma d) Do, dechreuais i'r gwaith y bore 'ma e) Do, cyrhaeddais i'n gynnar

Exercise 3 a) Golchodd hi'r ci b) Siopodd hi ddim yn yr archfarchnad c) Gorffennodd hi ei llyfr ar lenyddiaeth Cymru d) Phrynodd hi ddim anrheg i John e) Darllenodd hi'r cylchgrawn f) Ffoniodd hi ei ffrindiau g) Weithiodd hi ddim ar y cyfrifiadur h) Ymwelodd hi â'i chwaer

Exercise 4 1 Naddo, edrychodd Elen ar lawer o dai 2 Naddo, nofiodd Jayne bob bore 3 Naddo, gwelodd Matthew Gastell Caernarfon 4 Do, gweithiodd Tom yn galed yn y llyfrgell 5) Naddo, gyrrodd Matthew i Gaernarfon 6) Do, ffoniodd Jayne ei ffrindiau 7 Naddo, cerddodd Matthew ar hyd yr arfordir

Deialog 2 1 He was speaking Welsh with his mother for the first time 2 He thought Tom's mother was unpleasant 3 He had too much to drink last night

Exercise 5 1 f 2 e 3 a 4 g 5 c 6 d 7 b

Exercise 6 a) Agorais i mo'r ffenest b) Enillon nhw mo'r gêm c) Newidioch chi mo'r ffrog d) Symudodd hi mo'r car e) Thalaist ti mo'r bil f) Welais i mo Caerdydd g) Ysmygodd e mo'r sigarét h) Ddilynon ni mohoni hi.

Exercise 7 1 Naddo, ddarllenais i ddim yn y gwely neithiwr gyda fflachlamp 2 Naddo, chymerais i ddim arian o'r jar

3 Naddo, symudais i ddim byd o'r ardd   4 Naddo, phrynais i ddim
losin gyda fy arian cinio   5 Naddo, thalais i mo fy chwaer i wneud
fy ngwaith cartre'

Exercise 8   a) Ydw, dwedais i wrtho fe ddoe   b) Ydw, dwedais
i wrthi hi ddoe   c) Ydw, dwedais i wrthyn nhw ddoe   d) Ydw,
dwedais i wrthyn nhw ddoe   e) Ydw, dwedais i wrthyn nhw ddoe
f) Ydw, dwedais i wrtho fe ddoe   g) Ydw, dwedais i wrthoch chi
ddoe

Exercise 9   Mae Ifan yn byw ym Mangor ers deg mlynedd
Mae Huw yn byw ym Nhreffynnon ers saith mlynedd   Mae Elin
yn byw ym Mhontypridd ers tri deg o flynyddoedd   Mae Llinos yn
byw yng Ngorseinon ers naw mlynedd   Mae Jack yn byw yn
Nrefach ers un deg pedair blynedd

Unit 9

Deialog 1   1 He had a problem with his car   2 The driver
flashed the car lights   3 He had to have two new tyres as well

Exercise 1   1 b   2 b   3 c

Exercise 2   Mae rhywbeth yn bod ar fy nghar   Dyw'r brêcs
ddim yn gweithio'n iawn, ac mae sŵn od yn dod o'r injin   Mae
llawer o ddŵr ar y llawr   Dyw'r car ddim yn mynd yn gyflym
iawn hyd yn oed gyda'r sbardun ar y llawr   Faint gymeriff hi?

Deialog 2   1 Three – Elen, Jayne and Tom   2 There was too much
traffic   3 No

Exercise 3   a) Mae e'n meddwl ei bod hi'n ddiflas   b) Clywais i
ddoe eich bod chi'n mynd i Ffrainc   c) Maen nhw'n dweud ei fod e
yn yr ysbyty   d) Dwedodd ei fam eu bod nhw'n rhy egnïol   e) Mae
hi'n meddwl bod y postmon wedi bod   f) Roeddwn i'n gwybod bod
y trên yn hwyr   g) Dyn ni'n siŵr ein bod ni'n mynd i gyrraedd yn
gynnar   h) Mae e'n credu bod rhywbeth yn bod ar y car.

Exercise 4   **Person 1:** A lot of money for nothing, the town
doesn't need a clock tower   **Person 2:** It's a brilliant idea. Something
needs doing   **Person 3:** It is better to spend the money on a big party

for everyone in the town   **Person 4:** The town needs something for the young people to do, not a silly thing like a clock tower

Exercise 5 Ann: the chip shop, Megan, her best friend, a big plateful of chips and egg   **Steffan:** the expensive new restaurant which has just opened in town, his girlfriend Rhian, lasagne and wine   **Aled:** Y Draig Goch, his aunt and uncle, potatoes, meat and peas and ice cream for pudding, 2 glasses of white wine

Exercise 6 1   Mae e'n meddwl eu bod nhw'n ddiddorol   2 Mae e'n meddwl ei fod e'n fendigedig   3 Mae e'n meddwl ei fod e'n egnïol iawn   4 Mae e'n meddwl ei bod hi'n lle bendigedig

Unit 10

Deialog 1 1   He looks awful   2   No, he prefers to go to the class. He doesn't want to be late   3 Straightaway

Exercise 1 1 Does dim gwddw tost 'da fi   2 Mae traed tost 'da nhw   3 Oes bol tost 'da chi (ti)?   4 Mae braich dost 'da fe   5 Oes clust dost 'da hi?

Exercise 2 1 Oes, mae annwyd arni hi   2 Nac oes, does dim byd yn bod arnyn nhw   3 Ydw, mae'r ffliw arna i   4 Ydy, mae'r ddannodd arno fe   5 Ydyn, mae'r frech goch arnyn nhw

Exercise 3 Dyw James ddim yn teimlo'n dda   Mae gwddw tost 'da Mr Williams   Mae cefn tost 'da Mrs Johns   Mae'r ddannodd ar Mr Evans

Deialog 2 1   He has had an accident and fallen off his horse   2 He had some pills from the doctor   3 No

Exercise 4 John Williams has fallen at work and twisted his ankle and broken his arm. He is in a lot of pain.   **Nansi Rodgers** has injured her foot, she can't walk and it is very painful. The doctor said she must not walk on it.   **Elinor Dafydd** still suffering with back ache. Done damage to it and is going to doctor tomorrow.   **Owain ap Steffan** is phoning from the hospital. His son John has cut his leg.

Exercise 5 1 Mae gwres arno fe (Picture 8)   2 Mae hi'n cael llawdriniaeth (Picture 4)   3 Does dim byd yn bod arno fe (Picture

2) 4 **Mae** annwyd arno fe (Picture 5) 5 Mae bol tost 'da fe (Picture 7) 6 Mae e wedi torri ei goes (Picture 9) 7 Mae e wedi cael damwain (Picture 1) 8 Mae e wedi gwneud niwed i'w ben e, mae llygad dost 'da fe, ac mae e wedi torri ei fraich (Picture 6) 9 Mae hi wedi torri ei braich (Picture 3)

Deialog 3 1 No, he had difficulty sleeping 2 Three times a day 3 At least three

Exercise 6 a) arnoch b) arno c) arna d) ar e) arnoch f) arni g) arnyn h) ar i) arnon

Unit 11

Deialog 1 1 Rhywbeth mwy cyffrous na dysgu Cymraeg 2 No, he was working too hard on a complicated legal case 3 She walked every day in the mountains

Exercise 1 a) adre' b) gartre' c) nghartre' d) adre' e) gartre' f) cartre'

Exercise 2 1 Nac ydyn, maen nhw'n mynd wrth eu hunain 2 Nac ydyn, dyn nhw ddim yn hoff o eira 3 Nac ydy, mae ofn lleoedd uchel arno fe 4 Ydw, bues i yno rai blynyddoedd yn ôl 5 Ydw, bues i ar raglen gwis yr wythnos diwetha' 6 Nac ydy, mae'n gas 'da hi raglenni ffugwyddonol

Exercise 3 **Person 1** Yes, every year, her best ever holiday was a fortnight in Barbados in 1988 **Person 2** No, she takes her holidays in Wales; she went to Anglesey last year **Person 3** Yes, he went to Australia in October 1995 **Person 4** No, she prefers to travel around Britain and stay with her children

Exercise 4 Ym Mhatagonia, roedd y tywydd yn dwym, ond yng Nghymru, mae hi'n oer. Ym Mhatagonia, roedd hi'n yfed maté a gwin; yng Nghymru, mae hi'n yfed te a bwyta pysgod a sglodion. Ym Mhatagonia roedd hi'n nabod pawb, ond yng Nghymru dyw hi ddim yn nabod neb. Ym Mhatagonia, roedd hi'n mynd o le i le ar geffyl bob dydd, ond yng Nghymru mae hi'n mynd ar y bws. Ym Mhatagonia, roedd hi'n clywed Sbaeneg bob dydd, ond yng Nghymru dyw hi ddim yn clywed Sbaeneg.

Exercise 5 Es i i Bwllheli   Arhosais i mewn gwesty pedair seren   Doedd hi ddim mor ddrud â fy ngwyliau yn Barbados   Roedd e'n flasus iawn, llawer gwell na llynedd   Roedd hi'n fendigedig   Roedden nhw'n hapus iawn, roedd llawer o bethau iddyn nhw eu gwneud, roedden nhw'n gadael y gwesty bob bore ar ôl brecwast a doedden nhw ddim yn dod yn ôl tan yn hwyr iawn

Exercise 6 1 Portugal, Spain, France Italy, Switzerland   2 The people were lovely   3 She went to Disneyland   4 Her room was very cold and the food was not very tasty   5 Switzerland   6 On the ship on her way back to Wales   7 He was reading a magazine

Deialog 2 1 Yes, he did his work conscientiously   2 Sut roedd eich dyddiau ysgol chi?   3 The teachers did not like him   4 Chi yw swot mwya'r cwrs

Exercise 7 a) Oedd, roedd hi'n fwyn ddoe   b) Nac oedden, doedden nhw ddim yn amyneddgar   c) Nac oeddwn, doeddwn i ddim yn hwyr i'r gwaith y bore 'ma   d) Oedden, roedden nhw'n cystadlu mewn eisteddfodau pan oedden nhw'n fach   e) Nac oedd, doedd fy modryb ddim yn edrych ymlaen at ei gwyliau   f) Oeddwn, roeddwn i'n mynd dair gwaith yr wythnos   g) Nac oedd, doedd y caws ddim yn ffres   h) Oedd, roedd dreigiau Jayne dros ei thŷ i gyd

Deialog 3 1 That Matthew had sent away for the details of the jobs   2 Cardiff 3 At the end of the week
True or false?
1 False   2 True   3 False   4 True   5 False   6 False

Unit 12

Deialog 1 1 Yes, in Pembroke (Sir Benfro)   2 Five years ago   3 After she had her daughter, Haf. She is a lone parent and wanted to be nearer her parents

Exercise 1 1 In East Wales   2 In Patagonia   3 In Patagonia   4 Spanish

Exercise 2 1 Cest ti dy eni yng Nghaergybi   2 Cafodd y plant eu geni yn Nhyddewi   3 Cafodd hi ei geni ym Mhontypridd   4

Cawsoch chi eich geni yng Nghastell-Nedd 5 Cawson nhw eu geni ym Mangor 6 Ces i fy ngeni yn Nolgellau 7 Cafodd Steffan ac Eleri eu geni yn Nhalybont 8 Cafodd e ei eni yng Ngorseinon 9 Cawson ni ein geni ym Mhenfro 10 Cafodd Megan ei geni yng Nglynebwy

Deialog 2 1 Dwedodd y frân wen wrtha i 2 Pwy ddwedodd wrthoch chi? 3 Lots of post (**llawer o bost**)

Exercise 3 1 Yes, she has one son 2 Geraint 3 Strab b) 1 No, it has been a bad year (**blwyddyn wael**) 2 The weather was very bad 3 She hates wearing hats 4 Geraint started school 5 The hours are very good and she does not have to ask anyone to look after Geraint as she works in his school 6 It was her first Christmas after the divorce 7 May

Exercise 4 a) mil dau wyth dau b) mil pump wyth wyth c) mil naw dau saith d) mil un tri pump e) pump wyth wyth f) mil wyth wyth wyth g) mil chwech chwech dim h) mil dim pedwar chwech

Exercise 5 a) Cawson ni ein geni ym mis Medi mil naw pedwar pump b) Cawson nhw eu geni ym mis Ionawr mil naw naw dim c) Cafodd Marc ei eni ym mis Gorffennaf mil naw chwe saith d) Cafodd y plant eu geni ym mis Rhagfyr mil naw wyth dau e) Cafodd hi ei geni ym mis Awst mil naw pump wyth f) Cafodd Mr Williams ei eni ym mis Chwefror mil naw tri pedwar

Deialog 3 1 Outside the town where Jayne lives in Ohio 2 Over 50 3 Lots of money

Exercise 6 a) ... cafodd y ffenest ei thorri b) ... cafodd y ffatri ei chau c) ... cawson nhw eu golchi d) ... cafodd cant o bobl eu boddi e) ... cawson nhw eu harestio f) ... cafodd yr heddlu eu ffonio g) ... cafodd ei thŷ ei werthu h) ... cawson ni ein siomi i) ... gest ti dy dalu? j) ... gawsoch chi eich synnu?

Exercise 7 There are five examples of the passive.

Exercise 8 1 False 2 True 3 False 4 True 5 True 6 True 7 False 8 True

Exercise 9 1 b 2 e 3 a 4 c 5 d 6 f

Unit 13

Deialog 1 1 Sut mae'n teimlo i fod yn bum deg? 2 All the attention and presents 3 April

Exercise 1 Mae'n waeth nag roeddwn i'n meddwl, dw i'n teimlo'n hen iawn, a dw i ddim yn hoffi'r sylw i gyd Rwyt ti'n garedig iawn i ddweud fy mod i'n edrych yn ifanc, ond dw i'n teimlo'n hen

Exercise 2 1 c 2 b 3 a 4 a 5 c

Exercise 3 May 12 is not mentioned

Exercise 4 y trydydd ar ddeg o fis Ionawr y seithfed ar hugain o fis Ebrill y chweched o fis Gorffennaf yr ail ar hugain o fis Medi y cynta' o fis Mai y pedwerydd ar bymtheg o fis Awst

Deialog 2 1 He wants to spend the day with his son and his son's girlfriend 2 He has been playing squash, working hard at his Welsh, and drinking with Marc 3 He says he is too old

Exercise 5 1 dydd/nos 2 noson/diwrnod 3 diwrnod 4 noson 5 noson 6 nos/dydd 7 nos

Exercise 6 1 True 2 False 3 True 4 True 5 False

Unit 14

Deialog 1 1 No 2 She hates travelling by sea and is used to flying 3 September 21

Exercise 1 Dw i'n mynd i Ddulyn Bydda i'n mynd mewn pythefnos Na fydda, bydda i'n mynd gyda fy ffrind gorau a dau ffrind arall sy'n gweithio ym Mangor Dyn ni'n mynd am benwythnos. Byddwn ni'n gadael o Gaergybi nos Wener a dod yn ôl i Gymru fore dydd Llun Byddwn ni'n aros mewn hostel tu allan i Ddulyn Ydw, alla i ddim aros am ddydd Gwener

Deialog 2 1 Two 2 Yes 3 £19.00

Exercise 2 1 … bydda i yn y tŷ trwy'r dydd 2 … fydd Tom a Matthew ddim yn mynd 3 … byddwch chi'n heini 4 … byddan

nhw'n cysgu'n sownd 5 … bydda i'n rhugl cyn hir 6 … dewch
am goffi 7 … bydda i'n mynd i lan y môr

Exercise 3 1 False, she is coming on business 2 False, she is
leaving after breakfast 3 True 4 False

Exercise 4 1 c 2 a 3 b 4 b 5 c 6 a

Exercise 5 1 False 2 True 3 False 4 False 5 True 6
False 7 False

Exercise 6 Annwyl Syr/Fadam Diolch am y manylion am eich
gwely a brecwast a ddaeth bore ddoe. Hoffwn i i chi gadw un
ystafell deulu ar gyfer fy ngwraig, fi a'n dwy ferch. Byddwn ni'n
aros pum diwrnod, o 3 Medi – 8 Medi. Hoffwn i i chi drefnu gwely
a brecwast a phryd gyda'r nos. Amgaeaf flaendal o hanner can
punt. Yn gywir

Deialog 3 1 If the weather is fine he is going to the party on the
beach with Matthew 2 In Ceri's car 3 Yes

Deialog 4 1 Yes 2 Ask Ceri for a lift 3 Tom's car will be
repaired by the weekend

Deialog 5 1 To use 'ti' with each other 2 They have asked each
other so many questions in class 3 Having a little drink to
celebrate

Unit 15

Deialog 1 1 It is the biggest in Europe 2 She has been doing
lots of work on them with the class 3 No, she asks for an
information pack

Exercise 1 1 amdano 2 amdana 3 amdanoch 4 amdanon
5 amdanyn 6 amdanat 7 amdanon

Exercise 2 Ydw, dw i wedi ysgrifennu atyn nhw i gyd Ydw, a
dw i wedi anfon y llythyr at Mrs Roberts Dw i'n gwybod, mae
hi'n poeni amdano fe Mae ei llythyrau eraill yn y cwpwrdd. Af i
i chwilio amdanyn nhw yfory

Exercise 3 1 ynddo fe 2 rhagddyn nhw 3 ato fe 4 ynddi hi
5 atyn nhw 6 wrthyn nhw 7 ynddi hi 8 amdano fe

Deialog 2 1 She thinks they look interesting   2 This weekend 3 He went with Cymdeithas Edward Llwyd before the Gardens opened properly. He wants to see what has been done there during last year

Exercise 4 1 Yes, she went on Tuesday   2 No, she forgot   3 Her aunty Sali; she intends to write tomorrow night after the class 4 In the morning

Exercise 5 1 Na wnân, ân nhw ddydd Mawrth   2 Naddo, buodd e yn y gerddi llynedd   3 Na wnân, ân nhw ar ôl gorffen yn y labordy iaith   4 Na chân, byddan nhw yn ôl erbyn swper   5 Na fydd, bydd hi'n ffonio'r gerddi cyn cinio yfory

Deialog 3 1 He has flu   2 Yes   3 The role different plants play in looking after our planet   4 Yes, she would love it

Exercise 6 1 Ddaeth neb i eistedd ar ei phwys hi   2 Fydd e'n barod ar eu cyfer nhw?   3 Roedden nhw'n sefyll ar ein pwys ni   4 Gwnaeth e bopeth ar dy gyfer di   5 Pan gyrhaeddon ni, doedd dim byd ar ein cyfer ni   6 Safwch ar fy mhwys i!

Exercise 7 1 Naddo, phrynais i ddim dillad ar ei chyfer hi   2 Oedd, roedd e wedi cyrraedd o'u blaen nhw   3 Do, gwnaeth e fe er ei fwyn e   4 Nac ydy, dyw e ddim yn byw ar ei phwys hi   5 Na fydd, fydd dim lle ar fy nghyfer i   6 Nac oedd, doedd hi ddim yn canu ar ei ôl e.

Exercise 8 Mae ei thŷ newydd ar bwys llyn mawr. Mae ceffylau 'da hi ac mae digon o gaeau o gwmpas y tŷ ar eu cyfer nhw. Mae hi wedi gwerthu ei char ac wedi prynu Porsche yn ei le. Mae hi'n dweud nad yw'n gwybod beth sydd o'i blaen hi, felly mae hi'n mynd i wario ei harian nawr

Exercise 9 1 for a fortnight   2 September   3 prices will be cheaper after the children go back to school   4 Paris   5 go on a trip down the river Seine, drink lovely cofee, see museums, go to clubs   6 Yes   7 Her brother Michael   8 Y ddinas fwya' rhamantus yn y byd (the most romantic city in the world)

Unit 16

Deialog 1 1 She wants to forget all the things she has to do in her new flat 2 Jayne 3 He has the car

Exercise 1 peint o chwerw wisgi mawr peint o seidr sych glasaid o sieri peint o lager di-alcohol

Exercise 2 1 Coctêl melon a grawnwin 2 Cawl 3 Coctêl corgimwch 4 Sudd o'ch dewis

Deialog 2 1 He doesn't want anything as big as his first course because he doesn't want to be too full to eat the main course. He has already had juice 2 The melon and grapefruit 3 White

Exercise 3 Dw i'n credu y ca' i'r sudd oren. Ca' i'r coctêl melon a grawnwin. Ydyn, allwn ni gael y madarch mewn garlleg a choctêl melon a grawnwin. Allwn ni gael dau wydraid o ddŵr ac allwn ni weld y rhestr win os gwelwch yn dda?

Deialog 3 1 The details of the jobs 2 No 3 Extremely tasty and the garlic was not too strong

Exercise 4 glanhea i fy esgidiau pryna i siwt golcha i grys edrycha i ar y manylion eto cyrhaedda i'n gynnar paratoa i atebion golcha i fy ngwallt

Exercise 5 wedi eu coginio eog wedi ei gochi wedi ei lanw â saws garlleg tomato wedi ei grilio wedi ei gridyllu a'i orchuddio mewn briwsion bara wedi eu mwydo mewn mintys

Deialog 4 1 Dych chi'n barod i archebu? 2 There is so much choice 3 He does not want onions because he doesn't like them

Deialog 5 1 Roast potatoes 2 Cheese and tomato omelette 3 No

Exercise 6 Beth hoffech chi i'w yfed? – Dim ond sudd, os gwelwch yn dda Pa bwdinau sy 'da chi? – Dof i â'r fwydlen i chi Ga' i gorgimychiaid i ddechrau? – Does dim corgimychiaid ar ôl, hoffech chi fadarch yn eu lle? Beth hoffech chi am y prif bryd? – Pastai gig eidion ac aren dw i'n meddwl Pa lysiau hoffech chi? – Moron a phanas os gwelwch yn dda

Exercise 7 Matthew – Cacen Gaws   Jayne – Enfys yr Hafod
Elen – Blas yr Haul Tom – Paflofa

Deialog 6 1 She has eaten so much   2 That there was not more
choice for vegetarians   3 Go to buy the book first thing in the
morning

Exercise 8 1 Go to a chip shop and eat in the car   2 A small
café   3 In the next street   4 Coffee   5 No, Bleddyn has chicken
and Megan has a cheese and onion sandwich. She had wanted soup
but the café didn't have any   6 Bleddyn   7 £7.50   8 No

Deialog 7 1 Michael Bird   2 Two days   3 He has no phone   4
When the book comes into the shop   5 one penny

Exercise 9 Prynhawn da, alla i'ch helpu chi?   Daliwch y lein
am funud, os gwelwch yn dda.   Rhoa i chi drwyddo.   Mae ei lein
yn brysur ar hyn o bryd, dych chi eisiau aros?   Dych chi eisiau
gadael neges iddo fe?

Unit 17

Deialog 1 1 Yellow   2 No   3 No   4 No

Exercise 1 1 False   2 True   3 True   4 False

Deialog 2 1 two   2 Boxes   3 It is very warm

Exercise 2 1 f   2 c   3 b   4 e   5 c   6 b   7 b
1 True   2 True   3 True   4 False   5 False

Exercise 3 1 Cardiff   2 The museum   3 Over 100 years   4
The third   5 Four   6 No   7 No, it is too small, can be noisy at
night and the electric central heating is expensive   8 In a detached
house with his parents in North Wales

Deialog 3 1 At least three   2 £80,000   3 Yes, a large one

Exercise 5 Sawl ystafell wely sydd yn y tŷ/faint o ystafelloedd
gwely sydd yn y tŷ?   Oes gwres canolog yn y tŷ?   Oes ffenestri
dwbl yn y tŷ?   Oes gardd a garej?   Oes rhywun yn byw yno?
Hoffwn, hoffwn i weld y tŷ yfory. Bydda i'n rhydd drwy'r dydd

Unit 18

Deialog 1 1 Yes, at least two horses   2 Invest a little and give a little to Haf and perhaps buy a house in Wales   3 No, he has never bought one

Exercise 1 a) … tasai hi'n oer iawn   b) … taset ti'n ymarfer bob wythnos   c) … taset ti'n gwybod faint o galorïau oedd yn y pwdin   d) … tasai peswch arna i   e) … tasech chi'n gwybod y gwir   f) … tasen nhw'n gwybod y ffordd   g) … tasai fe'n ennill llawer o arian   h) … tasai rhywun yn ysmygu

Exercise 2 John: elusen, buddsoddi (ei roi yn y banc)   Pat: teithio, buddsoddi (yn Swyddfa'r Post), gwario   Lee: elusen

Exercise 3 a) Tasai fe'n mynd i Gaerffili, byddai fe'n gweld y castell   b) Tasai hi'n ymweld â Thyddewi, bydda hi'n gweld yr Eglwys Gadeiriol   c) Taswn i'n mynd i Gaerdydd, byddwn i'n gweld Stadiwm y Mileniwm   d) Tasen nhw'n ymweld â Phatagonia, bydden nhw'n gweld siaradwyr Cymraeg   e) Taset ti'n mynd i ogledd Cymru, byddet ti'n gweld mynyddoedd mawr   f) Tasen ni'n ymweld â Llundain, bydden ni'n gweld Palas Buckingham

Deialog 2 1 He is afraid of flying   2 Tom could go in the car 3 Glenys has invited their neighbours round for supper   4 One or two books for a friend on the course

Exercise 4 1 … hoffai fe wneud y gwaith   2 … gallen nhw gael amser da   3 … hoffai hi ddod nos yfory   4 … gallen nhw aros y nos   5 … gallet ti fynd i'r Eisteddfod

Exercise 5

1 Mae hi'n gofyn iddi hi aros gyda hi ar y cwrs.   2 Hoffai hi i Sandy ddod ddiwedd mis Awst.   3 a) Gallen nhw siopa. b) Gallen nhw dorheulo.   4 Nac ydy, dyw hi erioed wedi bod yn Sain Ffagan. 5 Byddai, byddai hi'n colli un neu ddau ddiwrnod.

Deialog 3 1 £30.00   2 That Tom reads a book for Welsh learners; there is a lot of choice   3 A science fiction novel for beginners

Unit 19

Deialog 1 1 I Gaerdydd   2 Bob pum deg munud o hanner awr wedi saith ymlaen   3 Mae hi'n rhy gynnar   4 Cerdyn Switch   5 Ydy   6 Na fydd

Exercise 1 1 c   2 d   3 f   4 a   5 e   6 b

Deialog 2 1 By 7.30   2 6.05   3 Almost 7.00   4 To tell him that they will be late

Deialog 3 1 Machynlleth   2 No   3 Three   4 Half past five

Exercise 2 1 10:34 to Whitland (Hendygwyn)   2 a) 10:38 Manceinion b) Aberdaugleddau   c) 11:34 Portsmouth   d) 10:00 Hendygwyn (but the passenger was late and will have to catch the 10:34)   e) 10:55 Doc Penfro   f) 10:38 Manceinion

Exercise 3 1 Paddington Station   2 Platform 3   3 Swansea (Abertawe)   4 No   5 Those going to Cardiff

Deialog 4 1 20 minutes   2 For a meeting   3 11.00   4 Within 5 minutes

Deialog 5 1 Over half an hour   2 Two years   3 He injured his back   4 The pub was sold to a big brewery that brought its own staff in   5 He likes meeting people and socialising and organising events   6 Around the pub

Exercise 4 1 Secretary of a brewery   2 December 4   3 Energetic and enthusiastic teachers who can work by themselves and as members of a team   4 Yes, applicants must have taught Welsh as a second language for at least two years   5 By contacting Llyfrau Menai, Llanddaron, Ynys Môn   6 Three   7 Contribute to the social and cultural life   8 Cardiff

Unit 20

Deialog 1 1 No, he doesn't think he has done as well as he could   2 That he has another two interviews   3 Yes

Exercise 1 Gwelodd Elen *Titanic* dros y penwythnos. Roedd hi'n meddwl ei bod hi'n rhamantus iawn.   Gwelodd Matthew and

Marc *The Bird Cage* dros y penwythnos. Roedden nhw'n meddwl ei bod hi'n ddoniol iawn. Gwelodd Jayne *Star Wars* dros y penwythnos. Roedd hi'n meddwl ei bod hi'n blentynnaidd iawn.

Exercise 2 1 Dw i'n credu y byddi di'n rhugl cyn hir/Dw i'n credu y byddwch chi'n rhugl cyn hir 2 Dwedodd e ei fod e wedi dysgu Ffrangeg mewn dosbarth nos 3 Dw i'n clywed eich bod chi'n gobeithio symud i ardal arall/Dw i'n clywed dy fod di'n gobeithio symud i ardal arall 4 Dych chi'n credu y dylai hi ymddeol?/Wyt ti'n credu y dylai hi ymddeol? 5 Roedden ni'n meddwl bod ei phlant yn yr ysgol feithrin 6 Pwy ddwedodd fod ein car wedi torri i lawr? 7 Dwedais i y dylen nhw fynd i weld yr optegydd 8 Maen nhw'n meddwl y bydd hi'n heulog yfory 9 Ydy e'n meddwl y bydd e'n cyrraedd cyn ugain munud i wyth? 10 Dwedon nhw y byddai'n well 'da nhw aros mewn gwesty yn y wlad

Deialog 2 1 No 2 No 3 Yes

Exercise 3 1 Maen nhw'n mynd ar ddeiet achos eu bod nhw wedi bwyta gormod dros y Nadolig 2 Dw i'n cerdded adre' achos fy mod i wedi colli'r bws 3 Mae'r dosbarth yn hapus achos bod y cwrs yn dod i ben yfory 4 Mae hi'n gwisgo cot fawr achos ei bod hi'n rhewi tu allan 5 Dyn ni'n mynd ar long drwy'r amser achos nad ydyn ni'n [bod ni ddim yn] hoffi hedfan 6 Mae John yn crynu achos bod ofn arno fe.

Exercise 4 Er ei bod hi'n bwrw glaw dyn nhw ddim yn gwisgo cot Er fy mod i'n hoffi rygbi es i ddim i weld y gêm Er bod cefn tost 'da fe aiff e ddim at y meddyg Er bod cyfweliad 'da hi yfory dyw hi ddim wedi paratoi'n dda Er ein bod ni'n hoffi parasiwtio fydden ni byth yn gwneud naid bynji Er dy fod di'n gwybod ei fod e'n beryglus rwyt ti'n dal i ysmygu Er eu bod nhw'n chwarae sboncen dyn nhw ddim yn heini iawn

Deialog 3 1 In the spring 2 He thinks that it is time to move on 3 His part in the film *A Welshman in Washington*

Unit 21

Deialog 1 1 Glenys's 5 2 The map 3 Going to look for the nearest petrol station

Exercise 1 1 Ynghanol y dre' mae hi'n byw 2 Nhw ddylai fynd yn syth 3 Ffraeo roedden nhw 4 Chi fyddai'n dweud wrth y plant? 5 William sy wedi ennill y loteri 6 Fi nad oedd yn gallu canu 7 Wedi blino maen nhw 8 Yng ngogledd Cymru cawson nhw eu geni 9 Fe gafodd ei eni yn y de 10 Yn y bar byddan nhw 11 Papur brynais i 12 Hi sy'n byw gyferbyn â'r parc

Deialog 2 1 12.45 2 Yes 3 The clock in the Castle must be slow

Exercise 2 a) Hoffwn i fod wedi gweld hynny b) Gallech chi fod wedi dweud wrtha i ynghynt c) Gallwn i fod wedi dweud hynny wrthot ti d) Hoffwn i fod wedi mynd gyda ti e) Dylai hi fod wedi gwneud hynny flynyddoedd yn ôl f) Ddylai fe ddim bod wedi dwyn yr arian g) Dylet ti fod wedi cloi'r ffenest

Exercise 3 Aled left the taps on in the bathroom, Elinor forgot to close the freezer door, Lyn broke the living room window and Rhodri burnt the dinner

1 In a complete mess (**llanast llwyr**) and in chaos (**traed moch**) 2 Aled 3 Repair the living room window 4 Yes

Exercise 4 1 Dylet ti fod wedi bod yn fwy gofalus 2 Doedden ni'n gwybod dim byd amdano fe 3 Hi dorrodd y ffenest on'd ife? 4 Dylech chi fod wedi meddwl am hynny cyn nawr 5 Nhw sydd ar fai 6 Nid arnon ni roedd y bai 7 Hoffwn i fod wedi gweld ei hwyneb hi 8 Fe wnaeth hyn?

Exercise 5 1 erioed 2 erioed 3 byth 4 byth 5 erioed 6 byth 7 byth 8 byth 9 byth 10 erioed 11 byth

Deialog 3 1 Matthew has heard that he has got the job in the College of Further Education 2 Os mai dyna beth rwyt ti ei eisiau ei wneud 3 Starting teaching

Exercise 6 1 mai 2 mai 3 bod 4 mai 5 fod 6 bod 7 mai 8 bod 9 bod 10 mai

Deialog 4 1 In his bag 2 No 3 Written in the dictionary

Exercise 7 2 Pwy sy biau'r arian 'na? Y plant sy biau fe 3 Pwy sy biau'r ffrog 'na? Gwraig Mr Evans sy biau hi 4 Pwy sy

biau'r allweddi 'na? Steffan sy biau nhw   5 Pwy sy biau'r dryll
'na? Lleidr sy biau fe   6 Pwy sy biau'r tabledi 'na? Y meddyg sy
biau nhw   7 Pwy sy biau'r fuwch 'na? Y ffermwr sy biau hi
8 Pwy sy biau'r car mawr? Perchennog y gwesty sy biau fe

Deialog 5 1 Starting work in the North   2 Stay with her and
Haf if they ever go to America   3 She doesn't know, but she hopes
to   4 Hoffwn i gynnig llwncdestun i Elen

Exercise 8 1 … dw i'n cael cinio   2 … gwelon nhw lawer o
bethau diddorol   3 … er mwyn iddo fe weld yn well   4 … er
mwyn i fi gael paned o de   5 … rhag ofn i chi anghofio   6 … cyn
i'r ambiwlans gyrraedd   7 … roedd y bws wedi mynd   8 … nes i
ti dalu'r bil   9 … nes i ti drafod y peth gyda dy rieni

Exercise 9 1 Ar ôl iddo fe ateb y llythyr   2 Nes i ni ddatgelu'r
gyfrinach   3 Cyn iddyn nhw groesi'r heol   4 Rhag ofn iddi hi
foddi   5 Ar ôl i'r gwaith ddod i ben   6 Wrth iddo fe redeg i ffwrdd
7 Cyn iddo fe ohirio'r prawf   8 Ers iddo fe gwrdd â'r prifathro
9 Rhag ofn i fi gael dolur   10 Ar ôl iddo fe wylltio

WELSH–ENGLISH VOCABULARY

Words are listed in alphabetical order following the Welsh alphabet.

a (AM) *and*
a (SM) *whether*
â (AM) *as; with*
Aberdaugleddau *Milford Haven*
ac *and* (before vowels)
achos (m.) -ion *cause*
achos *because*
achosion llys *court case*
adeg (f.) -au *period, time*
adeilad (m.) -au *building*
adloniant (m.) *entertainment*
adnewyddu (adnewydd-) *to renovate*
adre' *home(wards)*
addo (addaw-) *to promise*
addysg bellach *further education*
afiach *unhealthy*
aelod (m.) -au *member*
afal (m.) -au *apple*
agor (agor-) *to open*
anghofio (anghofi-) *to forget*
anghysbell *remote*
ail *second (2nd)*
Almaeneg (f.) *German* (language)
allan *out*
allwedd (f.) -i *key* (South Wales)
am (SM) *for; about*
am dro *for a spin* (in the car); *for a walk*
am faint? *for how long?*
Americanes (f.) -au *American woman*
amgueddfa (f.) amgueddfeydd *museum*

amhosib *impossible*
aml *often*
amlwg *obvious*
amser (m.) -oedd *time*
amyneddgar *patient*
anadlu (anadl-) *to breathe*
anafu (anaf-) *to injure*
anfon (anfon-) *to send*
anffurfiol *informal*
anghywir *wrong, incorrect*
annwyd (m.) -on *a cold*
annymunol *unpleasant*
anobeithiol *hopeless*
anodd *difficult*
anrheg (f.) –ion *present*
antur (f.) -iaethau *adventure*
apelio (apel-) am (SM) *appeal to (to)*
apwyntiad (m.) -au *appointment*
ar (SM) *on*
ar amser *on time*
ar ben *at the top of, on top of*
arddangosfa (f.) arddangosfeydd *exhibition*
ar gael *available*
ar gau *closed*
ar goll *lost*
ar gornel *on the corner of*
ar gyfer *for*
ar hyd *along*
ar hyn o bryd *at the moment*
ar ôl *after; left, remaining*

ar ran *on behalf of*
arall *other, else, another*
araf *slow*
arbennig *special, particular*
archebu (archeb-) *to order*
archfarchnad (f.) -oedd *supermarket*
ardal (f.) -oedd *area*
aren (f.) -nau *kidney*
arfer (m.) -ion *custom, habit*
arfordir (m.) -oedd *coast*
ar gyrion *on the outskirts of*
arholiad (m.) -au *exam*
arian (m.) *money*
aros (arhos-) *to stay, to wait*
arswyd (m.) *horror*
arwydd (m.) -ion *sign*
ateb (ateb-) *to answer*
athro (m.), athrawes (f.) *teacher*
awgrymu (awgrym-) *to suggest*
awr (f.) oriau *hour*
awyddus *anxious, eager*
awyren (f.) -nau *aeroplane*
awyrgylch (m.) *atmosphere*

babi (m.) *baby*
bach *small*
bachgen (m.) bechgyn *boy*
bae (m.) -au *bay*
bai (m.) *blame*
balch *glad, proud*
banc (m.) -iau *bank*
bara (m.) *bread*
barbeciw (m.) *barbecue*
barf (f.) -au *beard*
beic (m.) -iau *bike*
bendigedig *brilliant, splendid*
berwi (berw-) *to boil*
bedd (f.) -au *grave*
beth? *what?*
beth bynnag *anyway*
bisgeden (f.) bisgedi *biscuit*
blaendal (m.) -iadau *deposit*

blas (m.) *taste, flavour*
blasus *tasty*
ble? *where?*
blinedig *tired*
blino ar (SM) *to tire of*
blodfresychen (f.) blodfresych
   cauliflower
blwyddyn (f.) blynyddoedd *year*
bob dydd *every day*
bod *to be*
boddi (bodd-) *to drown*
bol (m.) -iau *stomach*
bore (m.) -au *morning*
bore trannoeth *the next morning*
braf *nice, fine*
bragdy (m.) bragdai *brewery*
braich (f.) breichiau *arm*
braidd *rather*
brawd (m.) brodyr *brother*
brechdan (f.) -au *sandwich*
bresych *cabbage*
brenin (m.) brenhinoedd *king*
brifo (brif-) *to injure*
brithio (brithi-) *to go grey*
bro (f.) -ydd *area*
brown *brown*
brwnt *dirty*
bryn (m.) -iau *hill*
buddsoddi (buddsodd-) *to invest*
buan *quick*
busnes (m.) -au *business*
buwch (f.) buchod *cow*
bwrw cesair *to hail*
bwrw eira *to snow*
bwrw glaw *to rain*
bwthyn (m.) bythynnod *cottage*
bwyd (m.)-ydd *food*
bwydlen (f.) -ni *menu*
bwydo (bwyd-) *to feed*
bwyta (bwyt-) *to eat*
bwyty (m.) bwytai *restaurant*
bŷg (m.) bygiau *bug*

byr *short*
bys (m.) -edd *finger*
byth *never*
byw *to live; live*
bywyd (m.) -au *life*

cacen (f.) -nau *cake*
cadw ystafell *to reserve a room*
cadw sŵn *to make a noise*
cadw'n heini *to keep fit*
cael *to get, to have; to be allowed*
cael cip *to have a quick look*
cael dolur *to be hurt*
cael gwaith *to have difficulty*
cael hyd i (SM) *to find*
Caerdydd *Cardiff*
Caerfyrddin *Carmarthen*
caffi (m.) caffis *café*
cais (m.) ceisiadau *application*
caled *hard*
calon (f.) -nau *heart*
call *sensible*
cân (f.) caneuon *song*
canolbwyntio (canolbwynti-) *to concentrate*
canolog *central*
canolfan (f.) -nau *centre*
canolfan gwaith (m.) *job centre*
canolfan siopa (f.) *shopping centre*
canrif (f.) -oedd *century*
cant (m.) cannoedd *hundred*
canu (can-) *to sing; to ring; to play (an instrument)*
capel (m.) -i *chapel*
carafán (m.) -au *caravan*
carcharu (carchar-) *imprison (to)*
cariad (m.) -on *sweetheart; love*
carreg (f.) cerrig *stones*
cartre' (m.) cartrefi *home*
caru (car-) *to love*
cas *nasty*
casáu *to hate*

casgliad (m.) -au *collection*
casglu (casgl-) *to collect*
castell (m.) cestyll *castle*
cath (f.) -od *cat*
cau (cae-) *to close*
cawl (m.) *soup*
cawod (m.) -ydd *shower*
caws (m.) *cheese*
cefnogi (cefnog-) *to support*
ceffyl (m.) -au *horse*
cegin (f.) -au *kitchen*
ceiniog (f.) -au *penny*
ceirios *cherries*
celfi *furniture*
Celtaidd *Celtic*
cenfigennus *jealous*
cerdyn (m.) cardiau *card*
cerdyn post (m.) cardiau post *postcard*
cerdded (cerdd-) *to walk*
cerddorol *musical*
ci (m.) cŵn *dog*
cicio (cici-) *to kick*
cig (m.) -oedd *meat*
cig eidion *beef*
cig mochyn *ham*
cig oen *lamb*
cigydd (m.) -ion *butcher*
cilo (m.) cilos *kilo*
cinio (m.) ciniawau *dinner*
claddu (cladd-) *to bury*
clasurol *classical*
clirio (cliri-) *to clear*
clust (f.) -iau *ear*
clwb (m.) clybiau *club*
clywed (clyw-) *to hear*
cneuen (f.) cnau *nuts*
coch *red*
codi (cod-) *to get up*
coes (f.) -au *leg*
cof (m.) -ion *memory*
cofion *regards*
coginio (cogini-) *to cook*

coleg (m.) -au *college*
colli (coll-) *to lose, to miss*
côr (m.) corau *choir*
corgimwch (m.) corgimychiaid *prawn*
cornel (f.) - i *corner*
costio (costi-) *to cost*
cot (f.) -iau *coat*
credu *to believe*
creulon *cruel*
criced (m.) *cricket*
croesffordd (f.) croesffyrdd *crossroads*
croesi (croes-) *to cross*
croeso (m.) *welcome*
crwn *round*
crwydro (crwydr-) *to wander*
cryf *strong*
crynu (cryn-) *to shake*
crys (m.) -au *shirt*
cuddio (cuddi-) *to hide*
cwbl *everything*
cwestiwn (m.) cwestiynau *question*
cwmni (m.) cwmnïau *company*
cwch (m.) cychod *boat*
cwm (m.) cymoedd *valley*
cwningen (f.) cwningod *rabbit*
cwrdd (â) *to meet (with)*
cwrs (m.) cyrsiau *course*
cwsg (m.) *sleep*
cwsmer (m.) -iaid *customer*
cwympo (cwymp-) *to fall*
cwyno (cwyn-) *to complain*
cydwybodol *conscientious*
cydymdeimlad (m.) -au *sympathy*
cyfagos *neighbouring*
cyfan *whole*
cyfarfod (m.) -ydd *meeting*
cyfeillgar *friendly*
cyfle (m.) -on *opportunity*
cyfleus *convenient*
cyflog (m.) -au *wage*
cyflwyno (cyflwyn-) *to introduce;
to present*

cyflym *fast*
cyfnod (m.) -au *period*
cyfreithiwr (m.) cyfreithwyr *solicitor,
lawyer*
cyfres (f.) -i *series*
cyfrifiadur (m.) -on *computer*
cyfrifol am (SM) *responsible for*
cyfrifoldeb (m.) -au *responsibility*
cyfrinach (f.) -au *secret*
cyfweld (cyfwel-) â *to interview*
cyffrous *exciting*
cyfuniad (m.) -au *combination*
cyfweliad (m.) -au *interview*
cyngerdd (m.) cyngherddau *concert*
cyhoeddus *public*
cyhuddiad (m.) -au *accusation*
cyhuddo (cyhudd -) *to accuse*
cylchfan (m.) –nau *roundabout*
cylchgrawn (m.) cylchgronau
magazine
cymaint *so much, so many*
cymar (m.) *partner*
cymdeithas (f.) -au *society*
cymdeithasu (cymdeithas-) *to socialise*
cymhleth *complicated*
Cymraeg *Welsh*
Cymraes (f.) -au *Welsh woman*
Cymreig *Welsh*
Cymro (m.) Cymry *Welshman*
Cymru *Wales*
cymuned (f.) -au *community*
cymryd (cymer-) *to take*
cymydog (m.) cymdogion *neighbour*
cymylog *cloudy*
cyn *before*
cynilo (cynil-) *to save* (money)
cynddrwg â (AM) *as bad as*
cyn *before*
cyn lleied â *as small as, as little as*
cynnal (cynhali-) *to hold* (an event)
cynnig (m.) cynigion *offer*
cynnwys *to include*

cynnyrch (m.) cynhyrchion *produce*
cynt *previous*
cynta' *first*
cynwysiedig *included*
cyrliog *curly*
cyrraedd (cyrhaedd-) *to arrive*
cystadlu (cystadl-) *to compete*
cystal â (AM) *as good as, as well as*
cysylltiad (m.) -au *contact*
cywilydd (m.) *shame*

chwaer (f.) chwiorydd *sister*
chwaith *either*
chwarae (chwarae-) *to play*
chwaraeon *sports*
chwilio am (SM) *to search for*
chwith *left*
chwydu (chwyd-) *to vomit*
chwythu (chwyth-) *to blow*

da *good*
da boch *good bye*
daear (f.) -au *ground, (the) earth*
dangos (dangos-) *to show*
dal *to catch*
dal i (SM) *still*
dan (SM) *under*
darllen (darllen-) *to read*
darn (m.) -au *part*
datgelu (datgel-) *to reveal*
dathliad (m.) -au *celebration*
dathlu (dathl-) *to celebrate*
de (m.) *south*
de (f.) *right*
deall (deall-) *to understand*
dechrau (dechreu-) *to start, to begin*
defnyddio (defnyddi-) *to use*
deilen (f.) dail *leaf*
delfrydol *ideal*
derbyn (derbyni-) *to accept*
derbynydd (m.) -ion *receptionist*
dewis (m.) -iadau *choice*

dewis *to choose*
di-alcohol *non-alcoholic*
diben (m.) *point, purpose*
dibynnu ar (SM) *to depend on*
diddordeb (m.) -au *interest*
diddorol *interesting*
diflas *miserable*
difrifol *serious*
diffodd (diffodd-) *to turn off, to extinguish*
digon *enough*
digwydd (digwydd-) *to happen*
digwyddiad (m.) -au *event*
dilyn (dilyn-) *to follow*
dillad *clothes*
dim *no*
dim byd *nothing, anything*
dim ond *only*
dinas (f.) -oedd *city*
dioddef (dioddef-) *to suffer*
diog *lazy*
diogel *safe*
diolch *thank you*
diolch yn fawr *thank you very much*
diolch byth *thank goodness*
diota (diot-) *to drink (alcohol)*
disgwyl (disgwyl-) *to expect*
diswyddo (diswydd-) *to make redundant*
di-waith *unemployed*
diwedd (m.) *end*
diweddarach *later*
diwetha' *last*
diwrnod (m.) -au *day*
dod *to come*
dod i ben *to end, to come to an end*
dod yn *to become*
dogfen (f.) -nau *documentary*
doniol *funny*
dosbarth (m.) -iadau *class*
dosbarth nos (m.) *evening class*
draig (f.) dreigiau *dragon*

drama (f.) dramâu *play*

draw *over* (adverb)

dros (SM) *over* (preposition)

dros ben *extremely*

dros dro *temporary, temporarily*

dros fy nghrogi *over my dead body*

dros nos *overnight*

dros y Sul *over the weekend*

drosodd *over*

drud *expensive*

drwg *bad, naughty*

drws (m.) drysau *door*

drws nesa' i (SM) *next door to*

drych (m.) -au *mirror*

dryll (m.) -iau *rifle*

du *black*

Dulyn *Dublin*

dwbl *double*

dweud (dwed-) *to say, to tell*

dwlu ar (dwl-) (SM) *to love, to adore*

dŵr (m.) *water*

dwsin (m.) -au *dozen*

dwyn (dyg-) *to steal*

dwywaith *twice*

dwyrain (m.) *east*

dy (SM) *your*

dychmygu (dychmyg-) *to imagine*

dy hunan *yourself*

dychwelyd (dychwel-) *to return*

dydd (m.) -iau *day*

Dydd Calan (m.) *New Year's Day*

dyddiad (m.) -au *date*

dyfodol (m.) *future*

dyled (f.) -ion *debt*

dyma (SM) *this is, here is*

dymuno (dymun-) *to wish*

dyn (m.) -ion *man*

dyn tân (m.) dynion tân *fireman*

dyna (SM) *that is*

dysgu (dysg-) *to learn, to teach*

dysgwr (m.) dysgwyr *learner*

dyweddïo (dyweddi-) *to get engaged*

echdoe *the day before yesterday*

echnos *the night before last*

edrych (edrych-) *to look*

edrych ar (SM) *to look at*

edrych ar ôl *to look after*

edrych ymlaen at (SM) t*o look forward to*

efallai *perhaps*

efeilliaid *twins*

Efrog Newydd *New York*

eglwys (f.) -i *church*

eglwys gadeiriol (f.) eglwysi cadeiriol *cathedral*

egnïol *energetic*

ei (AM) *her*

ei (SM) *his*

ei hunan *himself, herself*

eich *your*

eich hunan *yourself*

eich hunain *yourselves*

Eidaleg *Italian* (language)

ein *our*

ein hunain *ourselves*

eirin gwlanog *peaches*

eisiau *to want*

eisiau (m.) bwd *hunger*

eistedd (eistedd-) *to sit*

eitha' *quite*

enfys (f.) -au *rainbow*

ennill (enill-) *to win*

enw (m.) -au *name*

enwog *famous*

erbyn *by*

erbyn hyn *by now*

erbyn hynny *by then*

erchyll *atrocious, terrible*

erioed *never, ever*

er mwyn *in order to*

ers *since, for*

ers tro *for some time*

erw (f.) -au *acre*

esbonio (esboni-) *to explain*

esgid (f.) -iau *shoe*
estron *foreign*
estyn (estynn-) *to extend*
eto *again; yet*
ewythr (m.) -edd *uncle*
eu *their*
eu hunain *themselves*
Ewrop (f.) *Europe*

faint o (SM)? *how much, how many?*
fel *as, like*
fel cath i gythraul *like a bat out of hell*
felly *so, therefore*
festri (f.) festrïoedd *vestry*
ficerdy (m.) ficerdai *vicarage*
fideo (m.) *video*
fy (NM) *my*
fy hunan *myself*

ffatri (f.) -oedd *factory*
ffenest (f.) ffenestri *window*
fferm (f.) -ydd *farm*
ffermwr (m.) ffermwyr *farmer*
fflachio (fflachi-) *to flash*
ffôn (m.) ffonau *phone*
ffonio (ffoni-) *to phone*
ffordd (f.) ffyrdd *way*
ffraeo (ffrae-) *to argue*
Ffrangeg (f.) *French* (language)
ffres *fresh*
ffrind (m.) -iau *friend*
ffrog (f.)-iau *dress*
ffug *false*
ffugwyddonol *science fiction*

gadael (gadaw-) *to leave*
gaea' (y) (m.) -au *winter*
gallu (gall-) *to be able*
gan (SM) *from; by*
gardd (f.) gerddi *garden*
garej (m.) -ys *garage*
garlleg (m.) *garlic*

gartre' *at home*
geni (gan-) *to be born*
ger *near*
gerllaw *nearby*
glanhau (glanhe-) *to clean*
glas *blue*
glaw (m.) *rain*
gloddest (m.) *feast*
gobaith (m.) gobeithion *hope*
gobeithio (gobeithi-) *to hope*
godro (godr-) *to milk*
gofyn (gofynn-) *to ask*
gogledd (m.) *north*
gohebydd (m.) gohebwyr *reporter*
gohirio (gohiri-) *to postpone*
golau *light*
golau (m.) goleuadau *light*
golwg (f.) golygon *sight, look*
golwythen (f.) golwyth *chop*
golygfa (f.) golygfeydd *view*
golygus *handsome*
gorfod *to have to*
gorffen (gorffenn-) *to finish*
gorffwys *rest; to rest*
gorllewin (m.) *west*
gormod o (SM) *too much*
gorsaf (f.) -oedd *station*
gorsaf dân (f.) *fire station*
gorsaf yr heddlu (f.) *police station*
gostyngedig *reduced*
gradd (f.) -au *degree*
grawnffrwyth (m.) -au *grapefruit*
gridyllu (gridyll-) *to grill*
gris (m.) -iau *step, stair*
gwaed (m.) *blood*
gwael *bad, poor*
gwaetha'r modd *worse luck*
gwaethygu (gwaethyg-) *to get worse*
gwag *empty*
gwahanol *different*
gwahanu (gwahan-) *to separate*
gwahardd (gwahardd-) *to forbid, prohibit*

gwahodd (gwahodd-) *to invite*
gwahoddiad (m.) -au *invitation*
gwaith (m.) *work*
gwaith (f.) *time*
gwaith cartre' *homework*
gwallgof *insane*
gwan *weak*
gwanwyn (m.) *spring*
gwarchod (gwarchod-) *to guard, to babysit*
gwasanaeth (m.) -au *service*
gwasg (f.) gweisg *press*
gwely (m.) -au *bed*
gwddw (m.) gyddfau *throat, neck*
gweddill (m.) *rest, remainder*
gweiddi (gwaedd-) *to shout*
gweinydd (m.) -ion *waiter*
gweithio (gweithi-) *to work*
gweld (gwel-) *to see*
gwely (m.) -au *bed*
gwell *better*
gwell o lawer *a lot better*
gwella (gwell-) *to improve, get better*
gwenu (gwen-) *to smile*
gwers (f.) -i *lesson*
gwersyll (m.) -oedd *campsite*
gwerthu (gwerth-) *to sell*
gwestai (m.) gwesteion *guest*
gwesty (m.) gwestai *hotel*
gwifren gyswllt (f.) gwifrau cyswllt *jump lead*
gwin (m.) -oedd *wine*
gwirion *silly*
gwirod (m.) -ydd *spirit, liquour*
gwisgo (gwisg-) *to wear, to dress*
gwlad (f.) gwledydd *country, countryside*
gwlyb *wet*
gwneud *to do, to make*
gŵr (m.) gwŷr *husband*
gŵr gweddw (m.) *widower*
gwraig (f.) gwragedd *wife*
gwraig weddw (f.) *widow*

gwrando (gwrandaw-) *to listen to*
gwrando ar (SM) *to listen to*
gwres (m.) *heat, temperature*
gwres canolog (m.) *central heating*
gwrthod (gwrthod-) *to refuse*
gwybod *to know (a fact)*
gwybodaeth (f.) *information*
gwych *excellent, brilliant*
gwydraid (m.) gwydreidiau *glassful*
Gwyddeleg (f.) *Irish* (language)
gwylio (gwyli-) *to watch*
gwylltio (gwyllti-) *to become angry*
gwyn *white*
gwynt (m.) -oedd *wind*
gwyntog *windy*
gwyrthiol *miraculous*
gŵyl y banc (f.) gwyliau'r banc *bank holiday*
gwyrdd *green*
gyferbyn â *opposite*
gyrru (gyrr-) *to drive*
gyda (AM) *with*
gyda'r nos *in the evening*
gynnau fach *a little while ago, earlier*

haeddu (haedd-) *to deserve*
haf (m.) -au *summer*
halen (m.) *salt*
hamdden (f.) *leisure*
hanes (m.) -ion *history*
hanner (m.) haneri *half*
hanner awr wedi *half past* (telling time)
hapus *happy*
hardd *beautiful*
hawdd *easy*
hawlio (hawli-) *to claim*
haws dweud na gwneud *easier said than done*
heb (SM) *without*
heddiw *today*
heddlu (m.) -oedd *police*
hefyd *as well, too*

heibio i (SM) *past*
helpu (help-) *to help*
hen *old*
hen hen famgu (f.) *great great grandmother*
Hendy-gwyn-ar-Daf *Whitland* (Carmarthenshire)
heno *tonight*
heulog *sunny*
hir *long*
hiraeth (m.) *homesickness, longing*
hoci (m.) *hockey*
hoff *favourite*
hoff o (SM) *fond of*
hoffi (hoff-) *to like*
holi (hol-) *to question, to inquire*
hollol *complete, total*
hon *this*
honna *that (one)*
hud (m.) *magic*
hunllefus *nightmarish*
hufen iâ (m.) *ice cream*
hunan *self*
hunan-arlwyol *self-catering*
hwn *this*
hwnna *that one*
hwyl (f.) *fun; goodbye*
hwylio (hwyli-) *to sail*
hwyr *late*
hwyrach byth *even later*
hyd at (SM) *as far as*
hyd yn oed *even*
hydref (m.) *autumn*
hyfryd *lovely*
hyn *this, these*
hynny *that*

i (SM) *for, to*
i fod i (SM) *supposed to*
i ffwrdd *away*
i gyfeiriad *in the direction of*
i lawr *down*
i gyd *all*

i mewn *in, inside*
i'w gilydd *to each other*
iach *healthy*
iaith (f.) ieithoedd *language*
iawn *correct*
iawn *very*
ieuenctid (m.) *youth*
is *lower*
isel *low*

lan *up*
lan llofft *upstairs* (South Wales)
lawr staer *downstairs*
lefel (f.) -au *level*
litr (m.) -au *litre*
lolfa (f.) lolfeydd *lounge*
losin *sweets*
lwc (f.) *luck*

llachar *bright*
lladd (lladd-) *to kill*
llaeth (m.) *milk*
llai *less; fewer; smaller*
llais (m.) lleisiau *voice*
llanast (m.) *mess*
llaw (f.) dwylo *hand*
llawdriniaeth (f.) -au *surgery*
llawer o (SM) *lots of*
llawer rhy (SM) *much too*
llawn *full*
llawr (m.) lloriau *floor*
lle (m.) -oedd *place; room*
lle *where*
lleidr (m.) lladron *thief*
llenwi (llanw-) *to fill*
llenyddiaeth (f.) -au *literature*
lleol *local*
llety llawn *full board*
lliw (m.) -iau *colour*
Lloegr *England*
llogi (llog-) *to hire, to book*
llong (f.) -au *ship*
llosgi (llosg-) *to burn*

Llundain *London*
llusgo (llusg-) *to drag*
llwyaid (m.) llwyeidiau *spoonful*
llwyd *grey*
llwyr *total, complete*
Llydaw *Brittany*
llyfr (m.) -au *book*
llyfrgell (f.) -oedd *library*
llygad (f.) llygaid *eye*
llys (m.) -oedd *court*
llys ynadon (m.) *magistrates' court*
Llys y Goron (m.) *Crown Court*
llysiau *vegetables*
llysieuol *vegetarian*
llythyr (m.) -on *letter*
llywodraethwr (m.) llywodraethwyr
   governor

mab (m.) meibion *son*
madarch *mushrooms*
maer (m.) meiri *mayor*
maes parcio (m.) *car park*
mafon *raspberries*
magu (mag-) *to be brought up*
maint (m.) meintiau *size*
mamiaith (f.) *mother tongue*
mam-gu (f.) *grandmother*
Manceinion *Manchester*
manylion *details*
marchnad (f.) -oedd *market*
math (m.) *kind, sort*
mawr *big, large*
meddalwedd (f.) *software*
meddwl (meddyli-) *to think*
meddyg (m.) -on *doctor*
meddygfa (f.) *surgery*
mefus *strawberries*
melyn *yellow*
melys *sweet*
melysfwyd (f.) *dessert*
menyw (f.) -od *woman*
merch (f.) -ed *daughter, girl*
merlota (merlot-) *to pony trek*

mewn *in a*
mewn gwirionedd *in fact*
migwrn (m.) migyrnau *ankle*
mil (f.) -oedd *thousand*
miliwnydd (m.) -ion *millionaire*
mis (m.) -oedd *month*
modryb (f.) -edd *aunt*
moethus *luxurious, luxury*
modfedd (f.) -i *inch*
modd (m.) *way, means*
moddion *medicine*
mor (SM) …â *as…as*
mordaith (f.) mordeithiau *(sea) voyage*
moron *carrots*
munud (f.) -au *minute*
mwgaid (m.) *mug*
mwstas (m.) *moustache*
mwy *more; bigger*
mwyar *blackberries*
mwyn *mild*
mwynhau *to enjoy*
myfyriwr (m.) myfyrwyr *student*
mynd *to go*
mynd â (AM) *to take*
mynd at (SM) *to go to*
mynychu (mynych-) *to attend*
mynnu (mynn-) *to insist*

na (nag before vowels) (AM) *than*
na (nac before vowels) *nor*
nabod *to know (a person)*
Nadolig *Christmas*
naid (f.) neidiau *jump*
nam (m.) *defect*
natur (f.) *nature*
nawr *now*
nawr ac yn y man *now and again*
neidio (neidi-) *to jump*
nerfus *nervous*
nes *until*
nesa' *next*
neu (SM) *or*
neu'i gilydd *or other*

Neuadd y Dre' *Town Hall*
newid (m.) *change*
newid (newidi-) *to change*
newydd *new*
newydd (SM) *just (done something)*
newyddion *news*
nid *not*
niwed (m.) *damage*
niwlog *foggy, misty*
nodyn (m.) nodiadau *note*
nofio (nofi-) *to swim*
nos (f.) nosweithiau *night*
Nos Galan (f.) *New Year's Eve*
noson (f.) nosweithiau *night*
noswaith (f.) nosweithiau *evening*
nwy (m.) -on *gas*

o (SM) *from, of*
o bosib *possibly*
o flaen *in front of*
o gwbl *at all*
o gwmpas *around*
o hyd *still*
o leia' *at least*
o ryw fath *of some sort*
ochr (f.) -au *side*
oddi ar (SM) *from*
oddi wrth (SM) *from (a person)*
oedi (oed-) *to delay*
oedolyn (m.) oedolion *adult*
oedran (m.) -nau *age*
oer *cold*
oergell (f.) *fridge*
oes (f.) -oedd *age, lifetime*
ofn (m.) -au *fear*
ofnadwy *awful*
offeryn (m.) -nau *instruments*
ond *but*
operâu sebon *soap operas*
optegydd (m.) -ion *optician*
o'r blaen *before*
o'r enw *called*
oren (m.) -nau *orange*

os *if*
os gweli di'n dda *please* (familiar)
os gwelwch yn dda *please* (formal)

pa? (SM) *which?*
pa fath o (SM)? *what sort of?*
pa mor (SM) *how*
paced (m.) pacedi *packet*
pacio (paci-) *to pack*
pam? *why?*
pam lai *why not*
panasen (f.) panas *parsnip*
paned (m.) *a cuppa*
papur doctor (m.) *prescription*
paradwys (f.) *paradise*
paratoi (parato-) *to prepare*
parchus *respectable*
parod *ready*
parti (m.) partïon *party*
parti priodas *wedding reception*
partïa (parti-) *to party*
Pasg *Easter*
pastai (f.) *pie*
pecyn (m.) -nau *package*
peiriannydd (m.) *mechanic*
peiriant (m.) peiriannau *engine*
peiriant golchi (m.) *washing machine*
pêl (f.) peli *ball*
pêl-droed (f.) *football*
pell *far*
pen-blwydd (m.) -i *birthday*
pencadlys (m.) *headquarters*
pendant *definite*
penderfynu (penderfyn-) *to decide*
penelin (m.) -oedd *elbow*
penfoel *bald*
pen-glin (m.) -iau *knee*
pentre' (m.) pentrefi *village*
penwythnos (m.) -au *weekend*
perffaith *perfect*
perfformiad (m.) -au *performance*
perfformio (perfformi-) *to perform*
perlysiau *herbs*

pert *pretty*
perchennog (m.) perchnogion *owner*
personol *personal*
peswch (m.) *cough*
peth (m.) -au *thing*
piben fwg (f.) *exhaust*
pînafal (m.) *pineapple*
planhigyn (m.) planhigion *plant*
plât (m.) platiau *plate*
platfform (m.) -au *platform*
plentyn (m.) plant *children*
plentynnaidd *childish*
pleser (m.) -au *pleasure*
plismon (m.) plismyn *policeman*
pob *every*
poblogaidd *popular*
pob lwc *good luck*
pob man *everywhere*
pobl (f.) *people*
poen (f.) *pain*
poeni (poen-) *to worry*
poeth *hot*
pont (f.) -ydd *bridge*
porffor *purple*
porthladd (m.) -oedd *port, harbour*
posib *possible*
posibiliad (m.) -au *possibility*
potel (f.) -i *bottle*
potelaid *bottleful*
prawf (m.) profion *test*
pren *wood*
presennol *present*
prif *main, chief*
prif weinidog (m.) *prime minister*
prifathro (m.) prifathrawon *headmaster*
prifysgol (f.) -ion *university*
priod *married*
priodas (f.) -au *wedding*
pris (m.) -iau *price*
profiad (m.) -au *experience*
pryd bwyd (m.) *meal*
prydlon *punctual*

prynhawn (m.) -iau *afternoon*
prynu (pryn-) *to buy*
prysur *busy*
punt (f.) punnau *pound*
pwll (m.) pyllau *pool*
pwy? *who?*
pwys (m.) (lb) -au *pound*
pwysau *weight*
pwysig *important*
pys *peas*
pysgodyn (m.) pysgod *fish*
pysgota (pysgot-) *to fish*

rhad *cheap*
rhag *from*
rhag ofn *in case*
rhaglen (f.) -ni *programme*
rhagor o (SM) *more*
rhai *ones; some*
rhain (y) *these*
rhamantus *romantic*
rhan (f.) -nau *part*
y rhan fwya' *most*
rhedeg (rhed-) *to run*
rheiddiadur (m.) -on *radiator*
rheina (y) *those*
rhentu (rhent-) *to rent*
rheolwr (m.) rheolwyr *manager*
rhestr (f.) -i *list*
rhesymol *reasonable*
rhew (m.) *frost, ice*
rhewi (rhew-) *to freeze*
rhieni *parents*
rhif (m.) -au *number*
rhoi (rhodd-) *to give; to put*
rhoi'r gorau i (SM) *to give up*
rhoi i gadw *to put away*
rhugl *fluent*
rhwng *between*
rhwydd *easy*
rhy (SM) *too*
rhybudd (m.) -ion *warning*

rhybuddio (rhybudd-) *to warn*
rhydd *free*
rhyddhau (rhyddha-) *release* (to)
rhyfedd *strange*
rhyngwladol *international*
rhyw (SM) *some*
rhyw fath *some sort*
rhywbeth *something*
rhywbryd *sometime*
rhywffordd *somehow*
rhywle *somewhere*
rhywun *someone*

safle (m.) -oedd *site*
saig (f.) *course* (of a meal)
sawl? *how much, how many?*
sawl gwaith *several times*
Sbaeneg (f.) *Spanish* (language)
sbardun (m.) -au *accelerator*
sedd (f.) -i *seat*
sef *namely*
sefydlog *static*
sefyll (saf-) *to stand; to wait; to stop*
  (clock)
sefyllfa (f.) -oedd *situation*
sengl *single*
seiliedig *based*
seindorf (f.) seindyrf *orchestra*
selsig *sausages*
seren (f.) sêr *star*
sgert (f.) -iau *skirt*
sgïo (sgi-) *to ski*
sglodion *chips*
sgwâr (m.) sgwariau *square*
sgwrs (f.) sgyrsiau *conversation*
si (m.) sïon *rumour*
siarad (siarad-) (â) *to speak (to)*
sicrhau (sicrha-) *to ensure*
siglo (sigl-) *to swing*
silff (f.) -oedd *shelf*
sinema (f.) *cinema*
siocled *chocolate*

siomi (siom-) *to disappoint*
siop (f.) -au *shop*
siopwr (m.) siopwyr *shopkeeper*
siŵgr (m.) *sugar*
siŵr *sure*
siŵr o fod *probably*
siwt (f.) -iau *suit*
siwtio (siwti-) *to suit*
sôn (soni-) am (SM) *to talk about*
stormus *stormy*
stryd (f.) -oedd *street*
sudd (m.) *juice*
suddo (sudd-) *to sink*
sut? *how?*
sŵn (m.) synau *noise, sound*
swnio (swni-) *to sound*
swydd (f.) -i *job*
swyddfa (f.) swyddfeydd *office*
swyddfa'r post (f.) *post office*
swyddog (m.) -ion *officer, official*
swyddog y wasg (m.) *press officer*
swyddogol *official*
sych *dry*
sylw (m) *attention*
sylweddol *substantial*
sylweddoli (sylweddol-) *to realise*
sylwi (sylw-) ar (SM) *to notice*
symud (symud-) *to move*
symudol *portable, mobile*
syniad (m.) -au *idea*
synnu (synn-) *to be surprised*
syrthio (syrthi-) *to fall*
syth *straight*

tabled (f.) -i *pill*
tacluso (taclus-) *to tidy*
tacsi (m.) *taxi*
tad (m.) -au *father*
tad-cu (m.) teidiau *grandfather*
tafarn (f.) -au *pub*
taflu (tafl-) *to throw*
tagfa (f.) *traffic jam*

taith (f.) teithiau *journey*
tal *tall*
talu (tal-) *to pay*
tan *until*
tarten (f.) *(sweet) pie, tart*
taten (f.) tatws *potato*
tawel *quiet*
te (m.) *tea*
tebyg *similar*
tegell (m.) -au *kettle*
teiar (m.) -s *tyre*
teimlo (teiml-) *to feel*
teithio (teithi-) *to travel*
teledu (m.) *television*
tenau *thin*
teulu (m.) -oedd *family*
tîm (m.) timau *team*
tipyn *a bit, a little*
tipyn bach *a little*
tir (m.) -oedd *land*
tiwtor (m.) -iaid *tutor*
to (m.) -eau *roof*
tocyn (m.) -nau *ticket*
tocyn dwy ffordd (m.) *return ticket*
tocyn unffordd (m.) *one-way ticket*
toriad (m.) -au *cut*
torri (torr-) *to cut, to break*
tost *sick, ill*
troed (f.) traed *foot*
tra *while*
traddodiadol *traditional*
traeth (m.) -au *beach*
trafod (trafod-) *to discuss, to handle*
tre' (f.) trefi *town*
Trefdraeth *Newport* (Pembrokeshire)
trefnu (trefn-) *to arrange, to organise*
trefnydd (m.) -ion *organiser*
treisgar *violent*
treulio (treuli-) *to spend time,
    to wear (out)*
trïo (tri-) *to try*
tro (m.) -eon *turning, turn, time,*

occasion
troednoeth *barefoot*
troi (tro-) *to turn*
trowsus (m.) -au *trousers*
trueni (m.) *pity*
trwchus *thick*
trwm *heavy*
trwy (SM) *through*
trwy'r amser *all the time*
trwyn (m.) -au *nose*
trydan (m.) *electricity*
trydanol *electrical*
tu allan *outside*
tua (AM) *about, approximately*
tuag at (SM) *towards*
tu chwith allan *inside out*
tu ôl i (SM) *behind*
tudalen (m.) -nau *page*
twll (m.) tyllau *hole, puncture*
twp *silly*
twr (m.) tyrau *tower*
twyll (m.) *deceit, fraud*
twyllo (twyll-) *to deceive*
twym *warm*
tŷ (m.) tai *house*
Tyddewi *St Davids*
tŷ gwydr (m.) *greenhouse*
tyfu (tyf-) *to grow*
tymheredd (m.) *temperature*
tymor (m.) tymhorau *term; season*
tynn *tight*
tynnu (tynn-) *to pull*
tyst (m.) -ion *witness*
tywyll *dark*

uchel *high; loud*
ugain *twenty*
undonog *monotonous*
unig *only; lonely*
unman *anywhere*
unrhyw *any*
unrhywbeth *anything*

unwaith *once*
uwch *higher, louder*
uwchben *above*

wedi ymddeol *retired*
wedi blino'n lân *completely exhausted*
wedi'r cwbl *after all*
wedyn *then, afterwards*
weithiau *sometimes*
winwnsyn (m.) winwns *onion*
wrth (SM) *by; at*
wrth yr awr *by the hour*
wrth gwrs *of course*
wrth ei bodd *in her element*
wy (m.) -au *egg*
wyau clos *free range eggs*
wyneb (m.) -au *face*
wynebu (wyneb-) *to face*
wythnos (f.) -au *week*
wythnosol *weekly*

yr, y, 'r *the*
y fath (SM) *such*
y ddannodd (f.) *toothache*
y frech goch (f.) *measles*
y pryd hynny *at the time*
ych a fi! *yuk!*
ychwanegol *extra*
yfed (yf-) *to drink*
yfory *tomorrow*
ynghanol *in the middle of*
ynghynt *earlier*
yma *here*
ymarfer *to practise*
ymarfer corff *PE*
ymdrin â (AM) *to deal with*
ymddeol *to retire*
ymddiheuro (ymddiheur-) *to apologise*
ymfudo (ymfud-) *to emigrate*
ymhellach *further*
ymhen *within*
ymhlith *among*

ymlaen llaw *beforehand*
ymuno â (AM) (ymun-) *to join*
ymweld â (SM) *to visit*
ymweliad (m.) -au *visit*
ymwelwr (m.) ymwelwyr *visitor, tourist*
ymwneud â (AM) *to pertain to*
yn (NM) *in*
yn agos i (SM) *near*
yn barod *already*
yn enwedig *especially*
yn erbyn *against*
yn fawr iawn *very much*
yn gywir *yours sincerely*
yn lle *instead of*
yn ôl *back; ago; according to*
yn union *exactly*
yn ystod *during*
yn weddol *fairly*
yno *there*
ynys (f.) -oedd *island*
Yr Almaen *Germany*
yr un *each, the same*
yr union *the exact*
Yr Wyddfa *Snowdon*
ysbyty (m.) ysbytai *hospital*
ysgariad (m.) *divorce*
ysgol (f.) -ion *school*
ysgol feithrin *nursery school*
ysgol gynradd *primary school*
ysgol uwchradd *secondary school*
ysgrifennu (ysgrifenn-) *to write*
ysgrifenyddes (f.) -au *secretary*
ysgubor (f.) -iau *barn*
ysgwydd (f.) -au *shoulder*
ysmygu (ysmyg-) *to smoke*
ystafell (f.) -oedd *room*
ystafell fyw (f.) *living room*
ystafell ymolchi (f.) *bathroom*
ystafell newid (f.) *changing room*
ystyried (ystyri-) *to consider*

ENGLISH–WELSH VOCABULARY

Words are listed in alphabetical order following the English alphabet.

about *am*
accelerator *sbardun*
after *ar ôl*
afterwards *wedyn*
age *oedran*
all *i gyd*
all the time *trwy'r amser*
allowed (to be) *cael*
along *ar hyd*
already *yn barod*
any *unrhyw*
anything *dim byd*
anything *unrhywbeth*
anyway *beth bynnag*
anywhere *unman*
around *o gwmpas*
arrange (to) *trefnu*
as *â* (AM) *fel*
as … as *mor* (SM) … *â* (AM)
as bad as *cynddrwg â*
as far as *hyd at* (SM)
as good as *cystal â* (AM)
as small as *cyn lleied â* (AM)
at all *o gwbl*
at least *o leia'*
at the moment *ar hyn o bryd*
at the top of *ar ben*
at *wrth*
away *i ffwrdd*

back *yn ôl*
because *achos*
become (to) *dod yn*
before *cyn; o'r blaen*
behind *tu ôl i (SM)*
between *rhwng*
bigger *mwy*
break (to) *torri*
bridge *pont*
brilliant *gwych, bendigedig*
buy (to) *prynu*
by *erbyn, ers; wrth*

Cardiff *Caerdydd*
Carmarthen *Caerfyrddin*
cauliflower *blodfresychen*
change (to) *newid*
change *newid*
choice *dewis*
choose (to) *dewis*
closed *ar gau*
cold *oer; annwyd (illness)*
collection *casgliad*
compete (to) *cystadlu*
computer *cyfrifiadur*
concert *cyngerdd*
conversation *sgwrs*
correct *iawn*
crossroads *croesffordd*

day before yesterday (the) *echdoe*
deceive (to) *twyllo*
decide (to) *penderfynu*
defect *nam*
depend on *dibynnu ar* (SM)
difficult *anodd*
dirty *brwnt*
down *i lawr*
drive (to) *gyrru*
during *yn ystod*

each *yr un*
easy *hawdd*
else *arall*
end *diwedd*
engine *peiriant*
even *hyd yn oed*
everything *cwbl*
extinguish (to) *diffodd*

far *pell*
feel (to) *teimlo*
fewer *llai*
fill (to) *llenwi*
find (to) *cael hyd i* (SM)
first *cynta'*
floor *llawr*
follow (to) *dilyn*
for *i* (SM); *am* (SM); *ar gyfer*
forget (to) *anghofio*
free *rhydd*
from *o* (SM), *oddi wrth* (a person)
full board *llety llawn*

give (to) *rhoi*
glassful *gwydraid*
grow (to) *tyfu*

half *hanner*
handsome *golygus*
happen (to) *digwydd*

hard *caled*
hate (to) *casáu*
have to (to) *gorfod*
headmaster *prifathro*
heavy *trwm*
her *ei* (AM)
here *yma; fan hyn*
higher *uwch*
his *ei* (SM)
hope *gobaith*
hope (to) *gobeithio*
hour *awr*
how many? how much? *sawl? faint o?*
how *pa mor*
how? *sut?*
hundred *cant*
hurry (to) *brysio*

if *os*
important *pwysig*
impossible *amhosib*
in *i mewn, yn* (NM)
in a *mewn*
in front of *o flaen*
in order to *er mwyn*
in the direction of *i gyfeiriad*
in the middle of *ynghanol*
inside *i mewn*
inside out *tu chwith allan*

join (to) *ymuno â* (AM)
jump (to) *neidio*
jump leads *gwifrau cyswllt*
just (done something) *newydd*

kind *caredig*
know (to) *gwybod* (a fact), *nabod*
    (a person)

last *diwetha'*
leak (to) *gollwng*

leave (to) *gadael*
left *ar ôl, chwith*
less *llai*
like *fel*
lonely *unig*
look after (to) *edrych ar ôl*
look at *edrych ar* (SM)
look forward to (to) *edrych ymlaen at* (SM)
lost *ar goll*
louder *uwch*
low *isel*
lower *is*

magistrates' court *llys ynadon*
main *prif*
make a noise (to) *cadw sŵn*
mayor *maer*
meet (to) *cwrdd*
member *aelod*
mild *mwyn*
mirror *drych*
miss (to) *colli*
monotonous *undonog*
more *mwy*
more *rhagor*
most *y rhan fwya'*
move (to) *symud*
much too *llawer rhy* (SM)
my *fy* (NM)
myself *fy hunan*

name *enw*
near *yn agos i* (SM)
nearby *gerllaw*
never *erioed; byth*
new *newydd*
next *nesa'*
night *noson*
night before last (the) *echnos*
no *dim*
noise *sŵn*
notice (to) *sylwi (ar)* (SM)

not *nid*
not to (to) *peidio â* (AM)
nothing *dim byd*

obvious *amlwg*
occasion *tro*
on *ar* (SM)
on the corner of *ar gornel*
once *unwaith*
ones *rhai*
only *unig;dim ond*
opportunity *cyfle*
opposite *gyferbyn â* (AM)
or *neu* (SM)
or other *neu'i gilydd*
orchestra *seindorf*
order (to) *archebu*
other *arall*
out *allan*
over *dros* (SM), *drosodd, draw*
overnight *dros nos*

pain *poen*
parents *rhieni*
part *darn; rhan*
particular *arbennig*
past *heibio i* (SM)
pay (to) *talu*
perfect *perffaith*
period *cyfnod*
place *lle*
poor *tlawd*
portable *symudol*
postpone (to) *gohirio*
pound (lb) *pwys*
practice (to) *ymarfer*
primary school *ysgol gynradd*
probably *siŵr o fod*
programme *rhaglen*
promise (to) *addo*
public *cyhoeddus*
put (to) *rhoi*

quiet *tawel*

radiator *rheiddiadur*
ready *parod*
realise (to) *sylweddoli*
reasonable *rhesymol*
regards *cofion*
relax (to) *ymlacio*
remaining *ar ôl*
repair (to) *trwsio*
reporter *gohebydd*
responsible for *cyfrifol am* (SM)
rest *gweddill*
retire (to) *ymddeol*
retired *wedi ymddeol*
rifle *dryll*
right *de*
round *crwn*
roundabout *cylchfan*

safe *diogel*
same (the) *yr un*
say (to) *dweud (wrth)* (SM)
science fiction *ffugwyddonol*
seaside (the) *glan y môr*
search for (to) *chwilio am* (SM)
second (2nd) *ail* (SM)
secondary school *ysgol uwchradd*
sell (to) *gwerthu*
send (to) *anfon*
separate (to) *gwahanu*
service *gwasanaeth*
several times *sawl gwaith*
shake (to) *crynu*
short *byr*
shout (to) *gweiddi*
show (to) *dangos*
shower *cawod*
side *ochr*
sign *arwydd*
silly *twp; gwirion*

since *ers*
sink (to) *suddo*
size *maint*
slow *araf*
smoke (to) *ysmygu*
Snowdon *Yr Wyddfa*
so *felly*
so many; so much *cymaint*
somehow *rhywffordd*
someone *rhywun*
something *rhywbeth*
sometime *rhywbryd*
sometimes *weithiau*
sort *math*
sound *sŵn*
special *arbennig*
spend time (to) *treulio*
splendid *bendigedig*
St Davids *Tyddewi*
start (to) *dechrau*
stay (to) *aros*
step *gris*
still *dal i* (SM)
straight *syth*
strange *rhyfedd*
supposed to *i fod i* (SM)
sure *siŵr*

take (to) *cymryd, mynd â* (AM)
tasty *blasus*
tell (to) *dweud* (wrth) (SM)
term *tymor*
test *prawf*
than *na* (nag before vowels) (AM)
that *hynny*
that is *dyna (SM)*
their *eu*
then *wedyn*
there *yno*
therefore *felly*
these *y rhain*

thick *trwchus*
thief *lleidr*
thin *tenau*
think (to) *meddwl*
this (one) *honna*
this *hon, hwn, hyn*
this is *dyma* (SM)
this one *hwnna*
those *y rheina*
thousand *mil*
through *trwy* (SM)
throw (to) *taflu*
tight *tynn*
to *i* (SM)
today *heddiw*
tonight *heno*
too *hefyd*
too much *gormod o* (SM)
too *rhy* (SM)
travel (to) *teithio*
try (to) *trïo*
turn (to) *troi*
turn *tro*
turn off (to) *diffodd*
turning *tro*
twice *dwywaith*
two (with feminine nouns) *dwy* (SM)

uncle *ewythr*
unemployed *di-waith*
unhealthy *afiach*
unpleasant *annymunol*
until *nes; tan* (SM)
up *lan*

use *defnyddio*
vegetables *llysiau*
very much *yn fawr iawn*
visit (to) *ymweld â* (AM)
voice *llais*

wage *cyflog*
wait (to) *aros*
Wales *Cymru*
warning *rhybudd*
washing machine *peiriant golchi*
way *ffordd*
wear (to) *gwisgo*
wear out (to) *treulio*
weekend *penwythnos*
weekly *wythnosol*
weight *pwysau*
what sort of? *pa fath o?* (SM)
what? *beth?*
where? *ble?; lle*
whether *a* (SM)
which *pa* (SM)
whole *cyfan*
win (to) *ennill*
without *heb* (SM)
wood *pren*
worse *gwaeth*
worse luck *gwaetha'r modd*

year *blwyddyn*
yet *eto*
yourself *dy hunan, eich hunan*
yourselves *eich hunain*
youth *ieuenctid*